무슬림의 생활 지침서
하디스를 읽다

죠이선교회는 예수님을 첫째로(Jesus First)
이웃을 둘째로(Others Second)
나 자신을 마지막으로(You Third) 둘 때
참 기쁨(JOY)이 있다는 죠이정신(JOY Spirit)을 토대로
하나님 나라의 확장을 위해 지역교회와 협력, 보완하는
선교단체로서 지상명령을 성취한다는 사명으로 일합니다.

죠이선교회출판부는 그리스도를 대신한 사신으로
문서를 통한 지상명령 성취와 하나님 나라 확장을 위해 노력합니다.

Copyright © 1994 by Phil Parshall
Originally published in English under the title
Inside the Community by Baker Academic,
a division of Baker Publishing Group
Grand Rapids, Michigan, 49516, U.S.A.
All rights reserved.

Korean Copyright © 2014 by JOY Mission

이 한국어판의 저작권은 Baker Publishing Group과 독점 계약한 죠이선교회에 있습니다.
신 저작권법에 의하여 한국 내에서 보호 받는 저작물이므로 무단 전재와 무단 복제를 금합니다.

이 도서의 국립중앙도서관 출판시도서목록(CIP)은
서지정보유통지원시스템 홈페이지(http://seoji.nl.go.kr)와
국가자료공동목록시스템(http://www.nl.go.kr/kolisnet)에서 이용하실 수 있습니다.
(CIP제어번호: CIP2014019281)

무슬림의 생활 지침서
하디스를 읽다

필 파샬 지음 | 김대옥·전병희 옮김

죠이선교회

존 스피어스(John Speers)를 기억하며

나의 절친 중의 하나이며 동역자인 존은
1991년 6월 11일, 무슬림들에게 복음을 전하는 중에 살해되었다.

"자신이 잃어버릴 수 없는 것을 얻기 위해
자신이 가질 수 없는 것을 내어 주는 사람은 바보가 아니다."
짐 엘리엇

피터 파젯(Peter paget)

빌 넬슨(Bill Nelson)

키이스 존스(Keith Jones)

조지 헤밍(George Hemming)

에드 웰치(Ed Welch)

메를 이니거(Merle Inniger)

이안 헤이(Ian Hay)

앤드루 응(Andrew Ng)에게 감사하며

이들은 우리 선교단체의 구성원으로서 32년 동안 리더로 섬기며 우리 주님을 섬긴 하나님의 사람들이다. 용기와 겸손, 비전, 그리고 그 무엇보다도 내게 인내의 본이 되어 준 사람들이다. 그들의 지속적인 격려와 그칠 줄 모르는 은혜에 나는 영원히 빚진 자로서 무한한 감사를 표한다.

차 례

서문 · 8

옮긴이 서문 · 10

서론 · 14

용어 해설 · 331

참고 문헌 · 338

01	꾸란	· 20
02	구원	· 41
03	무함마드	· 55
04	기적	· 74
05	기도	· 89
06	금식	· 109
07	성지 순례	· 122
08	자선금	· 133
09	지하드와 폭력	· 142
10	죄의 처벌	· 166
11	심판의 날	· 183
12	지옥	· 193
13	낙원	· 209
14	초자연적 세계	· 220
15	예수	· 236
16	여성	· 244
17	무함마드의 아내들	· 268
18	율법주의	· 282
19	음식	· 289
20	약품	· 298
21	가르침	· 312

서 문

하나님께서는 온 세상에 있는 당신 백성들의 마음을 무슬림들에게로 돌리고 계신다. 역사를 볼 때 지금처럼 많은 기독교 지도자들이 "지금이 바로 교회가 전 세계 무함마드의 신봉자들 가운데 하나님의 목적을 성취할 때"라는 것에 동의한 적이 없었다.

하지만 "무슬림이 어디에서 오고 있는가"를 알아내려고 애쓰면서 그들을 사랑할 준비가 되어 있는 사람들의 수는 지극히 적다. 나의 친구이자 무슬림 사역을 하는 동료 선교사인 필 파샬은 도전적이고 자극을 주는 예외다. 이미 많은 책을 저술한 그는 다시 한 번 우리로 하여금 이슬람에 대한 우리의 이해가 얼마나 일천한지를 대면하게 한다. 그는 다시금 어려운 질문들을 던져 하나님께서 독자들을 훨씬 심오한 경지로 이끌어 가시도록 한다.

게다가 필 파샬의 절제된 진술들은 무척이나 매력적이다! 그렇지 않았다면 식견 있는 그리스도인들조차 하디스가 말하는 바는 물론이고 그것이 존재하는지조차 거의 몰랐을 것이다. 하지만 이제, 무함마드의 삶과 가르침에 대하여 공인된 전승들을 발췌한 이 선집을 모른 척하기는 어렵다.

무슬림 가운데서 효과적으로 사역하기를 갈망하는 기독교 사역자라면 하디스를 무시해 버릴 수 없다. 그래서 나는 가는 곳마다 이 책을 배포할 것이다.

프론티어스 국제선교회 설립자 겸 총재
그레그 리빙스턴 박사Dr. Greg Livingstone

옮긴이 서문

이슬람 초기로 거슬러 올라가 보면, 주후 632년 무함마드가 죽으면서 계시가 그치자 무슬림들은 이슬람의 방식으로 어떻게 살아가야 할지 어려워하게 되었다. 게다가 이슬람이 급속도로 확장되면서 사람들을 다스리기 위해 내부의 규율과 규정이 긴급히 필요해졌다. 이러한 상황에서 무슬림 법학자들은 꾸란이 당시 속출하는 새로운 문제들을 해결해 주기에는 적합하지 않다는 것을 깨닫고, 꾸란의 해석을 도울 만한 무함마드의 언행을 담고 있는 전승 모음집 '하디스'를 찾았다. 하디스는 무슬림 공동체가 그 삶의 방식과 실천 행위에 있어서 무함마드의 언행을 모방하게끔 한다. 더군다나 무슬림은 과거를 중시하는 삶을 살아가기 때문에 이러한 전통이 그들의 삶에 더욱더 중요한 역할을 하게 되었다.

꾸란은 삶의 여러 가지 주제에 대해 자세한 지도를 해 주지 않지만 다음과 같은 메시지를 남겼다.

"진실로 너희에게 하나님께서 보내신 선지자(무함마드)의 훌륭한 모범이 있었거

늘 이는 하나님과 내세와 하나님을 염원하는 것을 원하는 자를 위해서라."
_꾸란 33:21*

무슬림은 이 구절이 무함마드를 인간의 언행에 대해 유일하고도 완전한 모범으로 소개한다고 이해한다. 그리스도인이 무슬림을 이해하기 위해서는 무슬림의 삶에 하디스가 실제로 어떻게 영향을 미치는지, 그 역할이 무엇인지에 대해 그 무슬림에게 직접 물어 보고 특정 주제에 대해 이야기를 나누는 것이 도움이 될 것이다.

십여 년 전 대학원 시절에 필 파샬 박사에게 세 과목을 수강했는데 그중 한 과목이 하디스를 중심으로 무슬림 여성에 관한 내용을 살펴보는 것이었다. 이 책의 경우는 무슬림 여성뿐 아니라 광범위한 주제에 대해 전 세계 남녀 무슬림의 언행에 지배적인 영향을 미치는 하디스의 주요 골자를 다루었다. 이 책을 통해 파샬 박사는 그리스도인 독자들이 무슬림의 관습을 이해하도록 돕는다. 이를 위해 그는 21가지 주제로 분류하여 각 장마다 실제 있었던 화제를 인용하며 설명한다. 저자는 여러 하디스 모음집 중에서도 가장 권위 있다고 알려진 모음집인 알-부카리Al-Bukhari 하디스에서 인용, 요약하면서 왜 무슬림이 이러한 특정한 이슬람의 관습을 따르는지 각각의 주제를 분석하고, 이를 통해 무함마드가 어떻게 전 세계 무슬림의 생각, 도덕적 행위, 태도에 영향을 미치는지를 보여 준다.

＊ 본문의 꾸란은 사우디아라비아 파하드 국왕 꾸란 출판청에서 발행하여 배포한 《성 꾸란 – 의미의 한국어 번역》을 기준으로 하되 일부는 원서의 내용에 맞게 수정하였다. _편집자 주

필 파샬 박사는 SIM 국제선교회 소속으로 50여 년을 무슬림 지역에서 사역하며 복음적인 노선을 걸어온 현장 사역자요 선교학자다. 옮긴이가 필 파샬의 책을 번역하게 된 동기는 우선 한국의 기독교 출판계에 아직 하디스를 다룬 자료들이 없어서, 이 책이 번역 출간된다면 한국의 그리스도인이 무슬림을 이해하고 그들에게 더 슬기롭게 접근할 수 있겠다는 생각에서였다. 이러한 정보를 통하여 한국 교회와 신학교, 그리고 현장의 사역자가 이슬람의 전통 분야를 이해하고 그들에게 접근하는 데 도움이 되기를 기대한다.

김대옥·전병희

무슬림의
생활 지침서
하디스를
읽다

서론

무슬림의 행동을 지배하는 것은 무엇인가? 역사적, 문화적, 종교적인 동력들이 그들의 독특한 행동을 만들어 내는 것인가? 나는 여러 해 동안 무슬림의 태도와 행동을 구성하는 요소들 중 하나를 놓치고 있었다. 이슬람의 전승하디스, Hadith을 본질적으로 모르고 있었던 것이다. 그것을 깨달은 후, 나는 단지 소수의 무슬림만이 하디스 책을 직접 접한다는 사실을 알고서 놀랐다. 다수의 무슬림이 접하는 정보는 이슬람 교사들과 구전을 통해 여과되어 전해졌다.

그럼에도 무슬림은 하디스의 영향을 압도적으로 받는데, 하디스란 무함마드의 말과 행위에 관한 기록이다. 이 언행록은 여섯 개의 주요 모음집으로 나뉘어 있다.

학자들은 그 예언자의 것으로 추정되는 방대한 어록들을 가려내서 그것들이 확실한 것인지, 의심스러운 것인지, 위조한 것인지에 따라 분류했다. 이 과정은 서서히 여섯 개의 주요 표준 모음집을 만들어 냈고, 수니파 공동체들이 그 모음집을 받아들였다. …… 이 작품들은 모두 히즈라 이후 3세기, 서기 9세기에 수집되었는데, 이즈마ijma, 합의 또는 일치의 형식으로 울라마ulama, 이슬람 법학자들와 공동체의 승인을 받았다. 이 작품들은 수니파 이슬람이 천 년 이상을 의지해 온 절대적으로 필요한 원천을 형성해 왔다. _Nasr 1987, 104-105

꾸란은 "진실로 너희에게 하나님께서 보내신 선지자의 훌륭한 모범이 있었거늘"(꾸란 33:21)이라고 신자들에게 알려 준다. 할 수만 있으면 최대한도로, 무슬림은 매일의 모든 상황에서 그 선지자의 선례를 따라가야 한다. 이런 태도와 행동 방식은 1,300년 동안 구전과 기록의 방식을 통해 전 세계 무슬림 공동체에 전해 내려왔다.

램 스와럽Ram Swarup은 하디스에 대해 탁월한 개괄을 보여 준다(1983, xv-xvi).

그 선지자는 이를테면 삶의 일상적인 행위들—잠자기, 먹기, 친구 삼기, 기도하기, 미워하기, 정의롭게 행동하기, 탐험을 계획하기, 적들에 대해 복수하기—을 하고 있다. 나타나는 그림은 전혀 돋보이지 않고, 도대체 왜 그것이 첫 번째로 전해졌는지, 그리고 그것이 선지자의 찬미자들로부터 전해졌는지 대적들로부터 전해졌는지에 대한 의아함이 남아 있다. 또 하나 궁금증으로 남는 것은 어떻게 선지자의 신도들이 대대로 계속해서 이 이야기가 그렇게 감동적이라고 이해했는가 하는 것이다.

그 대답은 신도들이 그 모든 것을 신앙의 눈으로 보도록 습관화되어 있었다는 것이다. 근본적으로 잘못된 인도를 받고 있는 불신자는 그 선지자가 오히려 세속적이고 잔인하다는 것―분명 그가 행한 많은 것이 일반적인 윤리에 부합하지 않는다―을 발견할지도 모르지만, 신도들은 그 모든 것을 달리 보는 것이다. 신도들에게 윤리는 그 선지자의 행위에서 비롯된다. 선지자가 행하는 것은 무엇이든 윤리적이다. 윤리가 선지자의 행위를 결정하는 것이 아니라, 그의 행위가 윤리를 결정하며 규정짓는다. 무함마드의 행위는 평범한 것이 아니었다. 그것은 알라 자신의 행위였다.

이런 방식과 논리에 따라 무함마드의 의견들은 이슬람의 교리가 되었고 그의 개인적 습관과 특이한 성격은 윤리적 규범, 즉 뒤따르는 모든 시대에 모든 지역에 사는 신도들에게 주어진 알라의 명령이 되었다.

그래서 윤리에 대한 이해는 그 선지자의 생애에 대한 연구로부터 나온다. 비록 그리스도인들이 하디스에 나온 대로 이해하는 것은 거의 불가능하지만, 무슬림에게 하디스는 받아들여서 믿음으로 행해야 하는 신학적인 전제다. 꾸란이나 권위 있는 하디스에 대해 질문하는 것은 알라를 모독하는 것이다. 그렇게 무모한 무슬림은 거의 없었다.

그러나 오류가 없고 기계적으로 받아 썼으며 전적으로 권위 있다는 꾸란과 하디스 사이에는 구분이 필요하다. 이슬람으로 개종한 프랑스 의사인 모리스 비카이으Maurice Bucaille조차도 과학적 실체에 반하는 몇몇 전통에 대해서는 애매하게 말할 수밖에 없었다. "현대의 과학적 지식과 비교해 보아도 정확성 있는 꾸란 내 자료와, 기본적으로 과학적인 주제들에 대해 매우 의심스러운 하디스 내 특정 진술들 사이의 차이는 사실 아주 충격적이다"(Bucaille 1979, 244). 하지만 종합적으로 볼 때 무슬림은 하디스를 진리라고 받아들인다고 결론 내릴 수 있다. 만약 문제 있는 본문이 있을 때, 그들은 그것을 무시해 버리거나 의심스러운 해석을 통해 교묘히 변명하면서 발뺌하려고 한다.

하디스는 비록 고대의 것이지만 읽기가 아주 쉽다. 독자는 여기저기서 웃음을 터뜨릴 텐데, 특히 모세가 그의 옷을 훔친 바위의 뒤를 쫓아 벌거벗은 채 달려가는 부분 같은 곳에서다. 무함마드의 부부 관계나 성생활을 언급하는 곳에서는 당혹스러워진다. 지하드聖戰가 무시무시한 형식으로 그려질 때는 공포스럽기도 하다. 그러나 결론적으로는, 무슬림이 왜 그렇게 생각하고 행동하는지에 대해 극적으로 새롭게 이해하게 될 것이다. 전 세계 무슬림의 삶에 무함마드가 계속해서 영향을 끼친다는 사실을 더 잘 이해할 수 있을 것이다.

나는 이 책의 기초 자료로 알-부카리의 연구Abu 'Abd Allah Muhammad Al-Bukhari를 선택했다. 그의 작품은 보편적으로 가장 권위 있는 전승 모음집으로 받아들여진다. 나는 부카리의 하디스 중 하나라도 부정하는 무슬림을 본 적이 없다. 무슬림 신학자들은 오늘날 유포되고 있는 문자적으로 수천 개에 달하는 무함마드의 어록들을 허위인 것으로 간주한다. 나는 의심의 여지가 있는 이 하디스들을 참고하는 것은 신중하게 피했다.

알-부카리는 서기 811년에 태어나서 65세에 죽었다. 그는 열 살 때 하디스 공부를 시작했다. 그의 지식에 대한 갈망은 강박적이었다. 그의 연구는 사람들을 만나 구전되거나 기록된 이야기들을 추적함으로써 200년 전 무함마드가 말하고 행동했던 시기까지 거슬러 올라가는 방식이었다. 부카리는 아주 널리 여행한 것으로 여겨지는데, 그는 마침내 30만 개의 전통을 모아 엮었고 그 중에서 20만 개를 암송했다. 생을 마칠 때까지 그는 7,275개의 하디스를 철저하게 연구했고 각각 그 선지자가 말하고 행한 것을 기록한 것이 확실하다고 결론지었다.

내가 모은 아홉 권 분량의 아랍어와 영어로 된 알-부카리 하디스 선집은 그 길이가 4,705쪽에 달한다. 나는 그 책들을 두 번씩 읽고 나서 이 책의 연구를 위해 21가지 주제를 선별했다. 완전할 수는 없겠지만 공정하고 좋은 예가 되기를 바란다. 전체 해설에 관심 있는 이들은 아홉 권의 책을 모두 확보하고 그 전체를 숙고해 볼 것을 권한다.

내가 보기에, 그 선집은 무오無誤와는 상당히 거리가 있다. 반복이 너무 많고, 다수의 표현에서 모순과 생략과 첨가를 발견할 수 있다. 어떤 하디스가 정통적인지 독자가 선택할 수 있게 도와주는 어떠한 안내도 찾을 수 없다. 나는 이것들 대부분을 기록하는 것은 생략했다.

나는 이 책 전체에 걸쳐서, '선지자'를 종종 '무함마드'로 대체했다. 이것은 문학적으로 매끄럽게 하기 위함이지 무함마드의 선지자 됨에 대한 개인적 신앙에서가 아니다.

나는 곳곳에서 알-부카리 하디스 선집의 번역자인 무함마드 무흐신 칸 Muhammad Muhsin Khan 박사의 주석을 덧붙였다.* 현대의 무슬림 학자가 어떻게 고대 하디스의 일부를 해석하는지 알아보는 것은 흥미로운 일이다. 드물게나마 나는 어떤 전승의 문법을 좀 더 읽기 쉽도록 고치기도 했다. 물론 어떤 경우에도 의미를 변화시키지는 않았다.

내가 각각의 하디스에 대해 사용한 인용의 형식은 9:10; 83.6.17와 같은

---

* 인용문 중 서두에 "번역자의 주석:"이라고 표시된 것이 무함마드 무흐신 칸 박사의 주석이다. 한국어 번역자는 '옮긴이'로 지칭한다. _편집자 주

방식이다. 9는 권volume이고, 10은 쪽수page다. 83은 책book이고, 6은 장chapter 이며, 17은 그 전승의 번호다. 이런 이용 방식은 알-부카리 선집이 어디서 사용되든지 간에 독자가 어느 하디스인지 쉽게 찾아볼 수 있도록 한 것이다.

나는 꾸란의 영어 참고서들 중 어떤 것에서나 모함메드 픽톨Mohammed Pickthall의 《영광스런 꾸란의 의미》Meaning of the Glorious Koran를 인용해 왔다.

무슬림에게 증거를 제시할 때 하디스 구절을 활용해도 무방하다는 것이 내 생각이다. 물론 민감하게 해야 하고 결코 조롱하는 방식으로 해서는 안 된다. 무슬림은 매우 놀라며 당신이 그들의 하디스를 제대로 알고 있다는 것에 오히려 깊은 인상을 받을 것이다.

이 책은 내가 아시아의 주요 도시에서 무슬림 사역을 하는 과정에서 탄생했다. 나는 이렇게 가담한 것이 내 책의 정통성에 어느 정도 기여를 한다고 생각한다.

최근 우리 '독서 센터'Reading Center의 전면 벽이 한 성난 무슬림에 의해 손상되었는데 그는 내가 이교도라고 선언하는 낙서를 마구 해 놓았다. 그 낙서는 마음에 상처를 주는 말들이었다. 그러나 나는 가슴속에 무슬림을 향한 깊고 어찌할 수 없는 사랑을 가지고 계속해서 기록해 나가고 있다. 비록 한 무슬림이 나의 가까운 친구이자 동료인 존 스피어스의 머리에 총을 쏘았지만, 하나님의 은혜로 내 가슴은 여전히 이스마엘의 자손을 향해 애정이 깃들어 있다고 나는 말할 수 있다.

아내 줄리Julie가 이 책에 엄청나게 기여했음을 인정하지 않을 수 없다. 우리는 30년이 넘도록 무슬림 사이에서 한 몸으로 주님을 섬기면서 이와 같은 작업을 여섯 번이나 함께하는 즐겁고 만족스러운 경험을 했다.

01
꾸란

하디스는 꾸란의 내용을 밝혀 준다. 또한 꾸란의 계시 내용에 다채로운 배경을 덧입혀 준다. 따라서 하디스의 독자는 꾸란의 출처와 그 배경적 실재들의 역학 관계 이면에 감춰진 내막을 어렴풋이 짐작할 수 있다.

이슬람 학자들은 꾸란의 실제적 본질에 대해 논쟁을 계속해 왔다.

[번역자의 주석 : 무타질라Mutazila 파와 같은 어떤 이슬람 분파들은 꾸란이 창조되었다고 믿지만, 부카리Bukhari와 이슬람의 첫 3세기 때의 무슬림들은 꾸란이 알라의 본성(보고, 듣고, 아는 것과 같은)이며 창조되지 않았다고 믿는다.]
_9:427; 93.32.572

일반적으로 정통 이슬람은 꾸란이 창조되지 않았다고 단언한다. 알라는 알려진 것과 알려지지 않은 모든 것보다 선재하셨으며 또 현존하신다. 알라의 말씀은 그 존재의 불가결한 부분이다. 알라 자신이 창조되실 수 없는 것처럼 꾸란 역시 창조될 수 없다.

그러나 이러한 주장은 경험상의 문제를 제기한다. 시간과 공간의 어느 지점에서 꾸란은 계시되었고, 암송되었고, 기록되었고 또 대중에게 퍼졌다. 서기 610년 이전에는 꾸란의 어느 한 구절도 사람들에게 알려지지 않았으며, 무슬림 신앙에 따르면 632년 무함마드 서거 이후에는 알라의 계시의 단 한 음절도 언급되지 않았다. 이 계시 과정에 특별한 시간의 범위가 보이지 않는가? 무슬림은 그 22년은 단지 늘 있어 온 것에 대한 앞으로의 이야기에 불과하다고 대답한다. 영존하시는 알라의 바로 그 존재 안에 있으면서 그의 본질과 공존하는 것이 그의 말씀이라는 것이다.

이런 신학적인 논점 속에는 꾸란과 예수 그리스도 사이의 조화의 문제가 들어 있다. 예수도 기원이 없고, 전능하신 하나님과 함께 계셨다. 그러나 2,000년 전 탄생과 계시가 동일함을 증명할 수 있는 순간이 있었다. 무슬림들은 하나님의 성육신에 대한 기독교의 견해를 이해해 보려고 매우 노력한다. 그러나 이슬람 또한 기록된 말씀으로서의 하나님의 성육신을 가르치고 있지 않은가? 요한복음 1장은 그 주장에 덧붙여 예수가 하나님의 말씀이었고 지금도 말씀이라는 유비analogy를 이끌어 낸다. 이 진리는 우리가 무슬림 친구들과 함께 서로를 이해하는 데 가능성 있는 신학적 가교로서 더 깊이 탐구해 볼 만한 것이다.

꾸란의 영감

꾸란은 자신의 존재를 궁극적인 진리라고 규정해 놓고 있다. 계시의 방법들은 내적으로 정의되어 있지 않다. 우리는 세부적인 내용을 확충하기 위해 하디스를 연구한다.

모세가 초기에 벌인 영적인 고투와, 무함마드가 천사 가브리엘과 처음 만날 때의 기록이 보여 주는 것처럼 무함마드가 알라의 부르심에 응답할 때 주저한 것 사이에는 흥미로운 유사점들이 있다.

아이샤Aisha가 말하기를: 무함마드가 히라Hira의 동굴에 있을 때, 진리가 그(무함마드)에게 내려와 임하였다. 그 안에서 천사가 그에게 다가와 읽도록 요구했다. 그 선지자는 "나는 어떻게 읽는지를 모릅니다"라고 대답했다. (선지자가 덧붙이기를,) "천사가 나를 (강제적으로) 붙잡고는 너무 세게 압박해서 더 이상 견딜 수 없게 만들었다. 그러고서 나를 놓아 주고는 다시 읽으라고 요구했는데, 나는 '어떻게 읽는지 모릅니다'라고 대답했고, 그래서 그는 다시 나를 붙잡아 내가 더 이상 견딜 수 없을 때까지 두 번째로 나를 짓눌렀다. 그러고 나서 나를 놓아 주고는 다시 읽으라고 요구했지만 나는 다시 '어떻게 읽을 줄 모릅니다(혹은, 내가 무엇을 읽을까요?)'라고 대답했다. 그 후 즉시 그는 세 번째 나를 붙잡아 짓누른 후 놓아 주고는 '읽으라, (만물을) 창조하신 주님의 이름으로. 그분은 한 방울의 정액으로 인간을 창조하셨노라. 읽으라, 주님은 가장 은혜로운 분으로 …… 인간이 알지 못하는 것도 가르쳐 주셨노라'(꾸란 96:1-5)." 그리고 나서 알라의 사도는 영감을 가지고 돌아왔는데, (무함마드의 첫 번째 아내) 카디자Khadija에게 들어갈 때까지 공포로 인해 그의 목 근육을 덜덜 떨면서, "나를 덮어 주시오! 나를 덮어 주시오!"라고 말했다. 그들은 그가 공포에서 벗어날 때까지 그를 덮어 주었고, 이윽고 공포가 사라지자 "오 카디자, 뭐가 잘못된 것이오?"라고 그는 물었다. 그는 일어난 일을 모두 그녀에게 이야기하고는 "나에게 어떤 일이 일어날까 봐 두렵소"라고 말했다. 카디자는 말했다. "결코 그럴 리 없어요! 알라께서 주신 기쁜 소식이에요. 알라께서는 결코 당신을 망신시키지 않으실 거예요."_9:91-92; 87.1.111

최소한 이 처음 사례에서, 무함마드는 신의 사자가 방문했을 때 정신적, 물리적으로 심각한 상처(트라우마)를 경험한 것으로 나타나고 있다. 이것은 뒤이어 나오는 하디스에서 더 강화되는데, 무함마드의 적대자들이 종종 인용하는 구절이다.

아이샤가 말하기를: "신적 영감이 당신에게 어떻게 계시됩니까?" 알라의 사도는 대답했다. "때때로 그것은 종소리가 울리는 것 같다(같이 계시된다). 이러한 영감의 형태가 무엇보다도 가장 강렬하다가 그다음 내가 그 영감 받은 것을 파악한 후에는 이 상태가 사라진다. 가끔 천사는 사람의 형태로 와서 내게 말하고 나는 그가 말한 것 모두를 이해한다." 아이샤[무함마드가 가장 총애한 아내]가 덧붙여 말하기를: "진실로 나는 매우 추운 날에 선지자께서 신적인 영감을 받는 모습을 보았는데 (영감이 그쳤을 때) 선지자의 이마에서는 땀이 뚝뚝 떨어졌다."_1:2; 1.1.2

이러한 '신적 계몽'의 순간 무함마드의 마음속에서는 무슨 일이 벌어지고 있었을까? 환상이었을까? 간질의 발작? 귀신 들림? 아니면, 전 세계 무슬림이 믿는 것처럼, 야곱이 경험한 것(창세기 32장)과 다르지 않은 그러한 하나님과의 직접적인 조우였을까?

이 문제에 대해 교리적으로 어떤 결론을 이끌어 내는 것은 어려운 일이다. 말할 수 있는 것은 이렇다. 즉 무함마드의 진심(또는 그 반대)과는 상관없이, 그는 꾸란을 받음으로써 이슬람을 기독교와 정반대의 자리에 놓았다. 꾸란과 성경 둘 다 동일한 하나님에 의해서 완전하게 영감되었다고 말하는 것은 불가능하다. 적어도 인간적인 의미에서, 무함마드는 이슬람 경전의 통로였기에 성경과 꾸란 사이에서 발견되는 불일치에 대한 책임을 갖는다. 물론 무슬림들은 무함마드가 알라를 위한 중립적인 대변인이라고 확언하면서, 이러한 추론적인 노선을 거부한다.

무함마드의 성격과 꾸란의 전달

얄라 빈 우마이야Yala bin Umaiya의 아버지는 무함마드에 관해 좀 더 실제적인 설명을 해 준다.

나는 그 선지자가 신적 영감을 받는 모습을 볼 수 있기를 원했다. 우마르Umar는 나에게 '와 보시오! 당신은 알라가 선지자에게 영감을 주시는 동안에 그 선지자를 보면 기쁘겠지요?'라고 말했다. 나는 긍정적인 대답을 했다. 우마르는 천막의 귀퉁이 한쪽을 들어 올렸고, 나는 코를 골고 있는 그 선지자를 보았다(그 보조 화자는, 그가 그 코 고는 소리가 낙타의 것과 같았다고 말한 것으로 생각했다). _3:10; 27.10.17

다른 한편, 무함마드가 천사 가브리엘과 아주 놀라운 만남을 가진 것으로 언급된다.

자비르 빈 압둘라Jabir bin Abdullah는 말하기를: 선지자가 말씀하셨다. "신적 영감이 한동안 연기되었지만, 갑자기 내가 길을 걸어가고 있을 때 하늘에서 소리가 들려 하늘을 쳐다보니, 놀랍게도 히라 동굴에서 나에게 왔던 그 천사를 보았는데, 그는 하늘과 땅 사이에 놓인 의자에 앉아 있었다. 나는 그가 너무 두려워서 땅에 엎드렸다. …… 그때 알라께서 계시를 내리셨다. ……" _4:303; 54.6.461

무함마드는 신의 사자를 대함에 있어서 결코 경솔하게 행동하지 않았다. 그는 늘 가브리엘을 경외심을 가지고 숭배하는 자세로 대했다. 가브리엘이 앉아 있다는 사실에 주목해 보면 흥미롭다. 거기에는 내세에 대한 무함마드의 인식 속에 통합된 인간성이 들어 있다.

무함마드와 천사 가브리엘의 관계는 지속되었고 또한 친밀했다.

파티마Fatima가 말하기를: "그 선지자가 내게 은밀하게 말씀하시길 '가브리엘이 나에게 꾸란을 암송해 주고 내가 그에게 암송하는 것을 일 년에 한 차례씩 하지만, 올해는 그가 꾸란 전체를 나에게 두 차례 암송해 주었다.'" _6:485; 61.7.518

이븐 압바스Ibn Abbas가 말하기를: "…… 가브리엘은 라마단 기간에 매일 밤 그 [무함마드]를 만나 거룩한 꾸란을 함께 주의 깊게 연구했다."_4:295; 54.6.443

이것은 우리의 상상력을 펼쳐, 별들이 점점이 박혀 있는 하늘 아래 짚으로 만든 방석 위에 앉아 천상의 방문자와 대화를 나누는 선지자의 모습을 그려 보게 한다. 우리 마음속에는 수많은 질문이 떠오른다. 가브리엘은 아랍어로 말했을까? 그 천사는 어떤 모습을 하고 있었을까? 28일간 저녁마다 이어진 인간과 천사의 독특한 만남을 알아챈 다른 사람은 없었을까? 우리의 이성적인 질문에 대해 무슬림들은 웃음을 지으며 거들먹거리듯 "알라께는 모든 것이 가능합니다"라고 대답한다.

무함마드의 정신적인 측면을 알아보기 위한 쉽지 않은 탐구를 하다 보면, 우리는 엄청나게 방대한 양의 모순된 자료와 직면하게 된다. 때때로 우리는 그 선지자가 온순하고, 애정이 깊고, 기쁜 표정을 하고 있는 모습을 본다. 반대로, 우울증은 그를 절망의 나락으로 데려간 것으로 알려져 있다. 무함마드가 우울증으로 인해 한 번 이상 심각하게 자살을 생각했다는 것을 알고 있는 무슬림은 거의 없다.

아이샤가 말하기를: 우리가 들어 본 것처럼 선지자는 너무 슬퍼서 여러 차례 높은 산꼭대기에서 몸을 던지려고 했고, 그가 뛰어내리려고 산꼭대기에 올라갈 때마다 가브리엘이 그에게 나타나서 "오, 무함마드! 당신은 참으로 진실된 알라의 사도요"라고 말했고, 그 결과 그의 마음은 차분해지고 평온해져서 집으로 돌아갔다. 그리고 영감이 임해 오는 기간이 길어질 때마다 그는 이전처럼 행동했지

만, 그가 산꼭대기에 도달할 때는 가브리엘이 그에게 나타나서 이전에 했던 말을 그에게 했다. _9:93-94; 87.1.111

무함마드의 전 생애는 알라와의 상호 작용에 초점을 맞춘 것처럼 보인다. 알라와의 관계성은 꾸란의 계시를 받는 과정을 통해서 계속 강화되었다. 어떠한 방해도 이 내성적인 아라비아 사막의 아들에게 상처를 주지 못했다.

꾸란의 편찬

꾸란의 단편들을 모아 한 권의 통합된 책으로 편찬하는 것은 경이로운 작업이었는데, 그것은 대략 무함마드 서거 20년 후의 일이었다. 그 과정에 대한 간략한 설명이 하디스에 보존되어 있다.

계시의 필사자 중 한 사람인 자이드 빈 타비트Zaid bin Thabit가 말하기를: 아부 바크르Abu Bakr는 나를 야마마Yamama, 수많은 꾸라Qurra들이 죽임을 당한 곳의 전사들 가운데 있는 사상자들에게 보냈다. 우마르가 아부 바크르와 함께 있었는데, 아부 바크르는 말했다. "우마르가 내게 와서, 야마마 전투가 있었던 날 그 사람들 가운데 수많은 사상자가 생겨났는데, 다른 장소들에서 꾸라(꾸란을 암기해서 알고 있는 사람)들 가운데 사상자가 더 많이 나서 만약 당신이 그것을 모으지 않는다면 꾸란의 많은 부분이 손실될까 두렵다. 그리고 나는 당신이 꾸란을 모아야 한다고 생각한다." 아부 바크르는 "내가 우마르에게 '어찌 알라의 사도가 하지 않은 일을 제가 할 수 있습니까?'라고 하자, 우마르는 '알라께 맹세코, 그것은 (실로) 좋은 일이오'라고 (내게) 말했다. 그렇게 우마르는 알라께서 내 마음을 열어 자신의 의견에 동의하도록 계속해서 절박하게, 내가 그의 제안을 받아들이도록 설득하려고 노력했다"고 덧붙여 말했다. (자이드 빈 타비트가 덧붙이기를:) 우마르는 그(아부 바크르)와 함께 말없이 앉아 있었다. 아부 바크르가 (내게) 말하길, "당신은 현명한 젊은이이고 우리는 당신을 (거짓말한다거나 부주의하다고) 의심하지 않소. 그리고 당신은 알라의 사도를 위해 신의 영감을 받아 적곤 했소. 그러니 꾸란을 찾아서 그것을 (하나로) 모으시오." 알라께 맹세코, 만약 그(아부 바크르)가 내게 산 하나를 (원래 있던 곳에서) 옮기라고 했다면, 그것은 꾸란 모음집에 관련해서 그가 내게 내린 명령보다 어렵지 않았을 것이다. 나는 그 둘 모두에게 "당신들이 감히 그 선지자가 하지 않은 것을 하려고 합니까?"라고 말했다. 그러나 바크르는 "알라께 맹세코, 그것은 (실로) 좋은 일이오." 그래서 나는 알라께서 아부 바크르와 우마르의 마음을 여셨던 것처럼 내 마음을 열어 주실 때까지 계속해서 그것에 대해서 논쟁을 벌였다. 그래서 나는 양피지, 견갑골, 대추야자 잎자루와 (암기해서 알고 있는) 사람들의 기억으로부터 꾸란의 자료를 찾아내서 모으는 일을 시작했다. _6:162-163; 60.152.201

여기서 중요한 문제는 제자가 스승을 넘어서는 것이다. 알라께서 그 계시를 한 묶음의 두루마리에 편집하도록 무함마드에게 지시하지 않았는데, 무함마드의 추종자들은 어떻게 그 작업을 해야 한다고 스스로 확신할 수 있었을까? 단지 유일신만이 그들에게 이러한 확신을 줄 수 있었을 것이다. 따라서 이 중대한 기록은 그들의 행위가 알라의 뜻에 따른 것이었음을 증명해 준다.

유일신의 계시를 편찬한 이 사람은 어려운 임무에 직면했다. 무함마드는 가브리엘이 전한 말씀을 제자들에게 위임했고, 제자들은 주의 깊게 암송하거나 그 계시를 잎자루나 양피지에 기록했다. 이 과정에서 우리는 어느 정도의 정확성 상실을 예측할 수 있다. 첫째, 아무리 완전성에 대한 책무를 다한다 할지라도, 인간이 하는 일은 어느 정도의 오류를 면할 수 없다. 둘째, 20년 세월이 지난 인간의 기억은 오류가 없는 것이라 간주할 수 없다. 셋째, 잎자루나 양피지는 7세기 아라비아에 존재한 최고의 재료들일 수 있지만, 손상되기 쉬운 재질로나 또는 그런 자료로부터 필사할 때의 실수나 하자가, 필연적인 것은 아니더라도 발생하기 쉽다. 무슬림 신학자는 이 반론 모두를 격렬하게 부정한다. 그는 알라께서 사람들의 작업 과정에 개입하셔서 꾸란 편찬에 오류가 없도록 기적적으로 감독하셨다고 고집스레 주장한다. 우리가 현존하는 성경 사본에서 사소한 필사상의 오류를 확인할 때, 무슬림은 미소 지으며 "그것은 당신들의 문제지 우리 문제는 아니야"라고 말한다.

다른 하나의 하디스는 그 과정에 관한 놀라운 이야기를 해 준다.

> 아나스 빈 말리크Anas bin Malik가 말하기를: 우트만이 모든 무슬림 지역에 그들이 복사한 사본 하나씩을 보내고는, 단편적으로 기록된 사본이든 전체를 다 기록한 사본이든 여타의 다른 모든 꾸란 자료를 불태워 버리라고 명령했다.
> _6:479; 61.3.510

이런 극단적인 파괴 행위—그 자료가 원본이거나 진본인지는 문제가 되지 않는다—는 꾸란이 복잡한 연구나 고등 비평에 열려 있지 않다는 사실을 확인시켜 준다. 이는 꾸란 협회The Quranic Council가 이야기해 온 바다. 하지만 우리는 무슬림 세계가 주장하는 이 절대 무오의 구조 안에서 행동한 이 오류투성이의 인간을 신뢰할 수 있는가? 이 점에서 이슬람의 약점은 서구학자들 대부분에게 분명하게 드러난다.

꾸란의 권위 문제

의도적인 것은 아니지만, 하디스는 꾸란을 둘러싸고 있는 다양한 갈등을 돋보이게 한다. 여기서는 대표적인 몇 가지를 세밀하게 다루려고 한다.

기억의 한계
일찍이 한 그리스도인 필사자는 과감히 무함마드의 역할을 평가절하했다.

아나스가 말하기를: 이슬람을 받아들이고 수라트-알-바까라Surat-al-Baqara와 알-이므란Al-Imran을 읽은 어떤 그리스도인이 있었는데, 그는 선지자를 위해 규칙적으로 (계시를) 기록해 주곤 했다. 나중에 그는 다시금 기독교로 돌아갔는데 "무함마드는 내가 그에게 써 준 것 외에는 아무것도 알지 못한다"라고 말하곤 했다. 그러자 알라께서 그를 죽게 했고 사람들이 그를 장사했다. _5:523; 56.24.814

무함마드의 인간성과 그의 기억의 한계가 수차례 하디스에서 언급된다.

이것은 꾸란의 근본적 권위에 영향을 미치는 중대한 문제다. 그의 기억은 알라의 말씀을 받아들이고 전달하는 데 있어서 분수령이 된다. 무함마드가 이 인간적인 재능 부분에 결점이 있었다는 징후들이 있다.

> 아이샤가 말하기를: 선지자는 어떤 암송자가 밤에 모스크에서 꾸란을 암송하는 소리를 들었다. 선지자는 "그 사람이 내가 잊어버렸던 이러이러한 수라의 이러이러한 구절들을 내게 생각나게 해 주었으므로, 알라께서 그에게 자비를 베푸시기를 원한다!"라고 말했다. _6:510; 61.27.562

문맹이었던 무함마드가 필사자들에게 무오한 계시를 넘겨 준 것이 아니라면, 꾸란의 진정성에 의문을 제기하는 것은 정당하다.

또한 무함마드는 한 사건을 잊어버렸는데, 그 사실은 무슬림 역사의 여러 시대에 실망감을 안겨 주었다. 알라가 선지자에게 그의 말씀을 계시하기 시작한 시점은 매우 중요한 초점이다. 하지만 어느 누구도 이 사건이 일어난 날을 정확하게 알지 못한다. 무함마드에 의한 이 하디스는 그 문제를 강조한다.

> 아부 알-쿠드리Abu Al-Khudri는 말하기를: "진실로 나는 이 밤Qadr, 까드르[꾸란이 처음 계시된 날 밤]의 날짜를 알고 있었지만 잊어버렸다." _3:131; 32.4.235

경전의 폐기

어떤 말씀도 폐기하지 아니하며 망각케 하지 아니하되 더 나은 혹은 그와 동등

한 말씀으로 대체하시나니 하나님은 모든 일에 전지전능하심을 너희는 모르느뇨. _꾸란 2:106

꾸란 계시의 과정은 22년이라는 단시간으로 한정된다. 그처럼 짧은 기간 속에서 본문을 삭제하거나 다른 것으로 대체해야 하는 이유를 묻는 것은 당연해 보인다. 몇몇 폐기의 실례가 그 문제를 설명해 주고 있다.

이븐 우마르Ibn Umar가 말하기를: 이 구절:
너희가 심중에 있는 것을 밝히든 혹은 숨기든 하나님은 너희들을 계산하시니라. 하나님 의지에 의하여 관용을 베풀고 또한 그분의 뜻에 의하여 벌을 내리시니 하나님은 진실로 모든 일에 전지전능하심이라(꾸란 2:284)
는 폐기되었다. _6:51; 60.52.68

왜 이 구절이 폐기되었을까? 그 가르침에 비정상적인 것은 아무것도 없다. 어떤 구절로 대체되었다는 지시문도 주어지지 않는다.

정당한 재정적 수단을 가진 무슬림이 라마단 달에 금식하지 않는 것을 선택할 수 있지만, 대신 매일 가난한 사람에게 음식을 제공해야 한다고 꾸란이 가르치는 것은 하나의 골칫거리였다. 부자들을 위한 그러한 특혜를 누그러뜨리기 위해서 하디스는 이 꾸란 구절이 "그 뒤에 나오는 구절"에 의해 폐기되었다고 주장한다. 이것이 언급하는 구절이 어떤 것인지는 분명하지 않다.

살라마Salama가 말하기를: 알라의 계시:

금식할 수 있는 사람들은, 금식을 하거나 아니면 날마다 가난한 사람에게 음식을 주는 것 중 하나를 선택하라(꾸란 2:184)*
가 주어졌을 때, 그 뒤에 나오는 구절이 주어지고 그것을 폐기할 때까지, 속전을 내고 금식을 포기하는 것이 허용되었다. _6:27; 60.26.34

편찬된 꾸란 구절들은 높이 존중되었다. 다음의 하디스는 폐기된 구절들이 더 이상 유효하지 않음에도 불구하고 왜 꾸란에 남아 있는지에 대해 설명해 준다.

이븐 아즈-주바이르Ibn Az-Zubair가 말하기를: 나는 우트만 빈 아판Uthman bin Affan에게 (그가 꾸란을 수집하는 동안) 이 구절에 관해 말했다:
너희들 중에 아내를 남기고 임종하는 자는 아내를 위해 유언을 하고 일 년간 아내는 나가지 아니하고 부양을 받노라. 만일 그녀들이 스스로 떠나거나 또는 스스로를 위해 도덕에 어긋나지 않는 일을 한다 해도 죄악이 아니거늘(꾸란 2:240).
"이 구절은 다른 구절에 의해 폐기되었습니다. 그런데 당신은 왜 그것을 기록하십니까?(혹은, 꾸란에 남기십니까?)" 그러자 우트만은 "오 나의 형제의 아들이여! 나는 어떤 것도 원래 있던 자리에서 옮기지 않을 것이오"라고 말했다.
_6:40-41; 60.40.53

* 이 하디스에 인용된 꾸란 구절은 본래의 꾸란 구절과 차이가 있다. 《성 꾸란 - 의미의 한국어 번역》에 따르면 "병중에 있거나 여행중에 있을 때는 다른 날로 대용하되 불쌍한 자를 배부르게 하여 속죄하라"이다. 꾸란의 "And as for those who can fast with difficulty, (e. g. an old man, etc.), they have (a choice either to fast or) to feed a Miskin(poor person) (for every day)" 중 밑줄 부분이 하디스의 인용에서는 누락되었다. _편집자 주

다음의 인용문은 여러 가지 복합적인 문제를 야기시킨다.

이븐 압바스가 말하기를: 우마르가 "나는 앞으로 오랜 시간이 지났을 때 사람들이 '꾸란(거룩한 책)에서 (돌을 던져 죽이는 형벌)에 관한 구절들을 찾을 수 없다고 말하면서, 그 결과 잘못해서 알라께서 계시하신 의무를 지키지 않을까 염려됩니다. 보세요! 나는 이미 결혼을 하고 증인들에 의해서 그 범죄가 증명되었거나 충분히 범죄의 정황이 확실하거나 자백을 했다면 불법적인 성관계를 맺은 사람에게 라잠형the penalty of Rajam이 주어졌음을 확증합니다"라고 말했다. 수피안Sufyan은 "나는 이 이야기를 이렇게 암송하고 있었습니다"라고 덧붙였다. 우마르가 덧붙여 말했다. "확실히 알라의 사도께서는 라잠형을 실행하셨으므로 우리도 그분을 따라서 그렇게 해야 합니다."_8:536-537; 82.16.816

꾸란 4:15-16은 간통죄를 범한 자를 "죽을 때까지 가택 연금"하라고 주장한다. 하지만 꾸란 24:2은 성적으로 문란한 자들에 대한 형벌을 바꾼다. "간통한 여자와 남자 각각에게는 백 대의 가죽 태형이라. …… 하나님께 순종하되 그들에게 동정치 말(라)."

꾸란에는 성범죄를 범한 이들에게 돌을 던져 처벌해야 한다고는 한마디도 나오지 않는다. 하지만 무함마드와 그의 제자들은 이 극단적인 형벌을 강제로 집행한 것으로 보고되고 있다. 오늘날 어떤 무슬림 국가에서는 돌로 쳐 죽이는 형벌이 공공연히 자행되고 있다. 나로서도, 그런 행위는 꾸란을 넘어선 것이며 이슬람 권위의 최상위 자료에 언급된 것으로 지지받을 수 없다는 것이 분명하다고 본다. 이 점에 대해 하디스는 꾸란과 직접적인 갈등에 직면하게 된다. 몇몇 근본주의 무슬림 당국들은 꾸란보다 오히려 하디스에 주의를 기울이는 것을 선택해 왔다.

이러한 다양한 갈등은 대부분 무슬림에게는 대개 무시되었다(또는 알려지지 않았다). 무슬림들은 그리스도인과의 공적인 논쟁에서 삼위일체와 성경의 권위에 대한 교리를 공격하기보다는, 바로 이 문제들에 초점을 맞추어야 할 것으로 보인다.

무슬림과 꾸란의 적용

이스마엘의 아들들은 언제나 꾸란을 숭배해 왔다. 대략 신약 성경 분량에 달하는 꾸란 전권을 암송하는 사람을 하피즈Hafiz라고 부른다. 하디스는 그러한 가치 있는 과업을 성취해 내는 선택된 소수의 무슬림을 극찬한다.

> 아이샤가 말하기를: 선지자께서는 말씀하셨다. "꾸란을 암송하고 외워서 정통한 사람은 (천국에서) 고귀하고 의로운 서기관들과 함께 있을 것이다. 꾸란을 외워서 배우려고 애쓰고 수많은 어려움을 무릅쓰면서 꾸란을 암송하는 사람은 상을 배로 받을 것이다."_6:431-432; 60.332.459

독실한 무슬림에게는 알라께 복을 받는 것이 중요하다. 하나님의 은총을 전달해 주는 수단은 온몸을 손으로 문지르기와 꾸란 암송하기를 결합하는 것이다. 이런 행동은 축복과 보호의 의미에서 알라의 말씀을 물리적으로 적용하는 것이다.

아이샤는 말하기를: 선지자가 매일 밤 잠자리에 들 때마다 양손을 찻종 모양으로 오목하게 해서 수라트 알-이클라스Surat Al-Ikhlas와 수라트 알-팔라끄Surat Al-Falaq와 수라트 안-나스Surat An-Nas를 암송한 후 거기에 숨을 불어 넣고는 양손으로 문지를 수 있는 몸의 구석구석을 문질렀는데 머리에서 시작해서, 얼굴과 몸의 전면을 문질렀다. 그는 그렇게 세 번씩 했다. _6:495; 61.14.536

무슬림 역사의 가장 초창기부터 감정emotion은 신자들의 공동체를 함께 묶기 위한 필수 요소였다. 이 부분은 아랍 민족의 성격 탓일 수도 있지만, 나는 무슬림 세계가 그 정신 속에 깊이 내재하는 종교적인 감정에 좌우된다는 것을 발견했다. 이것은 종종 기쁨이나 슬픔, 혹은 이슬람이 위협을 받는다는 느낌이 들 때 분노를 표출하는 데서 드러난다. 그런 감정 폭발에 대한 묘사 중 하나가 아부 바크르의 삶에서 일어났다.

아이샤가 말하기를: 내 아버지 아부 바크르는 집 안마당에 사원을 지을 생각을 하시고는 그렇게 하셨다. 그분은 그곳에서 기도하시고 꾸란을 암송하시곤 했다. 이교도 여인들과 그들의 아이들이 그분 곁에 서서 놀라운 눈으로 그분을 바라보곤 했다. 아부 바크르는 온화한 심성을 가신 분이셨고 꾸란을 암송할 때는 늘 눈물을 흘리셨다. 꾸라이쉬Quraish 이교도 부족의 우두머리들은 그것(즉 그들의 아이들과 여인들이 꾸란 암송에 영향을 받을 수 있다는 것)을 염려하게 되었다.
_1:276; 8.86.465

꾸란 계시의 첫 기록자들은 스스로를 특권을 지닌 사람으로 간주했다. 그 필사자 중 한 사람은 실제로 자신의 이름을 분명하게 불러 주시는 하나님을 생각하고 몹시 감동을 받았다.

아나스 빈 말리크가 말하기를: 알라의 선지자께서 우바이 빈 카아브Ubai bin Ka'b에게 "알라께서 꾸란을 그대에게 암송해 주라고 내게 명령하셨소"라고 말씀하셨다. 우바이는 "알라께서 당신에게 내 이름을 말씀하셨습니까?"라고 말했다. 선지자가 "그렇소"라고 대답하자 우바이는 "만유의 주께서 나를 언급해 주셨다는 말씀이십니까?"라고 말했다. 선지자는 "그렇소"라고 말씀하셨다. 그러자 우바이는 울음을 터뜨렸다. _6:457; 60.349.485

무함마드의 아내 아이샤는 한때 젊은 병사와의 부도덕한 행위로 고발되었다. 이것은 아이샤와 선지자뿐 아니라, 무함마드가 이 사건을 어떻게 처리하는지 면밀하게 주시하고 있는 갓 생겨난 이슬람 공동체에 가장 심각한 부담거리였다. 그것은 알라로부터 직접 주어진 특별한 꾸란 계시를 통해 해결되었다. 이 사건에 대해, 표현은 다르지만 본질적으로는 유사한 설명들이 하디스 전반에 걸쳐 아주 많이 반복된다(17장을 보라).

아이샤가 말하기를: 맹세컨대 나는 알라께서 내 경우에도 거룩한 영감으로 계시하실 것이라고 결코 생각하지 않았는데, 나 스스로가 거룩한 꾸란에 언급되기에는 너무나 비천하다고 생각했기 때문이다. 나는 알라의 사도가 알라께서 나의 무죄를 입증해 주시는 꿈을 꾸기를 바랐다. 맹세컨대, 거룩한 영감이 알라의

사도에게 임하기 전까지는 알라의 사도는 일어나지 않았고 아무도 집을 떠나지 않았다. 결국 그에게 갑자기 덮쳐 오곤 했던 똑같은 상태가 그를 압도했다(그가 하나님의 영감을 받을 때 되곤 했던 상태였다). (차가운) 겨울날이었음에도 불구하고 그는 땀범벅이 되어 땀방울이 진주알처럼 떨어져 내렸다. 그러한 상태가 멈췄을 때 알라의 사도는 미소를 지으며 첫마디로 "아이샤! 알라께 감사 드려라. 알라께서 너의 무죄를 선언하셨기 때문이다"라고 말씀하셨다. 어머니가 나에게 알라의 사도에게 가 보라고 말했다. 나는 "맹세코 그에게 가지 않을 것이며 알라 외에는 감사하지 않을 것입니다"라고 대답했다. 그러자 알라께서 계시를 주셨다. "실로 중상을 퍼뜨린 무리가 너희 가운데 있었으되……"(꾸란 24:11). _3:510-511; 48.15.829

나는 무슬림들 가운데 체류하는 동안, 여성들이 목욕탕에 가는 것을 극도로 조심하면서 가족이 아닌 사람들의 눈에 띄지 않을 때만 간다는 점에 주목했다. 아마도 이러한 거리낌은 선지자의 아내의 삶에서 일어난 사건 때문에 생겨났을 것이다.

아이샤가 말하기를: 베일을 쓰는 것이 (모든 무슬림 여인의) 의무가 된 후에 사우다Sauda, 선지자의 아내는 화장실에 가기 위해 밖으로 나갔다. 그녀는 뚱뚱하고 몸집이 큰 여인이었고, 그녀를 알고 있는 모든 사람은 그녀를 알아볼 수 있었다. 그래서 우마르 빈 알-카타브Umar bin Al-Khattab가 그녀를 보고 말하길, "오 사우다! 맹세코 당신은 우리로부터 숨을 수 없기 때문에, 당신이 나가는 것을 알아차리지 못하게 할 방법을 생각해 보시오"라고 했다. 사우다는 되돌아왔고, 그 동

안 알라의 사도는 내 집에서 저녁을 먹고 있었는데 그는 손에 살이 붙은 뼈다귀를 들고 있었다. 그녀는 들어와 말하길 "오 알라의 사도여! 내가 화장실에 가려고 밖에 나갔는데 우마르가 내게 여차여차 이야기했습니다." 그때 알라께서 그(선지자)에게 영감을 주셨고 그는 여전히 뼈다귀를 내려놓지 않고 손에 든 채 (사우다에게) "그대들(여인들)은 그대들의 필요를 해결하기 위해 밖으로 나가도록 허락이 되었소"라고 말했다. _6:300-301; 60.241.318

알라께서 그러한 평범한 주제에 대해 계시를 주셨다는 것이 흥미롭다. 배변 작용은 일반적으로 가장 가까운 모래 언덕 뒤 어느 곳에서 해결하던 문화에서, 어떤 대안이 유용하게 사용될 수 있었는지 생각해 볼 수 있겠다.

꾸란의 역사적 배경을 살펴보는 창을 열기 위해서는 하디스의 도움이 필요하다. 이슬람 신앙의 핵심 경전을 편집하고 적용하는 과정에 대해 숙고해 보는 것은 세계 종교 중 두 번째 규모의 종교를 제대로 이해하는 데 한 걸음 다가서도록 도와준다. 이 자료들을 사용해서 꾸란의 불완전한 부분을 공격하는 것은 적절하지 않다. 우리는 무슬림과 긍정적인 관계를 형성하고서, 그 위에서 이슬람과 기독교가 각각 주장하는 것처럼 경전에 대한 영감이 주어진 시스템에 대한 주의 깊은 대화로 들어갈 수 있다. 무슬림들이 성경 권위의 완전성을 훼손시키기 위해서 이상한 진술들을 할 때 소극적으로 반응하기란 어려운 일이다. 반면 그들이 자신들의 문제를 알아차리는 일은 좀처럼 일어나지 않는다. 하지만, 이것이 가장 민감한 주제라는 것을 분명히 알아야 한다. 무슬림들은 공격할 준비가 되어 있지만 공격을 받을 준비는 되어 있지 않다. 살만 루슈디Salman Rushdie가 기꺼이 이 사실을 증명할 것이다.*

---

* 살만 루슈디의 소설 《악마의 시》는 1988년 출판된 후 예언자 무함마드를 부정적으로 묘사하고 꾸란의 일부를 '악마의 시'라고 언급해 이슬람 세계로부터 격렬한 비난을 받았다. 이란의 최고 지도자 호메이니로부터 사형 선고를 받고 오랜 세월 암살 위협에 시달리며 은둔 생활을 했다.
_편집자 주

02 구원

아주 단순화해서 말하자면, 이슬람은 알라를 믿고 선한 행위를 함으로써 영생을 얻을 수 있다고 가르친다. "알라 외에는 다른 신이 없고 무함마드는 그의 선지자"라는 인식적 확언은 세계의 이슬람 공동체에 들어가는 근본적인 입장권이다. 이러한 믿음의 언어적 표현에는 꾸란과 하디스의 가르침과 조화되는 행위들이 동반되어야 한다.

무슬림은 잘못된 종교에 귀의한 사람에게는 영적인 구원이 없다고 믿는다. 이슬람은 알라를 알기 위한 강경한 '한 길'을 가르친다. 유일한 예외는 이슬람의 구원 계획을 결코 들어 보지 못한 사람들뿐이다. 알라는 그런 사람에게 자비를 베푸실 것이다.

그리스도인과 유대인은 참된 믿음에서 돌아선 것으로 이야기된다.

아부 후라이라Abu Huraira가 말하기를: 알라의 사도는 말씀하셨다. "이슬람 신앙을 가지지 않고 태어나는 아이는 없지만, 그 부모가 그것을 유대나 그리스도 신

앙으로 바꾼다."_8:389-390; 77.2.597

그래서 어떤 의미에서, 모든 그리스도인과 유대인은 부모에 의해 신앙이 바뀐 것이다. 나는 이런 신조가 무슬림들 사이에서 일반화되어 있음을 알았다. 이러한 종교적 이해는 기독교와 유대교가 정도를 벗어난 이슬람이라고 생각하는 무슬림 분파로 하여금 어느 정도 거만함을 느끼게 할 수 있다.

하디스는 이슬람식 구원론에 세부 사항과 부가 사항을 제공함으로써 꾸란을 보충해 주는데, 죄와 믿음, 선행과 같은 주제별로 찾아볼 수 있다.

죄

알-하리스 빈 수와이드Al-Harith bin Suwaid가 말하기를: 선지자가 말씀하셨다. "신자는 산이 자신의 위로 허물어져 내릴지도 모른다는 두려움을 가지고 산 아래 앉아 있는 것처럼 죄를 이해한다. 반면에 사악한 자는 코 위쪽으로 날아와서 막 쫓아 버린 파리들처럼 그의 죄를 생각한다."_8:214; 75.4.320

이 구절은 분명히 이상을 제시하긴 하지만 실제와는 거리가 있다. 무슬림이 그들의 삶에서 죄의 영향력에 대해 두려움을 갖고 있는 것은 사실이다. 꾸란을 가르치는 선생이기도 한 어느 변호사는 성적 욕망에 대한 그의 염려 때문에 매주 금요일 금식함으로써 정신적 순결을 얻으려고 노력한다고 말했다. 한편, 내가 만난 무슬림 대부분은 일상 속에서 죄가 미치는 영향력에 대해 상당히 수동적이다.

무함마드는 죄에 관해 두 가지 초점으로 정의를 내렸다.

> 사흘 빈 사드Sahl bin Sad는 말하기를: 알라의 사도가 말씀하셨다. "누구든 자신의 위턱뼈와 아래턱뼈 사이에 있는 것과 두 다리 사이에 있는 것(즉 그의 혀와 은밀한 부분)(의 순결)을 보증할 수 있다면, 나는 그에게 낙원을 보증할 수 있다."_8:320; 76.23.481

변덕스러운 말과 부적절한 성은 무슬림을 알라의 길에서 끌어내린다. 하지만 무함마드는 생각과 행동을 구별했다.

> 아부 후라이라가 말하기를: 선지자는 말씀하셨다. "알라께서는 나를 추종하는 자들의 마음속에서 생겨나는 악한 생각들을 행동으로 옮기거나 말로 하지 않는 한 그 생각들을 용서하셨다."_7:147; 63.11.194

죄스런 생각들은 악한 행위로 타락하지 않을지라도 여전히 용서받을 필요가 있다는 사실에 주의해야 한다. 무함마드가 이러한 사상을 나눌 당시에, 그는 알라의 재가를 받았다고 주장하면서 적어도 아홉 명의 아내를 취한 사실도 기억하자. 그의 추종자들은 각기 네 명의 배우자를 갖도록 허용되었다. 그렇게 여러 명의 성적 파트너를 가진 사실에 비춰 볼 때, 왜 악한 생각들이 문제가 되는지 질문하는 것은 정당할 것이다. 내 무슬림 친구는 세 명의 아내가 있는데, 가장 최근에 얻은 아내는 그보다 서른 살이나 어리다! 또한 그는 다른 세 명의 아내와 이혼했다.

하디스에서 강조하는 또 다른 죄는 탐욕이다.

사흘 빈 사드는 말하기를: 선지자가 말씀하셨다. "만약 아담의 아들이 금으로 가득 찬 계곡을 하나 받았다면, 그는 두 번째 계곡을 가지려고 했을 것이다. 그리고 만약 그가 두 번째 것을 얻었다면, 그는 세 번째 것을 가지려고 했을 것인데, 먼지[죽음] 외에는 아담의 아들의 배를 채우고 있는 것이 없기 때문이다."
_8:297; 76.10.446

현실적으로, 무슬림 가운데 성性보다 더한 도덕적 일탈은 탐욕이라고 나는 말하겠다. 또는, 이슬람권 2/3세계에 사는 거주자들 대부분의 궁핍한 경제 상태가 아주 기초적인 수준에서(가령 시계를 소유하고 싶은 욕망과 같은) 물질 재화에 대한 충동을 유발한다고도 말할 수 있다. 그것은 노골적으로 외부에 드러나지 않기 때문에 결과적으로 서구 관찰자에게는 그리 중요하게 여겨지지 않는다.

그 선지자가 죄인이었는지 아닌지의 문제는 계속해서 논쟁거리다. 어떤 무슬림 신학자들은 그것을 부정하고, 다른 이들은 그러한 가능성에 대해 긍정한다. 중도적인 옹호자들은 무함마드가 사도로 부름을 받기 이전에 죄를 지었지만 그 후에 알라에 의해 도덕적이고 윤리적으로 깨끗함을 유지할 수 있었다는 입장을 지지하는데, 그 관점은 아이샤가 전하는 하디스와는 모순되는 것처럼 보인다.

아이샤가 말하기를: 나는 선지자가 죽기 전에 등을 기대고 누워서 "오, 알라시여! 나를 용서하시고 당신의 자비를 나에게 내려 주시고, 지고의 선에 이르도록 나를 인도하소서"라고 말하는 것을 들었다. _5:511; 59.81.715

꾸란 또한 선지자가 죄를 뉘우친 것에 대해 몇 가지 참고 구절을 담고 있다. 그의 구원은 믿음과 선한 행위들, 죄를 회개하는 것, 하나님의 용서를 구하는 것, 무엇보다 알라의 자비에 달려 있는데, 이것은 구원을 얻기 위한 하나의 공식으로서 수 세기 동안 무슬림에게 신봉되어 왔다.

믿음

이슬람은 믿음에 대단한 우선순위를 둔다. 그러나 믿음은 수많은 관념적이고 종교적인 양상들의 프리즘일 수 있다. 믿음은 또한 삶에서 부속물이 될 수도 있고 완전한 중심이 될 수도 있다. 무함마드는 이슬람의 알라가 모든 진리의 원천임을 선포함으로써 그 방향을 제시했다.

당신은 진리이시고, 당신의 말씀이 진리입니다. _9:359; 93.8.483

진리의 하나님과 그분의 말씀인 꾸란에 대해 확고하고 흔들리지 않는 믿음이 없다면, 무슬림은 구원을 받을 수가 없다. 사실, 다음의 하디스가 지적하는 것처럼, 믿음은 선한 일을 하는 것보다 훨씬 중요하다.

아부 다르Abu Dhar가 말하기를: 알라의 사도는 말씀하셨다. "천사 가브리엘이 내게 와서 '너를 따르는 자들 중에 알라와 더불어 다른 어느 신도 경배하지 않은 자 중에 죽은 자는 누구든지 천국에 들어갈 것이다'라고 말했다. 나는 '심지어 그가 이러이러한 것들을 행했다 할지라도(즉 심지어 그가 도둑질을 했거나 불법으로 성관계를 맺었다 할지라도) 그렇습니까?'라고 말했다. 그는 '그렇다'고 말했다." _3:337; 41.3.573

알라를 사랑하는 것의 중요성 역시 강조된다.

아나스 빈 말리크가 말하기를: 선지자와 내가 모스크에서 나오고 있는 사이, 한 남자가 문 밖에서 우리를 만났다. 그 사람은 "오 알라의 선지자여! 그때는 언제입니까?"라고 말했다. 선지자는 "당신은 그것을 위해 무엇을 준비해 왔소?"라고 질문했다. 그 사람은 겁을 내고 부끄러워하면서 "오 알라의 사도여! 저는 그것을 위해서 금식과 기도 혹은 자선의 선물들로 준비하지는 못했지만 저는 알라와 그분의 사도를 사랑합니다"라고 말했다. 사도는 "당신은 당신이 사랑하는 그분과 함께 있을 것이오"라고 말했다. _9:199; 89.10.267

꾸란의 신조들을 암송하는 것은 알라에 대한 무슬림의 신앙을 강화시킨다. 이것이 세뇌의 한 유형으로 이끌어 가는지 아닌지에 대해 질문할 수 있다. 매일 백 번씩 암송하도록 요구하는 이 권고를 생각해 보라.

아부 후라이라가 말하기를: 선지자께서 "만약 누군가 하루에 백 번씩 '알라 외에는 어느 누구도 경배 받을 권리가 없고, 그분은 홀로 짝할 만한 이가 없으며, 그분에게만 주권과 모든 찬양이 속해 있고, 그분은 만물에 대한 권능(즉 전능)을 가지셨다' 말한다면, 그는 열 명의 노예를 해방시키는(자유롭게 하는) 상을 받게 될 것이며, 백 가지의 선행이 그의 치부책에 기록되고 백 가지의 악행이 지워져 없어질 것이며, 그날에 아침부터 저녁까지 사탄으로부터 보호받을 것이고, 그가 행한 것보다 더 많이 행한 사람을 제외하고는 그보다 뛰어난 사람이 없을 것이다." _4:327; 54.10.514

유사한 하디스의 진술은 이렇다.

아부 후라이라가 말하기를: 알라의 사도는 "'숩한 알라 와 비함디히'Subhan Alla wa bihamdihi, 알라께서는 어느 무엇과도 비교할 수 없으시고, 나는 그분을 찬양한다'라고 하루에 백 번을 말하는 사람은 그의 모든 죄가 바다의 물거품처럼 많을지라도 누구든지 다 용서받을 것이다." _8:277; 75.67.414

여기서 우리는 믿음에 관한 신학적 진술 하나가 하나님의 죄 용서 과정으로 통합되는 것을 본다. 암송을 한 번 할 때 하나의 선행이 하나님 앞에 있는 신자의 치부책에 기록되고 동시에 하나의 악행이 삭제된다. 무슬림들은 영원한 구원을 보장받기 위해 꾸란 구절들을 수천 번 반복한다.

이렇게 암송하는 것의 초점은 종종 하나님의 완전한 유일성에 맞춰진다. "알라는 동반자가 없다"와 "어느 면에서든 어느 무엇과도 비교할 수 없다"라는 진술은 성부, 성자, 성령을 모두 유일하시고 신비하신 하나님으로 이해하는 기독교의 관점을 부인하는 방향으로 왜곡된다. 무슬림들은 성경적 진리를 직접 공격하는 신학적인 위치를 확고하게 천명하기에, 삼위일체 교리에 대해 그렇게 소란스러운 반응을 보이는 것은 이상한 일이 아니다.

이러한 관찰을 강화시켜 주는 것이 다음에 기록된 무함마드의 의견이다.

> 아부 사이드Abu Said가 말하기를: 한 사람이 누군가 암송하는 것을 들었다.
> 일러 가로되 (오 무함마드), '그는 단 한 분이신 알라이시다'(꾸란 112:1).
> 그리고 그는 반복해서 암송했다. 아침이 되자 그는 선지자에게 가서 그 수라 Surah만을 암송하는 것으로는 충분하지 않다고 생각된다고 알렸다. 알라의 사도는 말했다. "내 생명이 그 손에 달려 있는 분께 맹세컨대, 그것은 꾸란의 삼 분의 일과 같다." _9:349-350; 93.1.471

무슬림 신학자들에 따르면, 실제적이고 생생한 믿음은 꾸란과 하디스에 규정된 행위의 틀에 맞춰져야 한다.

선행

무슬림은 하나님의 주권에 대한 강하고 심지어 절대적인 믿음을 보이는 경향이 있음에도 불구하고, 여전히 그 구원 과정에 자신이 기여할 필요가 있다고 단언한다.

알리Ali가 말하기를: 선지자께서 장례 행렬 중에 계실 때, 그분은 무언가를 집어 들고 땅에다 문지르기 시작하면서 "지옥 불에든지 낙원에든지 자신의 자리를 부여받은 사람이 당신들 가운데 아무도 없소"라고 말씀하셨다. 그들은 "오 알라의 사도여! 우리를 위해 기록된 것을 의지하지 않고 행위를 포기할까요?"라고 물었다. 그는 "(선한) 행위를 계속해서 행하시오……"라고 대답했다. _6:446; 60.343.474

하디스나 다른 어느 곳에서, 무함마드는 이 논쟁에 관해 철학적이거나 신학적인 뉘앙스를 탐구하지 않는다. 그는 양쪽의 가르침이 각각 그 장점을 고수하도록 하는 편을 선호한다.

전승들 안에는 실제로 선행을 조성하는 실례가 많이 들어 있다. 훨씬 다채로운 이야기들 중 하나가 무함마드 자신의 입에서 나온다.

이븐 우마르가 말하기를: 선지자가 말씀하셨다. "세 사람이 걸어가는 동안 비가 내리기 시작하자 그들은 산에 있는 동굴 속으로 들어가야 했다. 그런데 커다란 바위 하나가 굴러 와서 그 동굴 입구를 막아 버렸다. 그들이 서로 '네가 행한 최고의 행위로 알라께 빌어라. (그러면 알라께서 바위를 제거하실지도 모른다)'라고 말하자, 그들 중 한 사람이 '오 알라시여! 제 부모는 늙었고 저는 (제 가축들에게) 풀을 뜯어 먹이기 위해 밖으로 나가곤 했습니다. 돌아와서는 (그 가축들의) 젖을 짜서 그릇에 담아 부모님이 마시도록 했습니다. 그분들이 그것을 마신 후에 내 아이들과 가족과 아내에게 그것을 주곤 했습니다. 어느 날 제가 지체하여 늦게 돌아와서 보니 부모님께서 주무시는 것을 발견했는데 그분들을 깨우기

싫었습니다. 아이들은 내 발 밑에서 (배가 고파) 울고 있었습니다. 그런 상태가 동이 틀 때까지 계속되었습니다. 오 알라시여! 제가 그것을 당신을 위해 한 것으로 여기신다면 부디 이 바위를 제거해 주셔서 우리가 하늘을 볼 수 있게 해 주십시오.' 그러자 그 바위가 약간 움직였다. 두 번째 사람이 말하길, '오 알라시여! 당신은 남자가 한 여자를 사랑할 수 있는 가장 깊은 사랑으로 제가 제 사촌을 사랑했음을 아십니다. 그녀는 내가 그녀에게 (금화) 일백 디나르Dinar를 지불하지 않는다면 나의 욕망을 이룰 수 없을 것이라고 말했습니다. 그래서 나는 원하는 액수를 모았고, 내가 그녀의 다리 사이에 앉았을 때 그녀는 내게 알라를 두려워하라고 말하면서 (결혼에 의해) 정당하게 하지 않고서는 그녀의 처녀성을 빼앗지 말아 달라고 요청했습니다. 그래서 나는 일어나 그녀를 떠났습니다. 오, 알라시여! 제가 당신을 위해 그것을 한 것으로 여기신다면 부디 이 바위를 제거해 주십시오.' 그러자 바위의 삼 분의 이가 이동했다. 그리고 나서 세 번째 남자가 말하길, '오 알라시여! 당신은 일전에 제가 수수 한 파라끄Faraq, 3사아Sa'에 일꾼 한 사람을 고용한 것을 아십니다. 내가 그에게 비용을 지불하려 했으나 그가 거절해서 나는 그 수수를 심어 이익을 내서 소를 사고 목동을 고용했습니다. 얼마 후에 그 사람이 와서 그의 돈을 요구했습니다. 나는 그 사람에게 말했습니다. 소들과 목동에게 가서 그것들을 당신 것으로 하시오. 그는 내가 그에게 농담을 하고 있는 것은 아닌지를 물었습니다. 나는 농담이 아니고, 모든 것이 그의 것이라고 말했습니다. 오 알라시여! 제가 그것을 당신을 위해 신실하게 한 것으로 여기신다면 제발 바위를 제거해 주십시오.' 그러자 동굴 입구에서 그 바위가 완전히 없어졌다." _3:228-229; 34.100.418

나이 든 부모와 어린 자녀들을 먹이고 돌보는 것, 간음을 피하는 것, 피고용인을 공정하게 대우하는 것 모두 알라를 기쁘게 하는 행위라 여겨지며, 바위를 움직이는 신적 개입을 이끌어 낸다. 높이 평가되는 이슬람 문학을 읽어 보면, 하나님을 기쁘게 하고 불쾌하게 하는 것들에 관한 무슬림의 서열 체계를 이해하게 된다. 하나님께 받는 보상으로 거룩한 삶을 장려하는 것이 이 이야기의 기본적인 가르침이다.

몇몇의 하디스는 개인의 행위를 영원한 거처와 분명하게 연결한다.

아부 후라이라가 말하기를: 알라의 사도가 말씀하셨다. "거부하는 자 외에 나를 따르는 자는 누구나 다 낙원에 들어갈 것이다." 그들은 "오 알라의 사도시여! 누가 거절하겠습니까?"라고 말했다. 그분은 "나를 따르는 자는 누구든지 낙원에 들어갈 것이고, 나를 따르지 않는 자는 누구든지 (낙원에 들어가기를) 거절하는 자다."_9:284; 92.2.384

여기서 우리는 이슬람 내에서 무함마드의 우월한 지위를 보게 된다. 선지자는 낙원에서 제외된다는 협박을 하면서 추종자들을 알라에게 복종하라고 명령하지 않았다. 그는 자신에 대한 복종이 낙원에 들어가는 초점이며 기준이라고 분명하게 말했다. 다소 무시무시한 진술이다. 우리의 이러한 의심에 대한 무슬림들의 반응은, 무함마드의 삶과 가르침은 알라에게 정확히 맞춰져 있어서 그의 명령들은 단지 하나님의 뜻을 반영하는 것과 마찬가지라고 단언한다. 그러므로 무함마드는 사도 바울처럼, 그의 청중에게 "나를 따르라"고 말할 수 있었다.

신자들의 공동체는 언제나 이슬람의 중심점이다. 자신을 바라보는 증인들에게 누구나 자신의 행위와 품성에 대한 책임을 져야 한다. 심지어 영원한 숙명은 이 증인들에게 맡겨져 있다.

아부 알-아스와드Abu Al-Aswad가 말하기를: 선지자께서는 "알라께서는 네 사람에 의해서 좋은 성품을 가진 것으로 입증된 무슬림은 누구든지 낙원에 들어가는 것을 허락하실 것이다"라고 말씀하셨다. 우리는 선지자께 "만약 세 명의 증인만 있으면 어찌합니까?"라고 물었다. 그분은 "세 명이라도"라고 말씀하셨다. 우리는 "만약 두 사람만이면요?"라고 물었고 그분은 "두 사람이라도"라고 대답하셨다. 그러나 우리는 한 명의 증인이면 어떠한지는 그분께 묻지 않았다. _3:492; 48.6.811

선한 행위와 죄 용서는 이슬람의 가르침에서 함께 뒤섞여 짜여 있다.

아부 사이드 알-쿠드리Abu Said Al-Khudri가 말하기를: 알라의 사도께서 말씀하셨다. "만약 어떤 사람이 이슬람을 신실하게 받아들이면, 알라께서 그의 과거의 모든 죄를 용서하시고, 그 후에는 그의 예금 계좌들이 안정을 찾기 시작한다. 그의 선행에 대한 보상은 각각의 선행당 열 배에서 칠백 배가 될 것이다." _1:36; 2.32.39

윤리적이고 도덕적인 고찰을 하지 못한 상태에서의 개종은 이슬람 역사의 시작부터 있어 왔다. 현시대에서도 나는 한 아시아 국가에서 이런 현상을 보았다. 중동에서 직업을 찾는 상당수의 로마 가톨릭 교인 계약 노동자들이 직업을 얻을 기회를 증진하기 위해 피상적인 이슬람 신앙을 고백했다. 지역의 무슬림 지도자들은 이를 금하는 어떤 행동도 하지 않았다. 아마 그들은 그러한 명목상의 개종이 더 진지한 깊이와 실재로 옮겨 간다고 믿을 것이다.

앞의 하디스는 어떤 사람이 단순히 이슬람을 받아들인 것을 진실하게 드러내기만 하면 죄 용서를 받는다고 구체적으로 말한다. 그러나 이것은 단지 예금 계좌 결산의 시작에 불과하다. 선행과 악행은 일정한 긴장 관계 안에 있다. 이 하디스는 보상에 대한 놀라운 범주를 제공한다. 대심판의 날에 선한 일들이 수 배로 증가될 것이라고 한다. 방글라데시에서 거대 무슬림 분파들은 각자가 드린 각각의 기도 행위salat에 수천 배로 늘어난 공로 점수가 있다고 생각한다.

비非무슬림 독자가 구원에 관한 이슬람의 가르침에서 행위를 지나치게 강조하지 않도록 하기 위해서, 하디스는 알라의 자비에 명확한 초점을 제공한다.

> 아부 후라이라가 말하기를: 알라의 사도께서 말씀하셨다. "당신들 중 어느 한 사람도 행위로 당신을 (지옥 불에서) 구원할 수 없을 것이다." 그들이 말하길, "심지어 당신조차도 (당신의 행위로 구원받지 못한단) 말입니까, 오 알라의 사도시여?" 그가 말씀하시길 "받지 못한다, 나조차도 만약 알라께서 자비를 베푸시지 않으신다면 (구원을 받지 못할 것이다). 그러므로 정당하고 진실하고 적절하게 선행을 하고, 오전과 오후와 낮의 일부분 동안 알라께 예배하고, 항상 네가 목적하는 (낙원)에 이르게 해 줄 온건하고 균형잡힌 행로를 택하라." _8:313; 76.18.470

이것이 이슬람과 영원한 구원에 관한 결론이다. 믿음과 행위는 뚜렷한 역학 관계에 있다. 그러나 분에 넘치는 알라의 자비가 없다면 신앙 공동체를 위한 낙원에 대한 희망은 있을 수 없을 것이다.

그리스도인들은 무슬림에게 전도할 때, 은혜grace라는 단어와 자비mercy라는 단어를 아무 거리낌 없이 서로 교환해 사용할 수 있다고 생각할 것이다. 성경 계시에서 신자에 대한 하나님의 자비는 그리스도시며, 그분은 하나님의 구원 계획의 초점이다. 우리는 하나님의 주권과 인간의 바람직한 응답이라는 구체적이고 확실한 구조를 가지고 있다. 반면 이슬람은 주관적으로 크게 기울어져 있다. 얼마나 많은 기도와 선행이면 영원한 구원을 담보할 수 있는가? 그 답은 확실하지 않다. 이것이 무슬림들로 하여금 어느 정도에서 구원의 확신을 가질 수 있는지 의심하게 만든다.

이슬람과 기독교 사이의 이런 차이는 복음 증거를 위한 결정적인 기회를 제공한다. 그리스도께서 모든 인류를 위해 십자가에서 행하신 대속 사역에 초점을 맞춤으로써, 우리는 영원한 구원의 위대한 근원이신 그분을 믿는 믿음과 충성으로 그들을 직접 초대할 수 있다.

이슬람은 이 '십자가의 위력'을 알아차리고 그리스도가 십자가에서 죽지 않고 직접 하늘로 올라갔다고 말하면서 그 메시지를 약화시켜 왔다. 이러한 부정은 무슬림들이 주님께로 나오는 것을 막는 커다란 장벽 가운데 하나다. 우리는 이 중요한 문제에 관하여 이스마엘의 후손들 가운데 깨달음이 있기를 기도한다.

03 무함마드

역사적으로나 동시대적으로나, 사막의 선지자만큼 인류에게 영향을 미친 사람은 세상에 거의 없다. 무슬림에게 있어서 무함마드의 말과 행위는 신선하고 생생하며, 그것이 처음 언급되었던 1,300년 전만큼이나 오늘날에도 여전히 구속력이 있다. 때로는 무함마드가 그의 추종자들에 의해 거의 신격화한 것처럼 보이기도 한다.

또한 역으로, 이 사도는 그 당시에 수천으로 늘어난 군중에게 저주받고, 비방당하고, 반대에 부딪혔다. 그가 물려준 유산은 증오와 폭력을 야기하는 것으로 선언된다. 그리스도인들은 성경에서 죄가 없다고 진술되는 예수님과, 그리스도인들이 보기에 오늘날 무슬림들의 모든 죄에 대해 개인적 책임이 있는 무함마드를 직접적으로 비교하려는 경향이 있다. 오늘날 그리스도인과 무슬림의 관계에서 우리 눈에 현저하게 보이는 것과는 달리, 역사적으로는 두 종교 체계 사이에 오래 지속되어 온 깊은 반목이랄 것이 거의 없었다.

무함마드는 그 중심에 있는 사람이다. 우리는 그를 어떻게 생각하는가?

그에게서 신화와 영웅적인 전설을 제거하는 것이 가능한가? 우리가 역사적 무함마드를 추적해서 신뢰할 만하게 규명해 낼 수 있을까? 많은 사람들이 이 시도를 해 왔다. 알라의 사도에 대해 수천 권의 책이 기록되었다. 하지만 실제 무함마드의 정체를 밝히기 위한 학문적 접근은 진실과 허구의 혼합이라는 결과를 가져온다는 것이 내가 고려한 끝에 내놓은 견해다.

무함마드는 신비한 안개에 가려진 채 오늘날의 세계에 영향을 미치고 있다. 무형으로 실재하는 무함마드가 이슬람을 감싸고 있으면서 역동적이고 감정적인 반응을 강력하게 이끌어 낸다. 선지자를 비방한 방글라데시의 한 시인은 감옥에 수감되었다. 필리핀에서 한 그리스도인 청년이 무슬림 청중 앞에서 무함마드를 공개적으로 모욕한 후, 얼마 지나지 않아 그 청년의 조직이 후원하는 공공 모임의 한복판에 수류탄 하나가 투척되었다. 두 명의 젊은 여성이 죽고 또 다른 그리스도인 38명이 부상당했다. 감히 무함마드를 비판하는 것은 개인적으로 위해를 당할 것을 감수하고서만 가능하다.

비록 하디스 중심의 무함마드 연구가 부적당한 점들을 내재하고 있지만, 그럼에도 여전히 그 방법이 최선이고 선지자의 말과 행위에 대해 통찰할 수 있는 가장 신뢰할 만한 길이다. 본 장은 무함마드가 살면서 선지자의 역할을 했던 7세기에 한해 그에 대해 기술한 내용에서 발췌한 것들을 강조할 것이다.

체격

어떤 작가는 무함마드에 대해 이렇게 포괄적인 평가를 하고 있다.

아나스Anas가 말하기를: 알라의 사도께서는 모든 민족들 가운데서 (가장 잘생겼고), 가장 관대하고 용감하였다. _4:173; 52.165.277

'모든 민족들 가운데서'라는 구절에서 자민족중심주의가 명백하게 드러난다. 이 작가의 지식과 여행이 고작 아라비아라는 작은 지역, 몇천 명의 사람들에 한정됐을 것이라는 사실은 거의 의심할 여지가 없다.

한 흥미로운 전승이 선지자의 지위를 나타내는 무함마드의 인장seal에 대해 언급하고 있다.

앗-사이브 빈 야지드As-Saib bin Yazid가 말하기를: 나는 그의 뒤에 서서 그의 양 어깨 사이에 있는 선지자의 인장을 보았는데, 그것은 "지르알-히즐라르Ziral-Hijlar"(작은 텐트에 다는 단추를 의미하지만, 어떤 사람들은 '자고새의 알'을 말한다고 본다) 같았다. _1;130; 4.42.189

이것은 내가 알기로는 그의 '인장'을 언급하는 유일한 하디스다. 어떤 무슬림도 내 앞에서 선지자의 인장에 대해 언급한 적이 없다. 그러나 이 유일한 출처는 너무나 모호해서 그 현상에 대한 어떤 권위 있는 해설도 금하는 것처럼 보인다.

다른 전승들은 좀 더 일반적인 진술을 제공한다.

라비아 압두르-라흐만Rabi'a Abdur-Rahman이 말하기를: 나는 아나스 빈 말리크가 선지자께서 말씀하시는 것에 대해 설명하는 것을 들었다. "그분은 사람들 가운데서 중간 키로, 크지도 작지도 않으셨다. 그분은 장밋빛 얼굴을 가지셨는데 완전히 희지도 않지만, 짙은 갈색도 아니셨다. 그분의 머리카락은 완전한 곱슬도, 볼품없는 직모도 아니었다. …… 그분이 숨을 거두실 때, 그분의 머리카락과 수염에 기껏해야 스무 가닥 정도의 흰머리가 있었다." 라비아는 말했다. "내가 그분의 머리카락 얼마를 보았는데 붉은색이었다. 내가 그것에 대해 물었을 때 향기로 인해 붉게 변했다고 들었다." _4:487; 56.22.747

많은 독실한 무슬림은 머리카락이나 수염을 흐릿한 붉은색으로 물들인다. 이 하디스는 이런 관례에 대한 판단의 기준이 될 수도 있다. 두 명의 주석가가 논평을 했다.

압둘라 빈 압바스가 말하기를: 선지자께서는 그의 머리카락이 풀어져 흐트러진 채 놓아두곤 했다. _5:193; 58.50.280

말리크가 말하기를: 선지자의 머리카락은 그의 어깨 가까이까지 늘어뜨려져 있곤 했다. _7:520; 72.68.788

서구 사회에서는 구강 청정제와 향수와 탈취제로 체취를 감추거나 중화시킨다. 도처의 수많은 이슬람 세계에서는 그런 체취가 불쾌하게 여겨지지 않는다. 부분적인 이유는 단순히 경제적이기 때문이다. 화장품이 비싸다. 하지만 몇몇 전승은 무함마드의 땀에 관해 긍정적인 방식으로 언급한다. 따라서 그의 추종자들도 자신의 신체에 대해 유사한 견해를 가지고 있다.

아나스가 말하기를: 나는 선지자의 손바닥보다 더 부드러운 비단이나 '디바즈 Dibaj, 두터운 비단'를 만져 보지 못했고, 선지자의 땀보다 더 향기로운 향수 냄새를 맡아 보지 못했다. _4:492; 56.22.761

아부 주하이파Abu Juhaifa가 말하기를: 기도를 마친 후 사람들이 일어나서 선지자의 손을 붙들어서 그들의 얼굴 위로 지나가게 했다. 나 역시 그의 손을 붙들어 내 얼굴에 올려놓았는데 그 손이 얼음보다 더 시원하다는 것을 알았고, 손에서 사향보다 더 좋은 향이 났다. _4:489; 56.22.753

선지자는 뚱하고 우울했을까 아니면 기운이 넘치고 쾌활했을까? 무함마드의 기질은 몇몇 간접적인 언급에서 추측해 볼 수 있다. 대다수 인간처럼 그 역시 의기소침한 기간을 보내기도 하고 의기양양한 순간도 있었던 것으로 보인다. 무함마드는 확실히 열정적인 사람이었다. 대표적인 다음의 하디스는 그가 행복할 때의 신체적인 특징을 보여 준다.

압둘라 말리크Abdullah Malik가 말하기를: 알라의 사도께서 행복해할 때마다 그의 얼굴은 달의 일부분처럼 빛이 났고, 우리는 모두 그런 특징을 알고 있었다. _5:503; 59.78.702

하지만, 무함마드의 신체적 모습보다 더 중요한 것이 그의 성격이다.

성격

무함마드는 알라로부터 계시를 받기 시작했을 때 처음에는 어쩔 줄 몰라 했다. 자신이 제정신인지 의심하기도 했다. 선지자의 신실한 아내인 카디자는 걱정이 돼서 그를 자신의 사촌인 그리스도인 와라까Waraqa에게 데려갔다. 그리스도를 믿는 이 아랍인이 무함마드의 전언을 하나님에게서 온 것으로 확인해 주었을 때, 그때가 이슬람 역사의 결정적 순간이었다.

아이샤가 말하기를: 그때 카디자가 [무함마드를] 그녀의 사촌인 와라까에게 데려갔는데, 그는 이슬람교 이전 시기에 그리스도인이 되어 히브리 글씨로 글을 쓰곤 하는 사람이었다. 그는 알라께서 그가 기록하기를 원하시는 만큼 많이 히브리어로 복음을 기록했다. 그는 노인이었고 시력을 잃었다. 카디자는 와라까에게 "사촌이여, 당신의 조카의 이야기를 들어 봐 주세요!"라고 말했다. 와라까는 "오 조카여, 당신은 무엇을 보았소?"라고 물었다. 알라의 사도는 그가 본 모든 것을 설명했다. 와라까는 "그는 알라께서 모세에게 보냈던 비밀을 유지하는 이(천사 가브리엘)와 같은 이요. 내가 젊어서 당신의 사람들이 당신을 배척할 때까지 살 수만 있기를 바라오"라고 말했다. 알라의 사도는 "그들이 나를 쫓아냅니까?"라고 물었다. 와라까는 확신을 가지고 대답하면서 "당신이 가지고 온 것과 같은 것을 가지고 온 사람은 누구든지 적대적인 대접을 받았소. 내가 만약 당신이 쫓겨날 때까지 살아 있을 수만 있다면 나는 당신을 강력하게 지지할 것이오"라고 말했다. 그러나 며칠 후 와라까는 죽었고 거룩한 영감 또한 잠시 동안 멈췄다.
_1:4; 1.1.3

무함마드는 이 와라까의 예언에서 끊임없이 용기를 얻은 것으로 나타난다. 이 시기적절한 확증과 함께 박해가 곧 뒤따를 것이라는 놀라운 소식이 전해졌다. 그럼에도 불구하고 무함마드는 그가 알라로부터 소명을 받았는지 숙고하는 일을 겁내어 피하지 않았다. 무슬림 신학자들은 적대감과 고통이 선지자가 강인한 성격을 갖도록 돕는 힘이 되었다고 지적한다. 초기에 선지자의 고통은 박해로부터 생겨났다. 하지만 나이가 들면서 그의 고통은 육체적인 것이었다. 아이샤는 그가 약해진 몸과 투쟁하는 것을 가까이서 지켜볼 수 있는 위치에 있었다.

아이샤가 말하기를: 나는 알라의 사도만큼 병으로 인해 그렇게 심하게 고통스러워하는 사람을 결코 본 적이 없다. _7:373; 70.2.549

역사상 모든 통치자는 과시적인 생활 방식을 취하는 경향이 있었다. 불행히도 종교 지도자들 역시 권력이라는 장신구를 즐기고자 하는 유혹을 마다하지 않았다. 무슬림들은 자신이 따르는 종교 지도자는 경건한 성품을 간직했음을 재빠르게 언급한다.

이븐 압바스가 말하기를: 알라의 사도는 야자수 나뭇잎으로 만든 멍석에 아무것도 깔지 않고 누워서 미소를 지었다. 그는 야자 섬유로 속을 채운 가죽 베개를 베고 있었고, 발에는 사우트saut 나뭇잎이 쌓여 있었으며, 머리 위로는 물을 담은 가죽 부대 몇 개가 매달려 있었다. 나는 그의 옆구리에 난 멍석 자국을 보면서 울었다. 그가 '그대는 왜 우는가?'라고 말해서 나는 '오 알라의 사도시여! 시저 Caesar와 호스로Khosrau, 사산조 페르시아의 왕_옮긴이는 호화스러운 삶을 영위하는데 알라의 사도이신 당신은 곤궁하게 살고 있습니다'라고 대답했다. 그때 선지자께서는 '그들은 이 세상을 즐기는 것이고, 우리는 내세를 즐기는 것에 만족하지 못하는가?'라고 대답하셨다. _6:408; 60.316.435

이런 입장에 대해, 무함마드가 적어도 아홉 명의 아내를 동시에 거느렸다는 사실로 응수할 수도 있다. 이는 최소한 각각의 배우자를 위한 독립된 방이 있었음을 의미하며, 각각의 아내가 원하는 통상적인 필수품을 공급하는 것도 포함한다. 이것은 자발적이거나 과도한 가난이라고 보기 어렵다. 이와 같은 문제들은 무슬림 주석가들에게 좀처럼 주목받지 못했다. 실제로, 선지자가 사망했을 때 어느 정도의 재산을 가지고 있었는지에 대해 두 개의 전승이 조명해 주고 있다.

아미르 빈 알-하리스Amir bin Al-Harith가 말하기를: 알라의 사도께서는 한 디나르나 한 디르함이나 남녀 종 한 명도 남기지 않으셨다. 그분은 단지 타고 다니시던 하얀 노새와 무기들과 가난한 여행자들을 위해 기부한 땅 조금만을 남기셨다. _5:526; 59.8.738

아부 후라이라가 말하기를: 알라의 사도께서 말씀하셨다. "내 재산 중 단 하나의 디나르도 나의 상속자들에게 분배해서는 안 되지만, 내 아내들과 종들을 위해 지급하는 것을 제외하고는 내가 남기는 것은 무엇이든 구제에 쓰여야 한다." _8:475; 80.3.721

겸손은 모든 인류에게 인정받는 미덕이다. 거의 언제나 종교들은 그 창시자를 겸손한 사람으로 선전한다. 이슬람도 예외는 아니다.

우마르가 말하기를: 선지자께서 말씀하셨다. "그리스도인들이 마리아의 아들을 찬양하는 것처럼 나를 찬양하면서 과장하지 마라. 왜냐하면 나는 단지 종일 뿐이기 때문이다. 그래서 나를 알라의 종과 그분의 사도라고 불러라." _4:435; 55.43.654

불행히도, 무함마드는 기독교 신앙을 단지 사람에 불과한 이를 부당하게 찬양하는 것으로 오해했다. 꾸란이나 부카리의 하디스에서는 예수를 신으로 제시하는 것을 결코 볼 수 없다. 거꾸로, 그리스도는 신이 아니라 한 명의 선지자로 시종일관 설명한다. 그러므로 무함마드는 그리스도를 따르는 자들이 일종의 우상 숭배를 한다는 비판이 정당하다고 생각했다. 반대로, 무함마드는 자신을 종이라고 언급한다. 이는 종을 쉽게 찾아볼 수 있고 그런 언급이 잘 이해되는 문화 속에서 행해진 것이다.

선지자가 다른 이들에게 세심했다는 언급이 다음의 하디스에서 발견된다.

이븐 마수드Ibn Masud가 말하기를: 선지자께서는 가르침을 주실 때 우리에게 적합한 때를 선택하기 위해 유의하셨기 때문에, 우리는 지루해지지 않았다(그분은 언제든지 설교나 지식으로 우리를 괴롭히지 않으셨다). _1:60; 3.12.68

무함마드에 대한 다양한 이미지는 무슬림이 아닌 역사가 및 이슬람 학자들에 의해 제시되었는데 이런 이미지들은 거만하고 관능적이고 군국주의적인 지도자를 제시하는 경향이 있다. 그들의 인물상과 대조적인 것이 다음의 전승이다.

> 아부 사이드 알-쿠드리Abu Sa'id Al-Khudri가 말하기를: 선지자께서는 면사포를 쓴 처녀보다 더 수줍어하셨다. _4:492; 56.22.762

무슬림은 그들의 선지자가 흠 없는 성격을 가졌다고 생각해 왔다. 그들은 그 주장이 사실임을 입증하기 위해서 하디스를 계속 조사한다.

무함마드의 부정적인 특징들

먼저, 성격의 불완전성에 관한 정의는 문화마다 다를 수 있다는 사실을 언급해야 할 것이다. 거짓말, 도둑질, 간통과 같은 몇몇 명목상의 죄는 서구에서는 상당히 잘 규정되어 있지만, 어떤 사람들에게는 범죄로서 그렇게 분명하게 분류되지 않는다. (심지어 한 문화권 안에서도 그 규정은 다양할 수 있다. 많은 국가들이 성인 남녀의 간통에 반대하는 법을 갖고 있지만, 많은 미국인은 그런 '진부한' 법률을 조롱한다.)

우리가 무함마드의 삶을 바라볼 때 관점이 충돌하는 것을 경험하게 된다. 내가 여기서 소개하려는 하디스들을, 무슬림들은 선지자의 삶에서 죄로 간주하지는 않을 것이다. 무슬림이 보기에 그것은 상황적 문제, 즉 역사적 다양성이나 해결되어야만 하는 하나의 난해한 문제 정도로 해석될 것이다. 그래서 나는 해석학적 비평을 동반한 문화적이고 신학적인 성향을 가지고 다음의 전승들을 설명해 나가려고 한다.

어떤 하디스는 무함마드가 건강한 자아상을 가졌다고 밝힌다. 이슬람을 연구하는 많은 이들에게 이 인용문은 과도한 자부심을 보여 주는 것처럼 보인다. 무슬림은 무함마드의 이런 진술이 단지 사실을 설명하는 것이라고 이야기할 것이다.

자비르 빈 압둘라가 말하기를: 선지자께서 말씀하셨다. "나는 나보다 앞선 어떤 사람도 받아 보지 못한 다섯 가지를 받았다.
1. 알라께서는 한 달 동안 여행해야 할 먼 거리에 있는 (적들을 두렵게 하심으로써) 나를 두려움에 의해 승리하게 하셨다.
2. 땅은 내가 (그리고 나의 추종자들이) 기도하고 타얌뭄Tayammum, 세정식을 수행하도록 하기 위해 만들어진 장소이기 때문에, 나의 추종자들은 누구든지 정해진 기도 시간에 어디서든 기도할 수 있다.
3. 전리품은 나를 위해서는 할랄Halal, 합법적인 것이 되었지만, 나 이전의 어느 누구를 위해서도 합법적인 것이 아니었다.
4. 나는 (부활의 날에) 중재의 권리를 받았다.
5. 모든 선지자는 단지 자신의 나라로 보냄을 받았지만 나는 온 인류에게 보냄을 받았다."_1:199-200; 7.1.331

이 다섯 가지 선언을 주의 깊게 읽어 보면 대부분의 무슬림 세계에 널리 퍼진 절대적인 독단주의를 이해할 수 있다. 그들은 그들이 틀릴 수 있다거나, 다른 종교가 우주적 진리를 주장했을지도 모른다는 생각을 지지할 수가 없다. 최근에 나는 그 선지자를 추종하는 지적이고 헌신된 사람과 이야기를 나눴다. 나는 그에게 이슬람과 기독교의 충돌하는 주장들을 비교해 볼 필요가 있다는 것을 납득시키려고 애썼다. 그는 공손하지만 강경한 어조로, 기독교를 연구할 필요는 절대로 없으며 진리는 이슬람 안에 있다고 말했다. 반대 주장을 배우는 것은 인식의 혼란을 일으키도록 사탄에게 이용당할 수 있다는 것이다. 그러나 우리가 그들을 비난하기 전에 생각해 보라. 만약 어떤 무슬림이 그리스도인에게 그리스도에 대한 믿음을 대체할 실용적인 대안으로 이슬람을 진지하게 고려해 보라고 설득하려 애쓴다면 그리스도인도 동일한 방식으로 반응하지 않겠는가?

진리의 문제와는 별개로, 우리는 여전히 무함마드의 독특한 자기 투사를 관찰하게 된다. 그는 적들이 그를 두려워했다고 이야기한다. 땅은 그를 위해 만들어졌다. 그 혼자만 심판의 날 무슬림을 위해 중재할 권한을 가지고 있다. 그리고 그는 (예수를 포함한) 다른 선지자들과 달리, 모든 인류에게 알라의 사자로 보냄을 받았다. 그것은 확실한 차이점 중의 하나다.

또 다른 하디스에서는 무함마드가 추종자들에게 자신을 최고로 사랑하라고 강요한다.

> 아나스가 말하기를: "자신의 믿음과 자기 자녀들과 모든 인류보다 나를 더 사랑하지 않고는 너희 중 아무도 믿음을 갖지 못할 것이다."_1:20; 2.8.14

세상을 통틀어, 다른 어느 이름보다 '무함마드'라는 이름을 가진 사람이 더 많다. 이 현상은 우연히 발생한 것이 아니다. 선지자가 그렇게 하도록 명령했기 때문이다.

아부 후라이라가 말하기를: 선지자께서 말씀하시길, "나를 따라서 네 이름을 지어라. …… 그리고 꿈속에서 나를 보는 자는 누구든지 나를 실제로 보는 것인데, 왜냐하면 사탄은 나로 꾸며서 흉내 낼 수 없기 때문이다. 그리고 고의적으로 어떤 잘못에 대해 내 탓으로 돌리는 자는 누구든지 확실히 (지옥) 불에 떨어질 것이다." _8:139-140; 72.109.217

무함마드가 말뿐인 죄에 대해 어떤 사람을 지옥에 떨어지도록 선고한다는 것은 극단적인 입장이 아닌가?

선지자 자신을 스스로 찬양하는 다른 실례는 그가 낙원에 있는 모든 사람 중 우두머리가 될 것이라는 그의 선언에서도 찾아볼 수 있다.

아부 후라이라가 말하기를: 우리는 선지자와 함께 한 잔치에 갔는데 그분 앞에 (양고기) 앞다리 요리가 놓였고, 그분은 그 요리를 즐기셨다. 그분은 한 조각을 드신 후 말씀하시길, "나는 부활의 날에 모든 사람의 우두머리(즉 최고)가 될 것이다." _4:350; 55.3.556

무함마드는 전쟁의 시대를 살았다. 대부분 '적자생존'의 날들이었다. 따라서 선지자는 분명하게 그의 신체적인 힘을 보여 주고자 애썼다.

이븐 압바스가 말하기를: 선지자께서는 이교도들에게 그분의 힘을 보여 주시기 위해 카아바Kaaba 주변과 사파Safa와 마르와Marwa 사이를 빠르게 다니셨다. _5:391; 59.42.558

이것은 그리스도의 십자가와는 완전히 대조적으로 보인다. 예수는 신적인 개입을 요청할 수 있었지만 그 대신 수치스러운 고통과 죽음을 선택했다. 선지자가 화를 내지 않은 것은 아니다.

아이샤가 말하기를: 선지자께서 집 안에 (동물들) 그림이 그려진 커튼이 쳐져 있을 때 들어오셨다. 그분의 얼굴이 화가 나서 붉어지더니 커튼을 붙잡아 갈가리 찢어 버리셨다. 선지자께서 말씀하셨다. "이런 그림을 그리는 사람들은 부활의 날에 가장 혹독한 형벌을 받게 될 것이다." _8:83-84; 72.75.130

이 하디스는 무슬림에게 널리 알려져 있어서, 전통을 고수하는 이들은 집 안에 어떤 그림도 두기를 단호히 거부한다. 어떤 이들은 동물 그림에 대한 금지로만 한정하기도 한다. 다른 이들은 가족 사진을 포함하는 것으로까지 확대시키기도 한다. 시아파 무슬림은 일반적으로 그러한 비난에 신경 쓰지 않고 심지어는 그림으로 그린 무함마드의 초상화를 허락하기까지 하는데, 이 습관은 수니파에서는 엄격하게 금지된다. 방글라데시에서 나는 옛날 우리 마을에서 그런 충돌을 초래한 크고 요란한 행렬을 본 기억이 생생하다. 참가자들의 분노는 무함마드의 그림을 대담하게 복제한 어떤 미국인 출판업자에게 직접 쏟아졌다. 이 무슬림들은 자신들의 분노를 선지자의 분노와 결합한 것처럼 정당화했다.

우상을 숭배하는 사회에서 선지자 자신이 경험했던 것처럼, 그의 추종자들이 그려진 초상들을 숭배할 위험에 대해 무함마드가 염려하는 것은 있을 법한 일이다.

선지자가 사람들을 죽인 것이 밝혀지기도 한다.

아부 낄라바Abu Qilaba가 말하기를: …… 알라의 사도께서는 다음 세 가지 상황 중 하나에 있는 사람을 제외하고는 결코 죽이지 않으셨다. (1) 어떤 사람을 부당하게 죽인 사람은 죽임을 당했다(끼사스Qisas, 보복법_옮긴이에 따라). (2) 불법적인 성관계를 행한 결혼한 사람 (3) 알라와 그의 사도를 대항해서 싸우고 이슬람을 버리고 배교자가 된 사람. _9:26; 83.22.37

이 외에도 다른 전승들이 간음한 사람을 처형하도록 권한을 부여한다. 배교에 관한 법 역시 이런 과정에서 잘 규정되었다(이것은 9장에서 구체적으로 더 논의할 것이다).

무함마드의 사망

죽기 전에 선지자는 많은 관심사를 표현했다.

아나스 빈 말리크가 말하기를: 알라의 선지자께서 말씀하셨다. "오 알라시여!

저는 무능과 나태함, 비겁함과 늙어서 병드는 것, 죽음의 형벌, 그리고 삶과 죽음에 대해 고뇌하는 것으로부터 벗어나 당신과 함께할 피난처를 찾고 있습니다." _8:252; 75.39.378

나이가 들어 가는 우리 대부분처럼, 선지자도 건강에 대해 염려했다. 흥미롭게도 그 역시 알라께서 나태함과 비겁함에서 보호해 주시길 구했다. 그가 이런 육체적인 유혹에 굴복했는지에 대한 기록은 없다.

성경의 병행 구절이 가득 들어 있는 한 하디스에서, 무함마드는 죽음이 가까워 오면서 그의 영원한 상태에 초점을 맞추고 있다.

아이샤가 말하기를: 선지자께서 말씀하셨다. "오 알라시여! 나의 죄를 눈과 우박의 물로 씻어 주시고, 흰 옷에서 더러움이 씻기듯이 내 마음이 죄에서 깨끗해지게 하시고, 동이 서에서 먼 것같이 주께서 나와 내 죄 사이를 멀게 하소서." _8:257; 75.45.386

훨씬 더 놀라운 또 다른 진술이 있다.

아부 후라이라가 말하기를: 나는 알라의 사도께서 "맹세코, 나는 하루에도 일흔 번도 넘게 알라의 용서를 구하면서 그분께 돌아갔다"라고 말씀하시는 것을 들었다. _8:213; 75.3.319

또 다른 하디스는 선지자가 알라의 용서를 구하는 것에 대해서 강박적이었음을 암시한다.

> 움 알-알라Um al-Ala가 말하기를: 선지자가 말씀하셨다. "맹세코, 내가 알라의 사도지만 알라께서 나에게 무엇을 행하실지 알지 못한다."
> [번역자의 주석: 의심할 여지 없이 선지자는 자신이 낙원에 갈 것을 알았을 것이지만, 보이지 않는 것들에 대한 지식은 알라께 물어야 한다고 생각했다.]
> _5:183; 58.45.266

이 하디스에 딸린 주석은 무함마드의 자기 평가와 그의 추종자들이 강하게 지지하는 것 사이의 충돌을 보여 준다. 그의 제자들은 무함마드가 영원히 살게 될 낙원에 들어갈 것을 전혀 의심하지 않은 반면, 선지자 자신은 낙원에 들어갈 만한지에 대해 겸허하게 의심했다.

선지자가 생존하는 동안 그는 죽은 사람의 묘에 경배하는 것에 대해 명확하게 이야기한 바 있다.

> 아이샤가 말하기를: 움 살마Um Salma와 움 하비바Um Habiba가 에티오피아에 있었는데, 그들 두 사람은 교회의 아름다움과 그 안에 있는 그림들에 대해서 이야기했다. 선지자께서 고개를 드시고 말씀하셨다. "그들은 어떤 경건한 사람이 죽을 때마다 그 무덤에 숭배할 장소를 만들고 나서 그 위에 그림을 놓는다. 그들은 알라께서 보시기에 가장 악한 피조물들이다." _2:238; 23.69.425

이 비난은 내가 모든 무슬림 세계에서 보아 온 무덤 숭배와 모순된다. 이슬람 '성자'들을 추종하는 수천의 사람들이 정기적으로 기도하기 위해서, 또는 필요를 느끼는 어떤 부분에서 알라께 중재를 요청하기 위해서 성자의 묘지를 방문한다. 이것은 분명한 이단적 행위지만 이에 대해 정통 무슬림의 저항은 거의 없다.

오늘날, 사우디아라비아의 메디나에 있는 선지자의 묘역은 연례적인 핫지Hajj 의식의 필수 코스다. 전 세계에서 찾아온 무슬림들은 기도하기 위해서, 그의 중재를 요청하기 위해서, 그리고 "가장 늦게 온 가장 위대한" 선지자에게 존경을 표하기 위해서 무함마드의 무덤에 간다. 이런 풍습은 다음 하디스와 배치背馳된다.

아이샤가 말했다. "선지자께서 죽을병에 들었을 때 '알라께서는 유대인과 그리스도인이 기도하는 장소로 그들 선지자들의 무덤을 찾았기 때문에 저주를 내리셨다'고 말씀하셨다." 아이샤는 덧붙여 말했다. "그 말씀이 아니었다면, 선지자의 무덤은 훨씬 더 두드러지게 만들어졌을 것이지만, 나는 여전히 그것이 기도하는 장소로 사용되지 않을까 걱정된다." _2:232; 23.60.414

아이샤의 염려는 실제가 되었다.

무함마드의 죽음이 전해지면서 그 제자들 가운데 엄청난 정신적 충격이 있었다. 다음 전통은 살아 계신 알라를 따르도록 도전하고 있지만 동시에 제자들이 선지자의 죽음을 받아들이는 데 어려움을 겪었음을 드러내 준다.

아이샤가 말하기를: 아부 바크르가 앗-수나As-Sunah, 또는 Al-Aliya라는 곳에 있

을 때 알라의 사도인 선지자께서 돌아가셨다. 우마르가 일어나서 말하길, "맹세코 알라의 사도는 죽지 않았다!" …… 아부 바크르는 알라를 찬양하고 영광을 돌리면서 말했다. "틀림없다! 누가 무함마드를 경배했든지 무함마드는 죽었고, 누가 알라를 경배했든지 알라는 살아 계시며 결코 죽지 않으실 것이다." _5:13; 57.6.19

이제 우리는 선지자의 삶과 사역에 대해 어떻게 생각하는가? 무함마드와 그리스도 사이에 놓을 만한 다리들이 있는가?

무함마드는 숭배해서는 안 되는 죽은 죄인으로 제시된다. 그리스도는 성경적으로 죄가 없고 경배받기 합당한 신-인God-Man으로 선포된다. 무함마드의 무덤은 메디나에 있다. 그리스도의 몸은 승천했고 아버지의 우편에 계신다.

우리는 선지자의 성품에 대해서는 어떤 형태의 공격도 거부해야 한다. 우리가 가질 수 있는 모든 의구심은 독실한 무슬림에 의해 해명될 것이다. 그러나 무함마드의 인간 됨humanness과 평범한 죽음에 관한 문제는 그리스도와 뚜렷이 대조된다는 것을 제시할 수 있는데, 그리스도는 죄를 짓지 않으셨고 땅의 무덤에 남아 계시지도 않다. 이 모든 사실은 정통 무슬림에게 수용되는 것들이다. 물론 그들이 이 진리들에 적합한 무게를 실어 준다고는 믿지 않는다.

그러나 역사가 입증하는 것처럼, 이 부분은 극도로 민감한 영역이다. 사려 깊고 겸손한 태도가 필요하다.

04
기적

전승들은 초자연적인 것보다는 자연적인 것에 더 관심을 기울인다. 삶은 매일의 실존이라는 현세적 수준에서 작동하고 있다. 여기서 예외되는 것으로 하디스 전반에 흩어져 있는 기적들에 대해 간단히 설명하고자 한다.

음식과 물의 증가

몇몇 하디스에는 그리스도께서 빵과 물고기를 많아지게 해서 5천 명과 4천 명에게 먹이신 이야기와 유사한 흥미로운 병행 구절들이 있다. 다음 전승에 붙은 주석에 따르면 우유 한 컵으로 80명의 가난한 사람이 모두 배부르게 마셨다고 한다.

아부 후라이라가 말하기를: 그들은 집에 입장이 허락되자 들어와 자리를 잡았다. 선지자께서 "오 아바 히르Aba Hirr!"라고 부르셔서 나는 "오 알라의 사도시여! 랍바이크Labbaik, 제가 여기 있나이다_옮긴이"라고 대답했다. 그분께서 "그것을 가져다가 그들에게 주어라"라고 하셨다. 그래서 나는 그 (우유) 그릇을 가져가서 나눠 주기 시작했는데, 한 사람이 양껏 마시고 나서 내게 다시 돌려주게 하고, 그 후에는 차례로 다른 사람에게 주어 양껏 마신 후 다시 내게 돌려주고, 그러고 나서 또 다른 사람에게 주면 그가 양껏 마신 후 내게 돌려주었다. 마침내 그들 전부가 양껏 마신 후에 내가 선지자께 그 그릇을 드리자 그분이 손에 받아 들고서는 나를 쳐다보시고 미소 지으며 "오 아바 히르!"라고 하셨다. 내가 "랍바이크, 알라의 사도시여"라고 대답하자 그분은 "너와 나만 남았구나"라고 하셨다. 내가 "알라의 사도시여, 당신 말이 맞습니다"라고 하자 그분이 "앉아서 마셔라"라고 하셨다. 나는 앉아서 마셨다. 그분이 "마셔라"라고 말씀하셨고 나는 마셨다. 그분은 내게 계속 반복해서 마시라고 말씀하셨는데, 마침내 나는 "아닙니다. 정말로 이제 (배 속에) 공간이 남아 있지 않습니다"라고 대답했다. 그분이 "그것을 내게 주거라"라고 말씀하셨다. 내가 그 그릇을 그분께 드렸을 때 그분은 알라를 찬양하시고 알라의 이름을 선포하시면서 남은 우유를 드셨다. _8:309; 76.17.459

한 하디스는 적은 양의 음식이 어떻게 엄청난 양으로 증가했는지에 관해서 설명한다. 무함마드가 이 이적과 연관되었는지에 대한 암시는 없다.

압두르 아비 바크르Abdur Abi Bakr가 말하기를: 맹세코, 우리가 적은 음식으로 식사를 할 때마다, 한 움큼도 안 되던 그 음식은 모든 사람이 배부르게 먹을 만큼 늘어났다. 남은 음식이 원래 것보다 더 많을 정도였다. 아부 바크르는 음식이 원래 있던 양과 비슷하거나 더 많은 것을 보고 아내를 불렀다. "바니 피라스Bani Firas의 누이여!" 그녀는 "오 이렇게 보기 좋을 수가. 음식의 양이 세 배로 불어났네"라고 말했다. _4:504; 56.24.781

또 다른 하디스에서는 음식이 무함마드의 행동을 통해 배가되는 것을 볼 수 있다. 원래는 적은 양이었던 음식을 가지고 천 명의 사람이 풍성하게 먹을 수 있었다.

자비르 빈 압둘라가 말하기를: 그때 그녀가 그분(즉 선지자)께 반죽 덩어리를 가져왔고 그분은 그것에 침을 뱉고 축복했다. 그러고 나서 그분은 우리의 토기로 된 고기 항아리를 향해 나아가서는 그것에 침을 뱉고 축복했다. 그러고서 그분은 (내 아내에게) 말씀하시길 "당신과 함께할 빵 굽는 여인을 불러서 계속 토기로 된 고기 항아리에서 국자로 퍼내고, 화덕에서 그것을 내려놓지 마시오." 그들(식사를 한 사람)은 천 명이었고, 정녕 그들 모두 먹고 음식을 남긴 채 떠났다. 토기 항아리는 (고기로 가득 차서) 줄어들지 않은 것처럼 부글부글 끓고 있었고 반죽 덩어리는 전혀 사용되지 않은 것처럼 여전히 구워지고 있었다. _5:299; 59.28.428

물은 사막에서 귀중한 필수품이다. 무함마드가 행한 이적들 중 몇 개가 추종자들의 갈증 해갈과 관련된 것은 자연스럽다.

알-바라Al-Bara가 말하기를: 우리는 알-후다이비야Al-Hudaibiya. 조약를 맺는 날에 천사백 명이 있었는데, 알-후다이비야는 한 우물이다. 우리는 한 방울도 남기지 않고 거기서 물을 길었다. 선지자께서 우물 가장자리에 앉으셔서 물을 조금 달라고 요청하시고는, 그것으로 입을 헹구시더니 그것을 우물 안으로 뱉어 넣으셨다. 우리는 잠시 머물러서 그 우물에서 물을 길어 갈증을 해갈하고 우리가 타고 있던 동물들에게도 맘껏 물을 마시게 했다. _4:500; 56.24.777

하디스에는 무함마드의 손가락 사이에서 두 차례 물이 흘러나온 이야기가 발견된다. 두 가지 경우 모두 필요에 의한 것이었는데, 갈증을 해갈하거나 기도를 위한 정결 예식에 물을 제공하기 위해서였다.

압둘라Abdullah가 말하기를: 우리는 이적들을 알라의 축복으로 생각하곤 했지만, 당신들은 그것을 하나의 경고라고 생각한다. 한때 우리는 알라의 사도와 함께 여행 중에 있었는데 물이 모자랐다. 그분이 "너희에게 남아 있는 물을 가져오너라"라고 말씀하셨다. 사람들이 물이 조금 담겨 있는 도구를 가져왔다. 그분은 손을 그 안에 넣으시고 "복 받은 물로 나아오라. 그 복은 알라에게서 온다"라고 말씀하셨다. 나는 물이 알라의 사도의 손가락 사이에서 흘러나오는 것을 보았고, 의심할 것도 없이, 그분이 음식을 드실 때 그 음식들이 알라께 영광 돌리는 소리를 들었다. _4:502; 56.24.779

나는 음식이 알라께 영광 돌릴 때 어떤 소리를 내는지 확신이 서지 않는다. 아마도 이것은 무함마드가 음식을 먹을 때 내는 소리와 관련된 것 같다.

타비트 아나스Thabit Anas가 말하기를: 선지자께서 물을 요구하셔서 바닥이 넓고 깊이가 그리 깊지 않은 컵에 약간의 물을 담아 가져다 드렸더니 그분이 손가락들을 그 안에 넣으셨다. 아나스가 덧붙여 말했다. "나는 그분의 손가락 사이에서 물이 솟아난다는 것을 알아차렸다." 이어서 아나스는 "나는 그 물로 손을 씻은 사람이 70-80명 되었던 것으로 판단했다"고 말했다. _1:135; 4.48.199

이 자료들을 모두 읽고 나서, 내게는 이것들과 정확하게 유사한 종류의 초자연적인 사건이 떠오르지 않았다. 많은 양의 물이 사람의 손에서 뿜어 나올 수 있는지 논리적으로 이해하는 것은 불가하다. 무슬림은 그것을 그리스도인들이 성경의 이적을 인정하는 것과 같은 방식으로 다룬다. 믿음은 신비한 일들을 수용하는 도구다. 우리는 다른 이들이 그들 종교의 기적들에 대해 '맹목적 믿음'을 갖는다는 사실에 놀라움을 나타내면서도, 우리의 신앙 체계 안에 있는 불가해한 일들에 대해서는 자신 있게 단언한다. 설명할 수 없는 현상에 대한 양쪽 모두의 태도는 방관적인 세속주의자가 보기에는 똑같이 신뢰할 수 없는 것이다. 이것은 성경의 이적들이 유효하지 않다거나 신뢰할 수 없다고 주장하려는 것이 아니다. 단지, 나는 우리가 이슬람 신앙에서 중요시되는 것들을 더욱 균형 있고 예민하게 평가하도록 촉구하기 위해 이 점을 지적하는 것이다.

또 다른 하디스에서 선지자는 기적을 기업가 정신과 결합시키는 행동을 통해 제자의 빚을 청산해 주는 것으로 나타난다.

자비르 알-안사리Jabir Al-Ansari가 말하기를: 나의 아버지께서는 우후드Uhud의

날 순교를 당하셨고 여섯 명의 딸과 갚아야 할 얼마의 빚만을 남기셨다. 과실을 따는 시기가 왔을 때 나는 알라의 사도께 가서 "오 알라의 사도시여! 당신은 내 아버지가 우후드의 날에 순교를 당한 것과 많은 빚을 진 것을 아십니다. 그래서 저는 채권자들이 당신을 만나 뵐 수 있었으면 합니다"라고 말씀드렸다. 선지자께서는 "가서 각종 대추야자 열매를 따 와서 종류별로 각각 쌓아 놓아라"라고 말씀하셨다. 나는 그대로 하고 그분을 불렀다. 그분을 보자, 채권자들은 동시에 집요하게 그들의 권리를 주장하기 시작했다. 선지자께서 그들이 어떻게 행동하는지를 보시고, 그분은 가장 큰 더미 주변을 세 번 도시고는 그 위에 앉으셔서 "너의 동료들(즉 채권자들)을 불러오너라"라고 말씀하셨다. 그러고 나서 그분은 알라께서 나의 아버지가 진 빚을 청산해 주실 때까지 계속 그것들을 달아 나누어 주셨다. 비록 내 자매들이 단 한 알의 대추야자 열매도 가져갈 수 없다 하더라도 정녕 알라께서 내 아버지의 빚을 청산해 주신 것으로 인해 나는 기뻤다. 하지만 맹세코 그 열매 더미들은 모두 온전히 있었고 내가 알라의 사도께서 앉아 계시는 더미를 보았을 때 단 한 알의 대추야자 열매도 없어지지 않은 것 같다는 사실을 알아차렸다. _4:32-33; 51.37.40

다른 이적들

자연 법칙을 무시한 두 개의 사건이 전승들에 기록되어 있다. 첫 번째 사건이 가장 유명한데 그 이유는 그 사건이 꾸란 54:1-3에서 발견되기 때문이다.

그 때가 가까워 오매 달이 둘로 분리되더라. 그들이 그 예증을 보았다 하더라도 이것은 항상 있는 마술에 불과하다고 그들은 말하노라. 그들은 진리를 거역한 채 그들의 욕망을 따를 뿐이라.

몇몇 무슬림 학자는 이것을 하나의 종말론적 사건으로 간주하기를 좋아한다. 그들의 변명은 그 "때"hour라는 단어를 강조한다는 것이다. 그 심판의 '때'는 미래의 어느 날이 될 것인데, 그때 이상하고 두려운 일이 많이 일어나고, 그 중 하나가 달이 쪼개지는 일일 것이다.

과거에 일어난 일임을 가리키는 그 구절의 문법적 구조와는 별개로, 이 사건을 역사적 맥락에서 설명하는 분명하고 명료한 전승들이 있다.

> 압둘라가 말하기를: 우리가 선지자와 함께 있을 때 달이 갈라지면서 두 조각이 되었다. 선지자께서 "증언하라, (이 이적을) 증언하라"고 말씀하셨다. _6:365; 60.287.388

여기서 무함마드는 달이 쪼개진 사실을 직접 증언한다. 또 다른 하디스는 선지자가 실제로 그 분할을 일으켰다고 밝히는 것처럼 보인다.

> 아나스 빈 말리크가 말하기를: 메카 사람들이 알라의 사도께 이적을 보여 달라고 요구했다. 그래서 그분은 그들에게 달이 두 조각으로 나뉘는 것을 보여 주셨는데, 그들은 그 사이로 히라 산을 보았다. _5:132-133; 58.35.208

이 사건이 실제로 있었던 일이라기보다는 하나의 환영을 본 것이라고 주장해 온 무슬림들이 있다. 하지만 이 구절에 나타난 세부 사항은 구체적이다. 히라 산은 둘로 나뉜 달 조각들 사이에 불쑥 나타나는데 아마도 두 달이 지평선 위까지 낮아졌음을 보고한다. 그와 관련된 꾸란 구절 역시 이 사건을 단지 환영이라고 주장하는 자들에 대해서 경고한다. 즉 그 사람들은 진리를 부인하고 자신들의 욕심을 따른다는 것이다.

또 다른 전승이 그 사건을 역사적인 것으로 다루고 있다. 이 하디스에 달린 주석은 노골적이다.

> 압둘라가 말하기를: 다섯 (위대한 사건들)이 지나갔다. 연기, 달……
> [번역자의 주석: 여기 언급된 사건들은 모두 거룩한 꾸란에 언급되어 있다. (a) 여기서 연기는 메카의 이교도들이 알라께서 기근으로 그들을 괴롭히실 때 격심한 배고픔 때문에 하늘에서 보았다고 생각한 것을 의미한다. 44:10을 보라. (b) 선지자의 생전에 달이 나뉜 사건. 이교도들과 선지자의 동행들과 일부 신자들이 목격했다. (54:1을) 보라.] _6:273-274; 60.225.290

내가 알기로 이슬람이 아닌 역사적 사건 가운데 달이 쪼개짐을 언급하는 기록은 하나도 없다. 이 사실은 중요하다. 그런 사건이라면 지구의 다양한 영역에 살고 있는 수백만의 사람들을 놀라게 했을 것이다. 7세기의 역사가 중 상당수가 이 사건에 대해 광범위하게 기록했어야 한다. 하지만 모두 침묵하고 있다. 무슬림은 단순히 "꾸란과 하디스가 그것을 확증하고 있고 나는 그것을 믿으며, 그것으로 끝이다"라고 반응한다.

유사한 사건이 유대인과 무슬림에게 영향을 미쳤다.

야살의 책에 태양이 중천에 머물러서 거의 종일토록 속히 내려가지 아니하였다고 기록되지 아니하였느냐. 주께서 사람의 목소리를 들으신 이 같은 날은 전에도 없었고 후에도 없었나니 이는 여호와께서 이스라엘을 위하여 싸우셨음이니라.
_여호수아 10:13-14

다음과 비교해 보라.

아부 후라이라가 말하기를: 그래서 선지자께서 원정을 떠나셨고, 그분이 그 도시에 도착했을 때는 아스르 기도 시간Asr, 오후 기도이 되었거나 거의 가까웠는데, 그분이 해를 향해 "태양아! 너는 알라의 명령 아래 있고 나도 알라의 명령 아래에 있다. 오 알라시여! 그것(태양)이 지는 것을 멈춰 주십시오!"라고 말했다. 알라께서 그에게 승리를 주실 때까지 태양이 멈추었다. _4:226-227; 53.8.353

우리가 환상에 대해 논하고 있는가? 전투의 열기로 인해 시간을 잘못 계산한 것인가? 믿지 않는 자들과의 전투에서 승리한 것에 대해 하나님께 명예를 돌리기 위해 작가들이 의도한 것인가? 아니면, 기록된 것처럼 실제로 일어난 일인가? 만약 그렇다면, 그것은 유대인을 위해서였는가, 무슬림을 위해서였는가, 아니면 둘 다를 위해서였는가?

어떻게 지구가 일정 기간 그 회전하는 것을 멈추는가? 만약 해가 계속해서 비추었다면, 지구의 다른 편에 있는 사람들은 그만큼 연장된 어둠을 경험했어야 한다. 지구에 거주하는 모든 사람에게 영향을 미쳤을 이 두 사건에 관한 독립적이고 비종교적인 확증은 왜 없는가? 이상의 질문들은 우리를 확인된 바 없지만 널리 받아들여지는 결론으로 이끌어간다. 신앙의 응답, 곧 우리 전능하신 하나님은 그가 원하시는 대로 무엇이든 하실 수 있다는 단순한 진술이다. 신자들은 이 응답으로 만족한다.

엘리야의 전통에서, 무함마드는 가뭄을 꾸짖고 많은 비를 불러 내린다.

아나스 말리크가 말하기를: 선지자께서 살아 계실 때 한번은 사람들이 가뭄(기근)으로 고통당하고 있었다. 금요일에 선지자께서 설교를 하시는 동안 베두인족 한 사람이 일어서서 "오 알라의 사도시여! 우리의 소유물들이 파괴되고 아이들이 굶주리고 있습니다. 부디 알라에게 (비가 오도록) 빌어 주십시오"라고 말했다. 그래서 사도께서 손을 들어 올리셨다. 그때 하늘에는 구름 한 조각도 찾아볼 수 없었다. 알라께서 내 영혼을 그분의 손 안에 있게 하셨는데, 선지자가 그의 손을 내리자마자 구름이 산처럼 모여들었고, 그가 설교단에서 내려오기도 전에 비가 선지자의 수염 위로 떨어지는 것을 보았다. 비는 그날, 그 다음날, 세 번째 날, 네 번째 날도 내렸고 그 다음 금요일까지 내렸다. 그 베두인족 사람 아니면 다른 사람이 일어나서 "오 알라의 사도시여! 집들이 무너지고 우리의 소유물과 가축이 물에 잠겼습니다. 부디 알라에게 (우리를 보호해 주시도록) 빌어 주십시오"라고 말했다. 그래서 선지자께서 일어나셔서 양손을 올리시고 "오 알라시여! 우리를 둘러싸 주시되 대적하지 말아 주소서"라고 말했다. 그래서 그가 손으로 가리킨 방향에 있는 모든 구름은 흩어져 없어졌고, 메디나(의 하늘)은 구름 사이에 있는 구멍처럼 청명해졌다. 까나트Qanat 계곡은 한 달 동안 물이 범람

했다. 그들이 많은 비에 대해서 이야기한 것 외에, 그 무엇도 외부로부터 유입되지 않았다. _2:26-27; 13.33.55

역사 속에서 종교적인 인물들은 비를 내리는 기적을 행함으로써 명성을 얻어 왔다. 플로리다의 한 침례교 목사가 생각난다. 어느 일요일 아침에 교회 양철 지붕 위로 쏟아지는 빗소리가 너무 커서 그의 말소리조차 들리지 않을 정도였는데, 좌절한 그는 잠시 멈추었다가, 크고 권위 있는 목소리로 하나님께서 비를 꾸짖어 멈추시도록 소리쳐 명령했다. 일이 분 이내에 모든 것이 조용해졌고 햇빛이 비추기 시작했다. 그 이야기가 참 인상적이었는데, 그 목사는 계속 눈을 반짝이며 플로리다의 폭우는 거의 대부분 짧은 만큼 맹렬하다는 사실을 알았기 때문에 용기를 냈다고 했다! 그 목사는 기도에 응답하시는 하나님에 대한 확신보다는 기상학에 대한 그의 지식에 더 큰 믿음을 가진 것처럼 보인다.

소위 기적을 일으키는 사람들은 세상에 많다. 가짜들로부터 진짜를 구분해 내는 것은 작은 일이 아니다. 하지만 무슬림에게 그 선지자는 특별히 하나님의 능력을 받은 사람이었고, 능력의 선지자요 민감한 선지자였음은 질문할 여지가 없다. 무함마드가 우는 대추야자 나무줄기와 만난 사건은 선지자의 성격 가운데 부드러운 면모를 여실히 보여 준다.

자비르 압둘라Jabir Abdullah가 말하기를: 한 안사리Ansari 여인이 알라의 사도에게 "오 알라의 사도시여! 제가 당신이 앉을 만한 것을 만들어 드려도 될까요? 저에게는 목수인 노예가 있습니다"라고 말했다. 그분은 "원한다면 그렇게 하시오"

라고 대답하셨다. 그래서 그녀는 그분을 위해 만든 설교단을 가져갔다. 금요일이 되자 선지자께서 그 설교단에 앉으셨다. 선지자께서 설교를 하곤 하시던 곳 근처에 있던 대추야자 나무줄기가 곧 터져 버릴 것처럼 매우 큰 소리로 울었다. 선지자께서 설교단에서 내려가 그 줄기를 껴안으시자, 그 줄기는 울음을 멈추도록 달랠 때의 아이처럼 울먹거리더니 이윽고 울음을 그쳤다. 선지자께서 말씀하셨다. "그 줄기는 종교적인 지식에 대해 듣곤 했던 것을 (놓쳤기) 때문에 운 것이다."_3:174-175; 34.33.308

어떤 이들은 이 짧은 이야기를 특별히 무슬림 어린이를 위해 쓴 잠자리 동화의 영역으로 격하시키고픈 유혹을 받을 것이다. 하지만 이슬람은 그러한 사건들의 역사성을 강하게 증언한다.

동방에서 산 사람이라면 누구든 집안일을 하는 노예(종)의 취약점에 대해 알 것이다. 만약 어떤 물품이 분실되면 즉시 그 종이 의심을 받는다. 다음 하디스에서 한 무력한 흑인 노예는 자신의 석방을 알라의 개입에 의한 것으로 여긴다.

아이샤가 말하기를: 아랍의 흑인 여자 노예 한 명이 이슬람을 받아들였고 그녀는 모스크 안에 오두막 하나를 갖게 되었다. 그녀는 우리를 방문해서 이야기를 나누곤 했는데, 그녀가 자신의 이야기를 마칠 때는 "스카프의 날은 우리 주님의 기적들 중 하나입니다. 정말로요! 그분은 쿠프르Kufr, 불신_옮긴이의 땅에서 저를 구해 내셨습니다"라고 말하곤 했다. 그녀가 위의 구절을 여러 번 말했을 때, 나(즉 아이샤)는 "스카프의 날이 무엇입니까?"라고 물었다. 그녀는 "언젠가 나의

주인 중 어떤 이의 딸이 외출을 할 때 (목에) 가죽 스카프를 두르고 있다가 그 것을 떨어뜨렸고, 그때 매 한 마리가 그것이 고기 조각인 줄 잘못 알고는 내려 와서 채서 날아가 버렸습니다. 그들(나의 주인들)은 내가 가죽 스카프를 훔쳤다 고 비난하고 고문하면서 심지어는 내 은밀한 부분까지도 검색했습니다. 그래서 그들 모두가 내 주위에 모여 있는 동안 나는 엄청난 비탄에 잠겨 있었는데, 갑자 기 그 매가 우리의 머리 위로 날아와서는 그 스카프를 떨어뜨렸고 그들이 그것 을 받았습니다. 나는 그들에게 '이것이 당신들이 내가 훔쳤다고 비난한 것이지만 나는 결백했습니다'라고 말했습니다"라고 대답했다. _5:111-112; 58.25.176

본 장에 등장하는 많은 기적은 성경의 사건들과 다소 유사성을 갖는다 는 사실이 주목을 끌어왔다. 또 다른 예로, 동물이 사람의 목소리로 말하는 사건이 있다. 민수기 22장에는 발람의 나귀가 항의를 하는 내용이 있다. 다 음에 소개하는 전승은 늑대가 경건하지 않은 사람과 지적인 대화를 하는 사 건을 보여 준다. 이 대화는 곧바로 이슬람에 대한 이교도의 대화로 이끈다.

우나이스 빈 아므르Unais bin Amr가 말하기를: 아흐반 빈 아우스Ahban bin Aus는 말했다. "나는 내 양들 가운데 있었습니다. 갑자기 늑대 한 마리가 양 한 마리를 잡자 나는 소리를 질렀습니다. 그 늑대는 바싹 붙어 앉아서 내게 이야기하기를 '당신이 바빠서 그것(양)을 돌볼 수 없을 때면 누가 그것을 돌보겠습니까? 알라 께서 나에게 지급하신 양식을 당신이 금하겠습니까?" 아흐반은 덧붙여 말했다. "나는 손뼉을 치고는 '정녕 나는 이보다 신기하고 놀라운 일을 결코 본 적이 없 다'고 말했습니다. 그러자 늑대가 '이것보다 (더 신기하고) 놀라운 어떤 것이 있습니다. 그것은 사람들을 알라(즉 이슬람)에게 오도록 초청하는 저 야자나무들 사이에 계신 알라의 사도입니다'라고 말했습니다." 우나이스 빈 아므르는 "그때 아흐반은 알라의 사도에게 가서 자신에게 일어난 일에 대해 말하고는 이슬람을 받아들였습니다"라고 말했다. _3:298; 39.4.517

냉소자들은 미래에 알라께서 태양을 서쪽에서 떠오르게 하실 것이라는 무슬림 신앙을 조롱해 왔다. 선지자는 그러한 종말론적 사건을 시적인 양식으로 표현하고 있다.

아부 다르가 말하기를: 일몰 때에 선지자께서 "너는 (일몰 때에) 태양이 어디로 가는지 아느냐?"라고 나에게 물으셨다. 나는 "알라와 그분의 사도께서 잘 아십니다"라고 대답했다. 그분은 "그것은 가서(즉 여행하여) 주님의 보좌 아래 엎드려, 다시 솟아오르기 위한 허락을 구하고, 허락이 떨어지면 그때(시간이 되면) 그것은 다시 엎드리려 하나 그 엎드림이 받아들여지지 않으므로 그 가던 길을 위하여 허락을 구할 것이되 허락되지 않으면 왔던 길로 돌아가도록 명령을 받아서 서쪽에서 솟아오를 것이다"라고 말씀하셨다. _4:283; 54.4.421

지금까지 무슬림 학자들이 인용해 온 중요하게 기록된 기적들을 살펴보았다. 어떤 사람은 균형을 꾀하기 위해 이 사건들이 성경에 기록된 사건들보다 더 믿을 수 없는 것은 아니라고 결론을 내리지만, 그리스도인들은 성경의 기적이 꾸란과 하디스에 기록된 것들보다 더 분명한 목적이 있는 것으로 보인다는 점을 재빨리 지적한다.

이 하디스의 인용문들을 가지고 무슬림과 토론하는 것은 옳은 일이다. 선지자를 따르는 평범한 사람들에게 이 이야기들 중 여럿은 완전히 알려져 있지 않다. 하지만 성경이 실제로 꾸란과 하디스보다 더 구체적이고 더 다채로운 이적을 기록하고 있다는 것을 알아야 한다. 무슬림들은 납득이 안 가는 이적에 대해 설명을 요구할 수도 있다. 우리의 최상의 접근은 기적들이 실제로 일어났고 하나님은 그분의 뜻 안에서 무엇이든지 하실 수 있다는 것을 인정하는 것이다. 그리고 역사 속에 있었던 모든 이적 중 가장 위대한 이적은 그리스도의 성육신과 죽음과 부활임을 강조하는 것이다.

05 기도

아마도 전 세계 성인 무슬림의 95퍼센트는 이슬람 기도 의식에 관해 정통 교리가 법적으로 요구하는 사항을 따르지 않을 것이다. 동트기 전에 일어나서 첫 번째 살라트salat, 규정된 기도 형식에 빠지지 않고 매일 참여하는 사람을 나는 거의 만나 보지 못했다. 대부분 신자는 잠에서 깨어나 기도하는데, 대개 해가 뜬 후의 어떤 시점이다. 시간과는 별개로, 대부분 무슬림은 단순히 매일 다섯 번씩 드리는 기도를 엄격하게 지키지 않는 경향이 있다. 어떤 환경에 있든지 세정洗淨을 행하고 정해진 방식에 따라 엎드려 절하기 위해서는 막대한 노력이 필요하다. 학교에 있을 때, 직장에 있을 때, 쇼핑 중일 때, 휴일에, 여행 중일 때 등등 언제 어디서나 살라트는 규칙적이고 경건하게 수행되어야 한다. 내가 아는 무슬림 대부분은 꾸란의 이 명령을 따를 수가 없다고 말한다. 그들은 알라께서 그들의 불완전함에 대해 자비를 베푸시고 용서하실 것을 믿는다고 덧붙여 말한다.

그들 가운데는 나와 아주 친한 무슬림 친구 알리Ali 박사와 같은 예외도 있다. 그는 동료 학술회원들의 놀림을 참아 내면서, 여전히 이슬람의 전체 살라트를 완벽하게 준수한다. 한번은 우리가 소풍을 나갔다가 밴을 타고 돌아오는 길이었다. 갑자기 그가 안절부절못하는 것이었다. 그는 길가에 기도할 만한 장소가 있는지 계속해서 찾고 있었다. 그는 운전사에게 차를 멈춰서 기도하게 해 달라고 몇 번이고 반복해서 요청했다. 그보다 덜 경건한 무슬림 운전사는 더욱 빨리 차를 몰아 우리를 목적지에 빨리 데려다 주려고 했다. 도착하자마자 알리 박사는 밴 밖으로 뛰어내려 즉시 살라트를 시작했다. 우리 중 어느 누구도 다른 사람의 동기를 판단할 수는 없지만, 알리 박사와 십여 년간 우정 관계를 맺어 오면서, 나는 그것이 그가 이해하는 알라에 대한 깊은 사랑 때문이라고 결론 내릴 수밖에 없다. 그는 그러한 기도가 참아 내야 하는 율법주의라기보다는 하나의 특권이자 즐거움임을 발견했다고 강하게 단언했다.

이슬람은 기도를 알라와 그 피조물 사이의 연합을 위한 성례전으로 간주한다. 살라트는 하나님과 인간 사이에 지각되는 소통이면서 동시에 존경과 겸손을 구현해 낸다. 하디스에 제시되어 있는 기도의 신학적 차원들로 더 깊이 들어가 보자.

신학적 고찰들

무슬림의 기도는 형식과 내용으로 표현되는 이중성을 지니고 있다. 그 둘은 서로 아주 잘 짜여 있어서 그 형식 자체가 메시지인 것, 혹은 적어도 메시지와 분리시킬 수 없다는 것을 단언할 수 있다. 허리를 굽히고 무릎을 꿇고 바닥에 엎드리는 형식은 살라트를 행하는 동안 꾸란을 반복하여 암송하는 것만큼이나 기도의 효험을 얻는 데 필수적이다. 그러한 예배 방식은 이런 무함마드의 말에서 드러난다.

> 압둘라 빈 우마르Abdullah bin Umar가 말하기를: 선지자께서 산길을 오르시거나 황무지로 나가실 때마다 말씀하셨다. "짝이 없으시고 홀로 한 분이신 알라 외에는 어느 누구도 경배 받을 수 없다. 모든 왕국이 그분께 속하였고 모든 찬양이 그분을 위한 것이며 그분은 전능하시다. 우리는 우리 주님께 회개와 경배와 엎드림과 찬양을 돌려 드리는 것이다."_4:149; 52.133.238

알라의 유일성은 이슬람에서 신학적으로 공식화된 가장 중요한 진술이다. 이 유일성은 꾸란과 하디스와 살라트에서 계속 강조된다. 때로는 부정적인 문맥으로 구성되기도 한다. "짝할 이가 없는 분"은 삼위일체에 대한 직접적인 반박이다. 그들의 이성적 인식에 따르면, 무슬림은 알라의 협력이나 이원성을 결부시켜 생각하지 않고는 예수를 완전한 하나님으로 이해할 수가 없다. 따라서 그들은 그리스도에게 선지자 외에 다른 어떤 지위를 부여하는 것도 시종일관 강력하게 반대한다. 이러한 믿음은 살라트를 수행할 때마다 반복에 의해서 무슬림의 마음에 깊숙이 파고든다.

전능자로서의 알라는 기도에 담긴 또 하나의 기본적인 신학이다. 하나님의 능력과 권위에 대한 인간의 반응은 단순히 복종과 겸손 가운데 그분 앞에 굽혀 절하는 것이다. 형식과 내용의 통합이 기도 자세와 신학 사이의 이런 상호 작용에서 드러난다.

개인 구원은 무슬림에게 중요하다. 영혼이 영원히 존재한다는 그들의 신앙은 그리스도인과 유사하다. 그래서 구원의 과정은 종교적인 명령에서와 마찬가지로 모든 이슬람 경전에서 핵심 주제다.

공적을 쌓는 것 역시 살라트를 정기적으로 수행하도록 하기 위한 동기 부여의 필수적인 부분이다.

아부 후라이라가 말하기를: 알라의 사도가 말씀하셨다. "모임에 참석한 사람이 드린 기도의 상급은 집이나 시장에서 (홀로) 드리는 기도보다 스물다섯 배의 효과가 있다. 그리고 만약 그가 몸을 씻는 의식을 아주 완벽하게 행하고 오직 기도하려는 일념으로 걸음걸음마다 모스크를 향해 나아간다면 그는 보상을 받을 때 한 단계씩 더 뛰어오르게 되고 죄 하나도 (행위를 기록한) 치부책에서 삭제되기(지워지기) 때문이다." _1:352; 10.30.620

후라이라의 하디스는 죄 용서를 받는 데 있어서 기도의 역할을 강조한다. 법적인 세부 사항은 모스크를 향한 걸음들을 언급한 데서 나타나 보인다. 또한 이 전승은 이슬람의 공동체 양상을 강조한다. 공적은 무리 안에서 살라트를 수행함으로써 주어진다.

무슬림은 모스크와 기도가 연관되어 있다고 이해한다. 하지만, 교리와 현실 사이에는 부조화가 존재한다. 무수한 무슬림 여성들은 살라트를 위해 결코 모스크에 발을 들이지 않는다. 예를 들면, 방글라데시에 사는 6천만 명의 무슬림 여성 가운데서 아마도 수천 명만이 모스크에 발을 들였을 것이다. 하지만 이슬람의 가르침은 여성이 기도하기 위해 모스크에 들어가는 것을 금하지 않는다. 어떤 이슬람 국가들에서는 여성들이 모스크의 후미진 곳이나 발코니에서 기도하는 모습을 볼 수 있다. 만약 꾸란과 하디스의 명령이 남성과 여성에 동등하게 적용된다면, 왜 무슬림 여성에게는 자기 집에만 틀어박혀 적막하게 기도하도록 제한하는 실행이 고안되었을까? 모스크에서 기도하는 사람들에게 약속된 것과 같은 영원한 공적을 그들은 받을 수 없는가? 이런 모순을 대개 보통의 무슬림은 이해하지 못한다. 역으로, 무슬림들은 성적 평등에 대한 이슬람의 절대적인 약속에 대해 자주 언급한다. 내 선교 이력을 통틀어 볼 때, 나는 명백하고도 지속적이며 널리 퍼져 있는 이러한 실상을 교리적으로 부인하는 것에 맞서는 것은 무익하다는 것을 깨달았다.

다음 하디스는 모스크에 대해 더욱 강조하고 있다.

아부 후라이라가 말하기를: 선지자께서 말씀하셨다. "금요일이 되면, 천사들은 모스크의 문에 서서 모스크에 연달아 오는 사람들의 명단을 도착하는 순으로 작성한다. 가장 이른 시간에 모스크에 들어오는 사람은 낙타 한 마리를 (제물로) 바친 사람과 같다. 그 다음에 온 사람은 암소 한 마리를 드린 사람과 같고, 다음에는 숫양 한 마리를, 나중에는 닭 한 마리와 달걀 하나를 정성스럽게 드린 사람과 같다. 이맘이 (주무아Jumu'a, 금요일 기도를 하기 위해) 나오면 그들(즉 천사들)은 서류를 접고 쿠트바Khutba, 설교를 들었다."_2:25; 13.29.51

여기에는 천사의 역할에 대한 과도한 의인화가 들어 있다. 그들은 동시에 어디든지 있는 존재인데 특히 모스크의 입구에 서 있다.

씻음과 기도와 용서가 서로 어떻게 작용하는지 다음 전승이 잘 보여 준다.

아부 후라이라가 말하기를: 나는 알라의 사도께서 "만약 너희 중 누군가의 집 문 앞에 강이 있어서 그가 하루에 다섯 번을 거기서 목욕한다면 그에게서 어떤 더러움을 발견할 수 있겠느냐?"라고 말씀하시는 것을 들었다. 그들은 "더러움의 흔적조차 남아 있지 않을 것입니다"라고 대답했다. 선지자는 "그것이 알라께서 다섯 번의 기도를 통해 악한 행위들을 지워 버리시는 것의 실례이다"라고 덧붙여 말씀하셨다. _1:301; 10.6.506

그래서 기도 예식은 알라가 갖고 계신 기록에서 죄를 지우는 데 효과적이다. 이 사실은 또 다른 하디스에서 또 다른 요구 사항과 함께 다시 나타난다.

아부 후라이라가 말하기를: 알라의 사도께서 말씀하셨다. "천사들은 그대들 각 사람의 죄를 용서해 달라고 알라께 계속해서 요청하고 있는데, 그가 무살라Musalla, 기도하는 장소에 있으면서 방귀를 뀌지 않는 한 그러하다." _1:260; 8.61.436

실격 행위인 '방귀 뀌는 것'은 이슬람에 있어 육체적인 것과 영적인 것이 통합되어 있음을 예증한다. 인간을 알라에게로 연결시켜 주는 예식을 행하는 동안 몸은 최대한 깨끗해야 한다. 어떤 무슬림 친구는 필요한 세정 의식을 하지 않고 꾸란을 만졌다가 신앙심이 깊은 그의 어머니에게 심하게 혼이 났다. 보통의 서구인에게 너무 세심한 의무 이행은 피곤하게 보일 뿐만 아니라 심지어는 어리석어 보인다. 하지만 독실한 무슬림에게는 의문의 여지 없는 복종의 행위다.

또 하나의 현실적인 하디스가 있는데, 독자들은 무슬림이 이 이야기를 비유적으로 받아들이는지 아니면 문자 그대로의 의미로 받아들이는지 궁금할 것이다.

압둘라가 말하기를: 어떤 사람이 아침까지 잠을 자 버려 기도 시간에 일어나지 못했다는 이야기가 선지자에게 들렸다. 선지자는 말씀했다. "사탄이 그의 귀에 오줌을 누었다." _2:135; 21.12.245

요점은 기도를 위해 아침에 깨우는 소리를 사탄이 막아 버려서 그 신자가 듣지 못했다는 것이다. 영적으로, 이 가르침은 사탄이 알라의 권고를 거부하도록 계속 활동하고 있다는 의미다. 하지만 많은 무슬림은 이 말을 문자 그대로 받아들인다.

더 높은 신학적인 단계에서 우리는 천사가 이러한 충고를 하고 있다는 것을 알게 된다.

아나스가 말하기를: 알라의 사도께서 말씀하셨다. "너희 중 누군가가 어떤 일에 대해 알라께 간구할 때마다, 그의 요청은 확고해야 하며, '만약 당신께서 원하신다면, 나에게 ……을 주십시오'라고 말해서는 안 된다. 왜냐하면 아무도 알라께 그분의 뜻에 반한 어떤 것을 행하시도록 강요할 수 없기 때문이다." _9:418; 93.31.556

그래서 조건을 단 간구는 필요하지 않다. 알라는 언제나 자신의 뜻에 따라서 역사할 것이다. 우리는 여기서 숙명론에 기울어 있는 또 하나의 가르침을 본다. 기도는 단순히 알라의 뜻과 자신 및 자신의 갈망을 일치시키는 것이다. 그들은 알라가 그들을 위해 예정한 것을 받아들인다.

기도의 형식들

무슬림의 기도가 효력이 있으려면, 세정 의식이 선행되어야 하고, 하루에 일정하게 다섯 차례 드려야 하며, 기도 속에 규정된 꾸란 구절을 포함해야 하고, 예배자가 메카를 향한 상태에서, 확실한 자세를 갖추며 드려야 한다. 보통 그리스도인은 그러한 규제들 없이 하나님과 교제를 누리지만, 무슬림의 절대 다수는 모든 기도 의식을 알라께서 정하셨다고 확신하므로, 이 명령에 의문을 제기할 권리를 가지고 있다고 생각하지 않는다. 살라트를 소홀히 할 수는 있지만 명령받은 형식에 대해 결코 의문을 제기하지는 않는다. 무슬림에게 형식은 곧 의미다.

세정 의식

아부 압둘라Abu Abdullah가 말하기를: (세정 의식에 관해) 계시된 것이 무엇인가? 알라의 말씀이다. "오, 너희 믿는 자들이여! 너희가 기도 드리고자 할 때, 너희 얼굴과 팔꿈치까지 팔뚝을 씻고, (젖은 손을 그 위로 지나게 하면서) 너희 머리를 문지르고, 너희 발을 무릎까지 (씻으라)." 선지자께서는 (위에 언급된) 몸의 부분들을 한 번 씻는 것이 세정 의식(이 행해지는 동안)에 의무적이라고 분명하게 해 주셨다. _1:101; 4.1.136

이러한 세정 형식을 전 세계 모든 무슬림이 정확하게 따라 하고 있다. 나는 여행하면서나 무슬림과 교제하면서나 어떠한 일탈도 만나 보지 못했다. 간혹 아라비아 사막에서, 물을 사용할 수 없을 때는 대용물로 모래가 사용된다. 선지자가 의무라고 선언한 것은 영원히 지속되어야 한다.

다음 전통에는 세부적인 것에 지나치게 주의를 기울이고 있음이 암시되어 있다.

아부 후라이라가 말하기를: 알라의 사도께서 말씀하셨다. "돌을 가지고 자신의 은밀한 부분을 씻어 내는 사람은 누구든지 홀수로 그렇게 해야 한다. 그리고 잠에서 깨어난 사람은 누구든지 세정 의식을 하기 전에 손을 씻어야 하는데, 잠자는 동안에 그의 손이 어디에 있었는지 아는 사람이 없기 때문이다." _1:114; 4.26.163

배변 후 돌로 닦아 내는 것은 물이 부족하기 때문에 생겨난 풍습이었다. 홀수를 사용해야 한다는 명령은 단순한 미신처럼 보인다. 무슬림이 잠자다가 자신의 생식기를 만졌다면 그것은 영적인 부정을 야기할 수도 있고 세정을 통해 무효화할 필요가 있는 것이다. 율법적인 이런 많은 사항은 여성 신자보다는 남성 신자를 대상으로 하는 것처럼 보인다. 꾸란과 하디스를 통틀어서 남성에 편중되는 경향은 사회 모든 영역에서 남성이 지배적인 영향력을 행사하던 문화적 배경에서 이해해야 한다. 이러한 사회적 현상은 수 세기를 거쳐 이슬람에서 보존되어 왔다.

더 많은 율법 조항이 세정 의식을 반복해야 하는 경우를 규정한다.

> 아타Ata가 말하기를: "만약 어떤 사람의 항문에서 벌레蟲가 나오거나 어떤 사람의 성기에서 이louse 크기와 같은 배설물 한 방울이 나온다면 (그때는 반드시 세정 의식을 반복해야 한다.)" 압둘라는 "만약 어떤 사람이 기도하다가 웃었다면 세정 의식이 아니라 기도를 다시 해야 한다"고 말했다. 알-하산Al-Hasan은 "만약 어떤 사람이 그의 머리카락을 뽑아(잘라) 내거나, 손톱을 잘라 내거나, 가죽 양말을 벗는다면 세정 의식을 반복할 필요가 없다"고 말했다. _1:121; 4.35.175

알라 앞에서 신체적인 정결을 위한 규정들을 어떤 기준에 의해 정해야 하는가라는 질문이 제기될 수 있다. 항문에서 나오는 벌레나 배설된 정액의 양을 측정하는 것이 영적인 것과 무슨 관련이 있는가? 왜 세정 의식의 반복을 면해 주는 것을 손톱을 깎거나 양말을 벗는 것과 연관시키는가? 이런 사소한 일들은 바리새인의 율법주의를 능가하는 것처럼 보인다.

그러나 무슬림들은 알라가 삶의 가장 작은 일들조차 그분의 뜻을 명확하게 계시하는 지시 사항으로 규정해 주는 것에 감사한다. 이 하디스들은 신자를 위한 삶의 총체적인 규칙들로서 이슬람의 실생활에 기여한다. 그리스도인은 마치 구속복 같은 규정들을 비웃으면서 그것을 개인적인 선택과 자유의 영역에서 방해물로 간주하는 경향이 있다. 이 두 가지 접근 방식은 율법과 은혜 사이의 분명한 구분을 보여 준다.

기도로의 부름

수백만의 무슬림에게 매일 다섯 차례 기도로의 부름은 음악적 요소를 갖는 알라의 소환으로, 창조자와 피조물 사이의 상호 작용을 위해 그의 백성에게 10분간 일을 멈추라는 요청(이자 명령)이다. 이 의식은 선지자의 시대에 시작되었다.

이븐 우마르가 말하기를: 무슬림들이 메디나에 도착했을 때, 그들은 기도하기 위해 모이곤 했고, 그것으로 시간을 추측했다. 그 당시에, 기도자를 위한 아단Adhan, 또는 아잔, 기도로의 부름은 아직 도입되지 않았다. 한번은 그들이 기도의 부름에 관한 문제를 토의했다. 어떤 사람들은 그리스도인들과 같이 종을 사용하자고 제안했고, 다른 사람들은 유대인이 사용하는 뿔 나팔을 제안했지만, 우마르는 기도를 위해 한 사람이 (사람들을) 불러내야 한다고 제안한 첫 사람이었다. 그래서 알라의 사도께서는 빌랄Bilal에게 일어나서 기도를 위한 아단을 발하라고 명령했다. _1:334-335; 11.1.578

아나스 말리크Anas Malik가 말하기를: 선지자가 말씀하셨다. "반듯하게 줄을 맞추는 것이 온전하고 옳은 기도를 위해 필수적인 것이기에 너희는 반듯하게 줄을 맞춰라." _1:388; 11.73.690

아마도 무슬림이 가장 질서정연한 모습을 보이는 순간은 살라트에 앞서

줄을 서는 시간일 것이다. 나는 어느 빌딩 꼭대기에 서서 수천 명이 몇 초 안에 완벽하게 반듯한 줄을 서는 모습을 지켜본 적이 있다. 그들은 자동으로 앞뒤 거리와 양 옆의 거리를 측정하는 것처럼 보였다. 그 결과로 생기는 대칭은 가끔 경이롭기까지 하다. 이 모든 것은 이슬람의 요구들을 율법적으로 성취하는 것과 관련된다.

엎드림

종교적 형식에서 또 하나 절대적인 것은 엎드림으로, 그 선례는 무함마드와 다윗에 의해 수립되었다.

> 알-아왐Al-Awwam이 말하기를: 나는 무자히드Mujahid에게 꾸란 사드Sad 장에 있는 엎드림에 관해 질문했다. 그는 "내가 이븐 압바스에게 '어떤 증거가 당신을 엎드리게 합니까?'라고 묻자, 그는 말했다. '당신은
> 그의 자손 가운데 다윗과 솔로몬……(꾸란 6:84) 이들은 하나님의 인도하심을 받은 예언자들이니 그들의 인도함을 따르라(꾸란 6:90)
> 를 암송하지 않소? 다윗은 선지자(무함마드)가 따르도록 명령을 받은 사람(선지자들) 중의 한 분이었소. 다윗은 엎드렸고, 그래서 알라의 사도(무함마드) 역시 이 엎드림을 수행한 것이오.'" _4:312; 60.248.331

나는 엄청난 규모의 군중이 그들의 창조주께 기도로 예배하면서 얼굴이 땅에 닿도록 절하는 광경을 볼 때마다 경외심 가득한 아름다움과 숭고함에 감명받는다. 그 형식은 푹신한 의자에 다리를 꼬고 앉아서 목회자의 기도를

듣는 전형적인 그리스도인의 가벼운 자세보다 분명히 더 성경적이며 훨씬 더 깊이 있다. 성경적 그리스도인이라고 하는 우리는 수 세기를 거쳐 내려오는 동안 잃어버린 것을 다시 회복하기 위해 바람직하게 행해야 할 것이다. 무릎을 꿇거나 엎드리는 겸손한 자세는 고귀한 주님이시며 우주 만물의 주권자이신 분 앞에서 경외와 존경의 태도를 재발견하는 데 도움이 될 수 있다.

엎드리는 자세에 대한 예외는 노령일 경우 해당한다.

아이샤가 말하기를: 선지자께서는 밤에 (매우 오랜 시간) 기도를 드리곤 하셨기에 그의 발에서 우두둑 소리가 나곤 했다. 나는 "알라의 사도시여, 왜 당신은 알라께서 당신의 과거의 잘못과 앞으로의 잘못들을 다 용서하셨는데도 그렇게 하십니까?"라고 물었다. 그분은 "내가 (알라의) 감사하는 노예가 되는 것을 기뻐해야 하지 않겠는가?"라고 말씀했다. 그분이 늙었을 때, 그분은 앉은 채로 기도했지만, 절을 하기 원하셨다면 일어나서 (다른 몇몇 구절을) 암송하고 나서 절을 하였을 것이다. _6:344-345; 60.272.361

극소수의 연로한 무슬림만이 무함마드의 이러한 선례를 따르는 것처럼 보인다. 나는 앉은 채 살라트를 행하는 무슬림을 한 번도 보지 못했다. 그러나 노쇠한 이들이 집에서 개인적으로 기도할 때는 이 자세를 활용할 수 있을 것이다.

이 전승은 선지자의 행적에 관하여 알-부카리의 편집본 전반을 통해 반복적으로 확인된 것을 다시금 강조한다. 무함마드는 알라를 겸손히 예배하는 자가 되도록 강렬한 요청을 받은 사람으로 알려졌다. 전능자 앞에서 그의 마음 자세는 감사하는 노예의 태도로 언급된다. 누가 보아도 분명한 이런 영적 갈망을 갖고 있었던 무함마드가 하나님의 아들 그리스도를 믿는 신자가 되기는커녕 오히려 기독교에 뚜렷이 반하는 신학을 발전시키는 도구로 사용되었다는 사실을 설득력 있게 이해시키려는 수많은 시도가 있어 왔다. 의심의 여지 없이, 이 그럴듯해 보이는 모순은 선지자의 삶에 나타난 그 어떤 양상보다 나를 더 괴롭혀 왔다. 언젠가 이와 같은 모호한 문제들이 완전한 계시의 품에 안김으로써, 더 온전한 이해가 가능해지기를 기다린다.

집중하기와 기도를 방해하는 것들 다루기

다음 전승의 해설자는 무함마드가 기도에 집중했음을 강조한다.

> 압둘라가 말하기를: 선지자께서 엎드린 상태로 계실 때, 꾸라이쉬 이교도들로부터 온 일단의 사람들에 둘러싸이게 되었는데, 우끄바 빈 아비 무아이트'Uqba bin Abi Muait가 낙타의 내장을 가지고 와서 선지자의 등에 던졌다. 선지자께서는 파티마(즉 그의 딸)가 와서 그의 등에서 내장을 치울 때까지 엎드린 상태에서 그 머리를 들어 올리지 않았고, (그 악한 행동을) 행한 사람들 모두에게 악운을 기원했다. 선지자께서 말씀했다. "오 알라시여! 꾸라이쉬의 우두머리를 멸하소서!"
> _4:274; 53.40.409

이것은 극도의 도발이다. 무함마드가 공손하게 엎드려 기도하고 있는데 평범한 낙타의 피 묻은 내장을 그의 등에 내던진 것이다. 그가 알라와의 교제를 방해하는 것에 대해 단호히 거부한 것은 뒤따르는 신자들을 위한 하나의 본보기로 인용된다. 그러므로 무슬림은 살라트 의식이 일단 시작되면 거기서 결코 벗어나려고 하지 않는다. 이 규칙에서 발전한 것이 다음 전승에서 보인다.

> 압둘라가 말하기를: 우리는 선지자께서 기도하고 있는 동안 인사를 드리곤 했는데 그분은 우리의 인사에 응답하시곤 했다. 그러나 우리가 나자시Najashi, 에디오피아의 왕에게서 돌아와 그분께 인사를 드렸을 때(그분은 기도 중이셨다) 그분은 우리에게 응답하지 않으셨다. 우리는 "오 알라의 사도시여! 과거에 우리가 당신께 인사드리곤 했을 때 당신은 우리에게 응답하시곤 했습니다"라고 말했다. 그분은 대답하셨다. "진실로! 기도하는 동안 마음은 더욱 중요한 일에 사로잡혀 분주하다. (그래서 돌이켜 인사할 수 없다.)" _5:137; 58.36.215

하지만, 기도하는 동안의 방해를 허용하는 하디스도 있다.

> 아부 알-쿠드리가 말하기를: 선지자께서 말씀했다. "만약 너희가 기도하는 동안에 어떤 이가 의도적으로 너의 앞을 지나가려 한다면 그를 막아라. 그가 고집하면 다시 그를 막아라. 만약 그가 다시 고집한다면 그와 싸워라(즉 맹렬하게 그를 막아라. 예컨대, 그를 난폭하게 밀어서라도). 왜냐하면 그런 사람은 악마이기 (와 같기) 때문이다." _4:319; 54.10.495

무슬림은 눈을 뜨고 기도한다는 사실을 기억해야 한다. 그러므로 거울이나 사진이 앞에 놓여서는 안 되는데, 그런 것이나 다른 물건에 의해 예배자의 마음이 흐트러지기 때문이다. (예를 들어, 알리 박사는 기도 시간에 아내의 화장대 거울을 덮어 놓는다.) 그렇지만 어떤 사람이 예배하는 무슬림 앞을 지나간다는 이유로 그를 갑자기 난폭하게 밀어 버리는 것은 상상하기 어려운 일이다. 그런 율법주의는 지나친 것으로 보인다.

또 두 개의 하디스가 이런 맥락에서 이어진다.

아나스가 말하기를: 선지자께서 말씀했다. "너희 중 누군가가 기도할 때마다, 그는 개인적으로 그의 주인께 말씀드리는 것이며, 그렇기 때문에 그는 그의 앞이나 오른쪽에 침을 뱉어서는 안 되며, 왼편의 왼쪽 발밑에 할 일이다." _2:171; 22.12.305

아나스가 말하기를: 선지자께서 말씀했다. "너희 중 누군가가 기도하는 동안 졸음이 오면, 그는 자신이 말하고 있는 것(암송하는 것)을 이해할 수 있을 때까지 자야 한다." _1:139; 4.55.212

알라는 예배자의 앞이나 오른쪽에 계신 것으로 간주됨으로써 영광의 자리를 부여받으신다. 왼쪽은 성경에서 발견하는 것과 동일한 많은 함축적 의미를 수반한다. 오른쪽은 영광의 자리인 반면 왼쪽은 잘 인정받지 못하고 심지어는 심판의 자리로 인식된다. 졸음이 살라트를 연기하는 합법적인 이유가 된다는 사실은 흥미롭다. 이것은 기도의 내용이 형식보다 더 중요하다는 사실을 가리킨다.

무함마드는 무엇이든 기도를 방해하는 요소는 사탄의 활동에 그 기원이 있다고 결론지었다. 사탄은 영속적이며 유능한 존재이다. 우리는 삼킬 자를 찾아 세상을 두루 다니는(베드로전서 5:8) 샤탄에 관한 언급에서 유사성을 보게 된다. 다음의 다채로운 전승에서 우리는 이슬람 신앙에 따른 영적 전투의 더 많은 경우를 볼 수 있다.

> 아부 후라이라가 말하기를: 알라의 사도는 말씀했다. "아단이 선언될 때 사탄은 부리나케 달아나며, 아단을 듣지 않으려고 날아가면서 시끄러운 소리가 나는 방귀를 뀐다. 아단이 끝나면 그는 돌아왔다가 다시 이까마Iqama, 암송가 선언될 때 또 줄행랑을 치고 그것이 끝나면 다시 돌아와서 사람의 마음에 (기도로부터 주의를 돌리도록) 속삭이고, 기도하기 전에는 마음에 생각나지 않던 것들을 기억나게 만들고, 얼마나 많이 기도했는지 잊어버리게 만든다." _1:336; 11.4.582

천상의 존재를 의인화하는 인용문들은 많은 무슬림에게 어느 정도 문제를 야기한다. 이슬람 신학은 알라, 천사들, 진jinn, 요정 또는 정령, 사탄이 순수하게 영적인 존재라고 선언한다. 그러나 꾸란은 알라가 보고, 듣고, 말하고, 걷는 분임을 선언한다. 천사들은 시력을 가지고 있으며 글을 쓸 수 있다. 진은 여러 다양한 형태로 나타나서 다양한 행동을 수행하는데 건설적인 행위와 파괴적인 행위 둘 다를 행한다. 이 구절에서 사탄은 도망가고, 방귀를 뀌고, 속삭인다. 언젠가 한 이집트 근본주의 무슬림이 나에게, 영적이면서 물리적인 알라의 면모를 조화롭게 설명하려고 애쓰다가 스스로 화가 나서 좌절한 적이 있다. 그와의 갈등은 나에게 궁극적인 의인화에 대해, 즉 성경에 선언된 바 예수 그리스도의 인격 안에서 인간의 형체를 취하신 하나님에 대해 증언할 기회를 열어 주었다.

단정한 예배를 위한 원칙들

하디스는 신자들이 단정한 예배를 드리고 지나친 감정주의를 피하도록 권고한다.

> 아부 무사 알-아샤리Abu Musa Al-Ashari가 말하기를: 우리가 (핫지 기간 동안에) 알라의 사도와 함께 있었다. 우리는 높은 장소에 올라갈 때마다 "알라 외에는 어느 누구도 경배받을 권리가 없으며, 알라는 위대하시다"라고 말하곤 했다. 우리의 목소리는 늘 높아졌는데, 그러자 선지자께서 말씀하셨다. "오 사람들이여! 스스로에게 자비로우시오(즉 당신들의 목소리를 높이지 마시오). 왜냐하면 당신들은 청각 장애자나 부재자를 부르는 것이 아니라 당신들과 함께 계시는 오직 한 분을 부르고 있고, 의심할 바 없이 그분은 들으시는 분이며, 가장 가까이 계시는 분이시오." _4:148; 52.131.235

다수의 수피Sufi, 신비주의_옮긴이 경향의 무슬림 모임에서, 나는 상당히 감정적인 예배를 관찰해 왔다. 특히 예배 중 디크르dhikr, 일단의 종교적 용어들을 반복적으로 낭송하는 것에서 풍성한 감정적 격발이 일어나는 것을 발견한다. 하지만 이러한 감정의 표출은 이슬람 내에서 표준적이라기보다는 예외적인 것이다.

무슬림 여성이 모스크에서 박수 치는 경우를 나는 한 번도 보지 못했지만, 다음 전승에 따르면 무함마드는 그것을 실제로 허락한 바 있다.

아부 후라이라가 말하기를: 선지자께서 말씀하셨다. "'숩한 알라'Subhan Allah, 알라께 거룩를 말하는 것은 남성들을 위한 것이고 박수 치는 것은 여성들을 위한 것이다(만약 기도 중에 어떤 일이 일어나면, 남성들은 '숩한 알라'라고 말함으로써 이맘의 주의를 끌 수 있고 여성들은 손으로 박수를 침으로써 그렇게 할 수 있다)."_2:165. 22. 5. 295

선지자는 장황한 기도를 참아 낼 수 없는 어떤 신자들을 고려해 줌으로써 칭송을 받았다.

아부 마수드Abu Masud가 말하기를: 한 남자가 선지자에게 와서 "나는 아침 기도를 하지 않고 있는데, 그 이유는 단지 이러이러한 사람이 기도 시간을 인도할 때 오래 끌기 때문입니다"라고 말했다. 나는 알라의 사도께서 조언을 주실 때 그 날보다 더 격노한 것을 본 적이 없다. 그분은 말씀했다. "오 사람들이여! 너희 중 어떤 이는 다른 사람들이 좋은 행위를 싫어하도록 만들고 있고, 다른 사람들이 회중 기도에 반감을 갖게 만들고 있다. 조심하라! 너희 중 누구든지 기도 중에 사람들을 인도하면서 그것을 길게 늘여서는 안 되는데, 그 이유는 그들 중에는 병자와 나이든 자와 빈궁한 자가 있기 때문이다."_8:84; 72.75.131

무슬림에게 기도는 삶의 불가결한 중심이다. 우리의 창조주요 보존하시는 주께 의미 있는 예배와 기도로 하루 다섯 번 10분간 멈추어 머리를 숙이는 것으로 어떻게 주님과의 교제가 깊어질 수 있는지는 상상에 맡길 수밖에 없다. 하지만 무슬림의 기도에서 율법주의와 신학적인 착오들을 벗겨 낸다면 아마도 이상적인 기도는 헌신된 그리스도인에게 도전이 될 것이다. 확실히 무슬림들은 기도하는 것을 깊게 음미하고 있다. 기도는 이슬람과 기독교 간의 종교적 차이들 사이에서 효과적인 촉매가 될 수 있다.

06 금식

이 장을 쓰는 동안 나는 금식하는 무슬림들에 둘러싸여 살고 있다. 매일 새벽 2시 30분에 '고지하는 사람들'callers은 어둠을 깨치고 검은 실과 흰 실을 구분하기에 충분한 이른 새벽의 빛이 임하기 전에 신자들이 잠자리에서 일어나 요리하고, 먹고, 기도하도록 큰 소리로 외치며 텅 빈 거리를 다닌다.

사흘 빈 사드가 말하기를: "금식을 하려는 몇몇 사람은 다리에 검은 실과 흰 실을 묶어 두고 그 두 실을 구분할 수 있을 때까지 음식 먹기를 계속했다." _3:78; 31.16.141

두 번에 걸쳐 무슬림 금식을 완전히 행해 본 나는 그 실행의 어려움을 증언할 수 있다. 그와 같은 절제 훈련은 엄청난 수양을 요구한다. 신자는 라마단 음력월 내내, 해 뜨기 한 시간 전부터 해가 지는 순간까지 먹고, 마시고, 담배를 피우고, 성관계를 하는 것이 금지된다. 하루의 매우 이른 시간에 몸은 수분을 필요로 한다. 특히 몹시 더운 기후에서는 한 달 내내 심한 고통을 경험하게 된다. 마지막 열흘이 가장 힘들다.

전적으로 신실한 무슬림이 되기란 지극히 어렵다. 매일 다섯 번을 기도하고 금식 월을 지키는 것은 신자의 인내를 한계치까지 시험하는 육체적이고 영적인 훈련이다. 만일 복음적 기독교가 신자들에게 그러한 의무 조항을 요구한다면 얼마나 많은 신자가 그 요구를 따를지 궁금하다.

무슬림에게 금식은 이슬람의 다섯 기둥 중 하나에 복종하는 것을 나타낸다. 꾸란과 하디스는 신자에게 육체적 금욕을 명령하고 천거한다. 이슬람에 속한 가족의 모든 구성원은 그 실행을 믿으며, 아마도 모든 무슬림 성인의 절반은 한 달 내내 금식의 요구를 실천할 것이다. 널리 인정되는 것처럼, 그러한 생각은 기껏해야 제한적인 경험과 기록된 자료를 기초로 추정한 결과다. 실제로는 많은 사람이 금식을 시작하지만 끝마치지는 못한다. 어떤 이들은 하루 종일 암암리에 간식을 먹는다. 또 다른 이들은 합법적이고 용인된 이유로 금식을 하지 않는다. 또한 나라에 따라 엄청난 차이가 있다. 어떤 이슬람 국가들에서는 공개적으로 금식하지 않는 것을 범죄 행위로 여겨 수감이 가능하다. 무슬림이 소수인 나라들에서는 금지 사항을 엄격하게 고수하는 사람이 거의 없다.

금식에 관한 단편적인 서술들이 하디스에 다채롭게 담겨 있다.

아부 후라이라가 말하기를: 알라의 사도는 말씀하셨다. "라마단 달이 오면, 낙원의 문들이 열리고 (지옥의) 문들이 닫히는데, 마귀들은 사슬에 결박된다."
_4:320; 54.10.497

이 진술에서 무함마드가 의미한 것이 무엇인지 알면 흥미로울 것이다. 나는 무슬림 세계에서 금식 월 동안에 마귀들이 결박된다고 결론 내릴 만한 아무런 증거도 관찰한 바 없다. 반대로 연중 그 어느 때보다도 이 기간에 신자들 가운데서 분노와 다툼이 더 많아지는 것을 실제로 관찰해 왔다. 오랫동안 지속된 이란-이라크 전쟁에서 무슬림은 동료 무슬림에 대한 기괴한 살해 행각을 라마단 기간이라고 해서 중단한 적이 없다. 또한 종교적 이슬람의 광신적 요소들은 연중 그 어느 때보다도 라마단 기간에 더 활동적으로 보인다. 이 글을 쓰고 있는 지금, 세 명의 여성 선교사와 두 명의 어린이가 내가 살고 있는 나라의 작은 섬에 사는 무슬림에게 납치되었다. 유괴범들은 몸값으로 8만 달러를 요구하고 있다. 지금은 금식 기간의 중반 지점이다.

금식의 이유

다음의 대화는 금식으로써 공적을 쌓는다는 생각이 기저에 깔려 있음을 보여 준다.

압둘라 빈 아므르Abdullah bin Amr가 말하기를: 알라의 사도는 내가 종종 "맹세코 나는 내가 사는 날 동안 온종일 금식하고 온 밤을 기도할 것이다"라고 말했다는 사실을 알게 되셨다. 알라의 사도가 내게 물으셨다. "그대가 '나는 내가 사는 날 동안 온종일 금식하고 온 밤을 기도할 것이다'라고 말한 사람인가?" 나는 대답하기를, "예, 제가 그렇게 말했습니다." 그분이 말씀하셨다. "그대는 그렇게 할 수 없다. 그러므로 (때로는) 금식하고 (때로는) 금식하지 말라. 기도하고 잠을 자라. 한 달에 삼 일을 금식하라. 선행에 대한 보상은 열 배가 될 것이니, 그러므로 한 달에 삼 일을 금식하는 것은 일 년을 금식한 것과 같다." 나는 묻기를, "오, 알라의 사도여! 저는 이보다 더 많이 금식할 수 있습니다." 그분이 말씀하셨다. "격일마다 금식하라. 이는 다윗의 금식이었는데, 가장 알맞은 종류의 금식이다." 나는 말했다. "오 알라의 사도여! 저는 그보다 더 많이 금식할 수 있습니다." 그분은 말씀하셨다. "그보다 더 나은 것은 없다."_4:416; 55.33.629

하디스에는 라마단 금식에 참여함으로써 발생하는 보상에 관한 언급이 많다.

아부 사이드는 말하기를: 나는 선지자께서 말씀하시는 것을 들었다. "진실로 알라의 기쁨을 위해 하루를 금식하는 사람은 누구든지, 알라께서 70년(여행으로 가능한 거리) 동안 (지옥) 불로부터 그의 얼굴을 멀리할 것이다."_4:66; 52.36.93

공적을 언급하는 구절들에는 날수와 연수가 종종 언급된다. 하루의 선행과 그 결과로 지옥에서 분리되는 연수 사이에 등식이 성립한다.
공적을 얻을 만한 행동을 하는 것은 또한 죄 용서를 가져온다.

아부 후라이라는 말하기를: 알라의 사도께서 말씀하셨다. "라마단 달 동안 진지한 신앙의 발로에서, 그리고 알라의 보상을 얻기를 희망하면서 금식을 수행하는

사람은 누구든지 그의 모든 과거의 죄가 사함을 받을 것이다."_1:34; 2.29.37

이슬람 신학은 이 하디스를 정확한 진본으로 입증하지 않는다. 과거의 모든 죄를 사함받는 데는 금식보다 더 많은 것이 연관되어 있다. 이슬람은 죄 사함을 받기 위해 수행해야만 하는 율법적인 행위에 대해 폭넓은 범주를 제시한다. 금식은 단지 그 중 하나일 뿐이다.

하루의 금식을 놓치는 일은 무슬림들에게 일상적으로 있는 일이다. 하지만 다음의 하디스는 그러한 생략의 심각성을 보여 준다.

아부 후라이라는 선지자를 인용하여 다음과 같이 말하기를: "진정한 이유나 질병이 아니고서 라마단의 하루를 금식하지 않는 자는, 그리고 나서 비록 그가 한 해를 온통 금식한다 할지라도, 그날을 보상하지 못한다."_3:88; 31.29.155

이 중대한 문제는 그러나 대부분의 무슬림에게 간단히 수용되지 않는다. 한 이슬람 국가에서는, 노변에 있는 허름한 식당들이 출입문을 가로질러 조심스레 종이를 붙여 어두컴컴하게 만든다. 그 안쪽에서 무슬림들은 먹고 마시고 담배를 피우며 활발한 대화에 몰두한다. 이 나라의 종교 지도자들은 이러한 비종교적 행위에 거의 이의를 제기하지 않는다.

무함마드는 다음의 권고에 대한 자신의 권위로서 알라를 인용한다.

아부 후라이라는 말하기를: 선지자는 말씀하셨다. "알라께서 이르시기를 '금식은 나를 위한 것이며, 나는 그것에 대한 보상을 할 것이다. (금식을 하는) 그가 나를 위해 자신의 성적 욕망과 음식과 마실 것을 중단할 때 말이다. 금식은 (지옥으로부터의) 칸막이이며 금식하는 자를 위해 두 가지 기쁨이 있는데, 하나는 그의 금식을 마칠 때에 있고, 둘째는 그가 그의 주님을 만날 때에 있다.'"
_9:434; 93.35.584

여기서 금식은 박탈, 보상, 기쁨과 연결되어 있다. 매일 밤 금식을 마칠 때 생기는 흔쾌한 기분에 관해서는 내 생각도 일치한다. 금식하는 무슬림 친구들과 함께 열네 시간의 하루 금식을 마치는 것은 특별한 영예였다. 우리는 모두 오래 참았던 레모네이드의 첫 잔을 마음껏 음미했다.

금식 규정들

일반적으로 말해, 이슬람은 인간의 모든 행동에 대하여 법이나 견해를 갖고 있다. 무슬림의 금식 규정에 대해서도 신화, 전설, 학자들의 견해 등이 모두 기여한다. 이 부분에서는 이슬람 공동체가 중요하다고 간주하는 몇몇 전통을 제시할 것이다.

아부 후라이라는 말하기를: 선지자께서 말씀하셨다. "만일 누군가가 잊어버리고 먹고 마신다면 그 후에도 그는 자신의 금식을 완성해야 하는데, 그가 먹고 마신 것은 알라께서 그에게 주신 것이기 때문이다." _3:85; 31.26.154

이슬람에서는 신실한 신자가 고의가 아닌 과오로 범한 잘못에 대해 허용한다. 허용에 대한 합리화된 진술이 자주 뒤따라 나온다.

이븐 압바스는 종종 말하기를: "알라의 사도는 금식하셨고 때때로 여행 중에는 금식하지 않으셨는데, 그러므로 누군가는 금식하고 (여행 중에 있는 자는) 금식하지 않는다."_5:401; 59.46.576

다시금 사도의 행동이 모든 시대와 장소에서 무슬림을 통치하는 규범적 선례가 되고 있다. 7세기의 아라비아를 여행하는 사람에게는 에어컨 나오는 벤츠 승용차가 없었음을 이해해야만 한다. 낙타를 타고 엄청난 모래 폭풍과 타는 듯한 열기 속에 사막을 통과하는 사람에게, 종일 음식과 물을 박탈하는 것은 도움이 되지 않는다. 그러므로 이 하디스는 선택적 특성을 갖는다.

성행위에 대한 충고는 전승들 속에 풍부하게 흩어져 있다. 그것은 하디스 편집자들이 좋아하는 주제였던 것으로 보인다. 금식 중의 성행위에 대해 엄격한 이슬람 규정이 있다.

"단식날 밤 너희가 아내에게 다가가는 것을 허락하노라. 그녀들은 너희를 위한 의상이요 너희는 그녀들을 위한 의상이니라. 하나님께서는 너희가 은밀히 행하는 것을 알고 계시나 너희에게 용서를 베풀고 은혜를 베푸셨노라. 그러나 지금은 그녀들과 잠자리를 같이하되 하나님이 명하신 것을 추구하고 하얀 실이 검은 실과 구별되는 아침 새벽까지 먹고 마시라. 그런 다음 밤이 올 때까지 단식을 지키고 그녀들과 잠자리를 같이하지 말 것이며 사원에서 경건한 신앙생활을 할 것이라.

이것이 하나님께서 제한한 것이니 가까이 하지 말라." _꾸란 2:187, 밑줄은 저자

꾸란과 선지자의 행동 사이에 나타나는 매우 분명한 모순들 중 하나에서, 우리는 무함마드의 애처 아이샤가 전하는 말을 듣는다.

아이샤는 말하기를: "선지자는 금식하는 중에도 (그의 아내들에게) 입을 맞추고 포옹하곤 했으며, 당신들 중의 어떤 사람보다도 그의 욕망을 통제할 능력을 더 가지고 있었습니다." _3:82; 31.23.149

꾸란은 금식하는 동안 아내들에게 손을 대는 것을 금하지만, 선지자는 그의 아내들에게 입을 맞추고 포옹했다. 이 구절은 그가 금식하는 동안 성행위까지는 하지 않았음을 암시한다. 나는 어떤 이슬람 학자도 이 두 진술을 조화시키려 하는 것을 들은 적이 없다.

금식과 성적 욕구 사이의 관계 역시 전승들에 언급되어 있다.

알까마Alqama가 말하기를: 선지자는 말씀하셨다. "결혼할 여력이 있는 자는 결혼해야 하는데, 이는 그가 다른 여자들을 쳐다보는 일을 억제하는 데 도움이 될 것이며, 그의 은밀한 부위로 불법적인 성관계를 범하는 데서 구해 줄 것이기 때문이다. 그리고 결혼할 여력이 없는 자에게는 금식하도록 권하는데, 금식이 그의 성적 능력을 감소시켜 줄 것이다." _3:72; 31.10.129

육체적 약함은 금식하는 과정에 확실히 수반되는 부분이다. 금식 월에

들어선 초기에 에너지 수준은 현저히 떨어지기 시작한다. 두뇌 기능도 천천히 움직인다. 성적 욕구 또한 감소한다. 그러므로 무함마드는 결혼할 여력이 없어서 성적 충동을 통제할 필요가 있는 사람이 고려할 만한 대안으로 금식을 추천한다. 그렇다면 한 사람이 그러한 금식을 얼마나 오랫동안 할 수 있는가 하는 실제적인 질문이 생겨난다.

금식 중임을 깜빡 잊어버리고서 음식을 먹거나 마시는 것은 처벌의 대상이 아니다. 성행위를 하는 것에 관해서도 마찬가지다.

알-하산과 무자히드는 말하기를: "만일 어떤 이가 금식 중임을 잊어버리고 성행위를 했다면, 그에게 어떤 처벌도 주어지지 않을 것이다."_3:85; 31.26.153

이러한 지시가 거의 항상 남성 중심적이며 남성에게 규제되어 있다는 사실을 주목할 수 있을 것이다. 여성들은 성관계에 있어서 주도적 역할을 할 것이라 기대되지 않으며, 따라서 관련 규정들에 있어서도 주변에 위치하게 된다.
나는 선지자가 여성의 품위를 손상하는 것처럼 보이는 발언을 하는 부분을 읽을 때 무슬림 여성들이 어떻게 느낄지에 대해 자주 생각해 왔다.

아부 사이드가 말하기를: 선지자는 말씀했다. "여성은 월경 중에 기도하지 않고 금식하지 않는 것이 사실이지 않은가? 그것이 바로 그녀의 경건에 있어서의 결함(손실)이다."_3:98; 31.41.172

금식 기간에도 일반적으로 여성이 월경을 하는 때가 있을 것이다. 그때에 그 여성의 몸은 신체적으로 불결하다고 간주되며 따라서 기도와 금식의 강렬한 종교 의식을 통해 알라께 나아가는 것이 영적으로도 부적당하다고 여겨진다. 무함마드는 이를 여성의 종교적 결함이라 선언한다. 상처를 주는 이런 진술에 내 마음은 움츠러드는데, 나는 구약 성경의 율법 역시 월경을 하는 여성을 불결하다고 간주한 사실을 언급하며 공평해야만 한다. 신약 성경에 있는 은혜의 섭리 아래에서는 그러한 여성의 불결에 대한 암시가 없다.

종종 인용되는 다음 전승은 금식하는 사람의 입 냄새와 연관되어 있다.

> 아부 후라이라가 말하기를: 선지자는 말씀하셨다. "내 영혼을 그 손에 담보하시는 분께 맹세코, 금식하는 사람의 입에서 나오는 냄새는 알라 보시기에 사향 냄새보다 낫다." _3:66; 31.2.118

어쩌면 알라는 그 냄새를 즐길지도 모르지만, 사람들은 대부분 그러한 구취를 불쾌하게 여긴다. 수도사의 마음을 가진 자들에게는 항상 하루에 양치질을 네다섯 번 한다는 선택 사항이 있다. 대부분의 무슬림은 그 선택 사항이 문제라 여기며 꽤 불필요하다 생각한다. 내 친구들은 금식하는 무슬림의 구취에 대해 진가를 인정한다.

하지만 무함마드는 라마단 기간에 이를 닦는 것에 관하여 그의 추종자들에게 한 본을 제시했다.

> 아나스가 말하기를: "선지자께서는 금식하시는 동안에 시왁siwak, 나뭇가지으로 이를 닦으셨고, 이븐 우마르는 (금식하는 동안) 하루의 이른 시간과 늦은 시간

에 시왁으로 이를 닦으시곤 했는데 그 결과로 생기는 침은 삼키지 않으셨다." 사이드 아타Said Ata는 말했다. "침을 삼키는 것은 금식을 깨뜨리지 않는다."_3:84; 31.25.151

무슬림 세계 전역에서 금식 기간은 다량의 침을 뱉는 시간이다. 사무실 담벼락들은 천천히 흘러내리는 침으로 가득하다. 복도는 끈적거린다. 대기는 목을 청결하게 하는 소리와 입 밖으로 침을 뱉어 내는 불쾌한 소리들로 가득하다. 라마단 기간에 무슬림 국가를 여행하는 이들은 무심코 있다가 축축한 발사체의 궤적 속으로 빠져들지 않기 위해 매우 조심성 있는 몸가짐이 필요하다. 대부분 무슬림은 금식하는 동안 침을 삼켜도 된다고 이해하고 있다. 하지만 많은 이들은 그들의 율법이 요구하는 것 이상을 실천함으로써 그들의 경건을 공개적으로 드러내는 것을 즐기는 것처럼 보인다.

심지어 파리들도 하디스의 정밀한 조사에서 피하지 못한다.

알-하산은 말하기를: "만일 파리 한 마리가 (금식하는 동안) 목구멍 안으로 들어가더라도, 아무런 해가 없다."_3:85; 31.26.153

하디스의 마지막 인용문은 라마단 금식에 대한 영적인 이상에 협력한다.

아부 후라이라는 말하기를: 알라의 사도께서 말씀했다. "금식은 불과 죄를 범하는 것에 대한 방패 또는 보호다. 만일 너희 중에 누군가가 금식하고 있다면, 아내와의 성관계와 다툼을 피해야 하고, 만일 어떤 사람과 싸우거나 다투어야 한

다면, 그는 '나는 금식중이오'라고 말해야 한다." _3:71; 31.9.128

한 달 동안 낮 시간에 금식하는 것이 유익이 있을까? 순결의 이상은 획득할 수 있을까? 금식은 하나님을 향한 진정한 갈망의 발전에 도움이 될까? 무슬림은 한 달 동안 금욕을 하면서 노골적으로 더 나은 사람들이 되는가? 이러한 질문에 포괄적인 답변을 하는 것은 아마도 불가능할 것이다. 평가해야 하는 서로 다른 문화와 개인들과 같은 너무도 많은 변수가 있다. 무슬림은 격렬하게 금식을 옹호할 것이다. 하지만 그들의 옹호는 일반적인 이슬람 사회와 특별히 신자 개인들에게 생겨난 유익을 경험적으로 분석한 결과에 근거하기보다는 알라의 명령에 대한 복종의 관점에서 비롯한 것이다. 실제로 이 이슬람의 기둥은 비평이나 평가에 노출되어 있지 않다. 이슬람이 지속되는 한, 라마단 금식은 시행될 것이다.

무슬림들 가운데서 살아가는 그리스도인은 금식의 의식을 지키고 따라야 할까? 이것은 가장 논쟁적인 주제다. 무슬림 방식의 금식을 따라 해 본 결과, 내가 그리스도인으로서 그들이 하는 것처럼 개인적인 금욕을 실행하는 것에 대해 내 무슬림 친구들은 그 진가를 깊이 평가해 주었다는 사실을 나는 분명히 언급할 수 있다. 내가 아는 다른 선교사들은 금식 월을 지킨 결과로 새 친구들을 얻었다고 증언해 왔다.

금식 월을 지키는 것이 그리스도인에게 율법적인 요구가 되어서는 안 된다. 하지만 그것이 금지되어서도 안 된다는 것이 내 의견이다. 무슬림의 금식 형태를 따르는 그리스도인에 대해 매우 강경하게 반대하는 사람들이 내놓는 주장이 내게는 오히려 부적절해 보인다.

그리스도를 따르는 이는 라마단 금식을 지키는 동기가 정체성의 영역과 이슬람에 대한 더욱 깊은 이해를 촉진하려는 목적에 있음을 설명할 필요가 있을 것이다. 이슬람 라마단의 율법주의와 성경적 금식의 선택적 다양성 간의 차이들은 명확히 제시되어야 한다. 무엇보다도 그리스도인은 그 달을 새롭고도 신선한 방식으로 하나님을 찾는 집중적인 시간으로 만들어야 할 것이다. 이 조합이 우리를 바라보는 무슬림들에게 강력한 간증이 될 가능성은 꽤나 크다.

07
성지
순례

힌두교도에게는 바라나시또는 베나레스, 그리스도인과 유대교도에게는 예루살렘, 바하이교도에게는 하이파, 시아파에게는 카르발라, 수니파에게는 메카가 있다. 나는 하버드 대학에서 '성지 순례'Pilgrimages 과목을 공부했다. 학습 자료에는 여러 종교의 성지 관련 자료에 더하여 존 버니언의 《천로 역정》 Pilgrim's Progress 삽화가 포함되어 있었다. 종교성이 강한 사람들은 영적 추구에서 중요한 부분을 차지하는 성지, 성소, 성스러운 강 등을 방문하고자 하는 깊은 열망이 있다.

줄리와 나는 1972년에 이스라엘을 방문했다. 우리는 예루살렘 성전 산과 겟세마네, 디베랴, 갈릴리, 하이파를 방문하면서 정서적으로 강렬한 동요를 경험했다. 작은 보트를 타고 갈릴리 호수를 가로지를 때 우리는 세계적으로 아름다운 한 호수와 그 주변에서 행하신 우리 구주의 사역을 생생하게 재현시킬 수 있었다. 한 예스럽고 멋진 호숫가 식당에서 먹은 '베드로 고기'Saint Peter's fish는 책 속에서는 결코 발견할 수 없었던 성경 지리상의 실재감을 느끼게 해 주었다. 그 여행은 우리 삶에서 최고의 순간이었다. 이제, 여러 해가 지나 우리는 또 한 번의 방문을 기대하고 있다. 우리는 종교적 순례에 만족감을 느낀 참여자였던 것이다.

핫지의 기원

핫지Hajj, 성지 순례는 무슬림의 삶에서 정서적, 영적으로 최고의 순간임에 틀림없다. 게다가 꾸란과 하디스에 나오는 명령에 대한 응답이자 성취시켜야만 하는 하나의 의무다. 무함마드 시대에, 새로운 이슬람 개종자들은 이전의 이교적인 관습을 따르는 것이 타당한지에 관해 물었다. 그러한 관행을 인증하기 위해 알라의 직접적인 계시가 요청되었다.

아심 빈 술라이만Asim bin Sulaiman이 말하기를: 나는 아나스 빈 말리크에게 사파와 마르와에 관하여 질문했다. 아나스는 대답했다. "우리는 그것들 (주위를 도는 것)을 이슬람 이전의 무지 시대의 관습이라 여겨서, 이슬람이 이르렀을 때, 그것들 주변을 도는 것을 단념했다." 그때 알라께서 계시하셨다.
참으로, 사파와 마르와(메카에 있는 두 산)는 하나님의 징표이나니 (하나님의) 집을 방문하는 대순례Hajj나 그것들 사이를 돌아다니는 (타와프Tawaf를 위하여) 소순례Umra를 하는 것은 죄악이 아니거늘(꾸란 2:158).
_6:21; 60.21.23

비무슬림 세계는 이슬람 신학자들에게 성지 순례에 대한 곤란한 질문들을 해 왔다. 이슬람은 어떠한 형태의 우상에든지 철저하게 반대하는 종교인데, 어떻게 지상의 장소에 그처럼 엄청난 영적 무게를 용인할 수 있는가? 신성한 흑석Black Stone을 보관하고 있는 입방체 건물(카아바)은 전 세계 모든 무슬림 예배자의 중심이 되었다. 카아바 주위를 돌며 그 돌에 입을 맞추는 것은 냉정한 관찰자의 눈에게는 우상 숭배 행위로 보인다. 수천 리를 여행하여 규정된 순례 의식에 참여하는 것은 오직 질문하지 않는 신자들의 마음과 중심으로만 이해할 수 있다. 해마다 수백만의 무슬림이 영적 황홀감에 젖어 그 돌 앞에 절하며 입을 맞추는 것을 나는 이해할 수 없다. 수많은 사람이 그 암석을 만져 닳아지자 지금은 덮개로 덮어 두어, 이제 사람들은 그 덮개에 입을 맞춘다.

그 신성한 돌의 기원은 모호한 역사 속에 상실되었다. 현대 학자들은 그 돌이 운석일 가능성을 주장한다. 순례자들은 카아바와 성스러운 흑석에 가까워질수록, 정서적으로 강렬한 영적 행복감에 압도된다.

이교도와 이슬람 순례 사이에는 큰 차이가 있었다.

아부 후라이라는 말하기를: "아부 바크르는 자신이 수장으로 있는 성지 순례에 나를 보냈는데, 그 순례자들은 나흐르의 날the Day of Nahr, 희생제의 날에 미나Mina에 통지하도록 보내는 통지자들이었다. '올해 이후로 이교도는 순례를 할 수 없으며, 그 누구도 벗은 상태로 카아바 주위를 돌아서는 안 된다.'" _6:144; 60.137.179

몇몇 하디스가 이슬람 이전 시대의 이러한 관습을 언급하고 있지만, 이 의식이 벌거벗은 사람들에 의해 수행되는 것을 상상하기는 어려운 일이다. 순례 의식에 참여하는 무슬림들은 보수적인 복장을 한다. 여기에는 부자와 빈자 사이에 어떤 구분도 없다.

사우디아라비아에서 모든 비무슬림은 이교도로 간주되며, 따라서 순수 이슬람의 중심지인 성시 메카에 방문하는 것조차 금지된다. 비행기는 메카 상공을 비행하는 것이 금지되는데, 이는 비행기 안에 타고 있는 불신자들이 그 도시의 순수성을 오염시킬 것을 두려워하기 때문이다. 흥미롭게도, 메카에서 가장 크고 당혹스런 문제는 서로 경쟁 관계에 있는 무슬림 단체들이 카아바 모스크의 신성한 경내에서 교전을 벌이기까지 한다는 것이다. 하디스는 이러한 가능성에 관해 언급하고 있다.

> 알-마끄부리Al-Maqburi가 말하기를: 나는 선지자께서 알라께 영광과 찬양을 드린 후에 이렇게 말씀하기 시작하는 것을 내 눈으로 보았다. "사람들이 아니라 알라께서 성소 메카를 만드셨고, 그래서 알라와 심판 날을 믿는 자는 누구든지 그 안에서 피를 흘려서는 안 되며 나무를 베어서도 안 된다. 만일 누군가 알라의 사도가 메카에서 싸웠다는 것을 근거로 그 안에서 싸우는 것이 허용된다고 말(주장)한다면, 그에게 말하라. '알라는 그의 사도에게는 허용하셨지만 너희에게는 허용하지 않으셨다.'" _3:36; 29.8.58

무함마드에게는 메카에서의 전투가 허용되었는데, 메카가 이교도에게서 해방될 필요가 있었기 때문이었다. 그는 메카를 거룩과 평화의 장소이자 신자들의 피난처로 만들어야 했다. 슬프게도 무슬림의 정치적 적대감은 종종 지상에서 가장 강렬한 종교 도시 중 하나인 메카로 흘러들었다.

이븐 압바스가 말하기를: 선지자가 말씀하셨다. "알라께서 천지 창조 이래로 이 곳(메카)을 성소로 만드셨고, 알라께서 그곳의 신성함을 정하셨으니 그곳은 부활의 날까지 성소로 남아 있을 것이다."_3:38; 29.10.60

알라가 부활의 날까지 메카의 신성함을 보장한다는 것이 사실이라면, 다음 질문을 피할 수 없다. 도대체 그 사이에 무슨 일이 일어났는가? 무슬림에게 알라의 명령은 절대적이며 철회될 수 없다. 그렇다면, 이란의 무슬림이 거룩한 카아바 경내에서 총격전을 개시함으로 메카를 모독하는 일이 어떻게 가능한가? 아랍 무슬림은 그들이 이단자이기 때문이라고 대답할 것이다. 이것은 대부분 종교인이 공동체 내부자의 반응에 당황했을 때 취하는 방어적인 자세다. 단순히 범죄자의 종교적 증명서를 부정하는 것이다. 이렇게 함으로써 비난은 위선자에게 떨어지고 알라와 그의 계시의 순전성은 보존된다. 하지만 행악자가 알라의 명령을 부정할 수 있는지 여부는 여전히 타당한 질문으로 남는다.

아브라함과 무함마드의 행동은 다음 전통에서 드러난다.

압둘라 빈 자이드Abdullah bin Zaid가 말하기를: 선지자는 말씀했다. "선지자 아브라함이 메카를 성소로 만들었고, 그 안에서 알라의 축복을 구했다. 나는 아브라함이 메카를 성소로 만들었던 것처럼 메디나를 성소로 만들었고, 거기에서 알

라의 축복을 구했다."_3:192-193; 34.54.339

메카와 메디나와 예루살렘은 이슬람의 가장 거룩한 세 도시로 간주된다. 완전한 형태의 성지 순례는 이 세 도시를 각각 방문하는 것을 포함할 것이다. 메디나에는 무함마드의 묘지가 있기 때문에 특별히 거룩히 여김을 받아 왔다.

무함마드는 카아바의 우상들을 정결케 했지만, 카아바를 파괴하지는 않았다. 그는 카아바에 대해 높이 평가하는 이슬람 개종자들의 종교적 감정에 민감했던 것으로 보인다.

아이샤가 말하기를: 알라의 사도는 내게 말씀하셨다. "만일 당신의 부족민이 이슬람 이전의 무지의 시대에 충실해 있지 않았다면, 나는 카아바를 파괴하고 아브라함이 놓은 원래의 기초 위에 그것을 재건하고(꾸라이쉬 부족이 그 건물을 축소했으므로), 뒷문도 세웠을 것이오."_2:383; 26.41.655

이 성스러운 예배처에서 아브라함의 역할에 대한 믿음은 이슬람 내에서도 여러 세기에 걸쳐 지속되어 왔다. 다음 하디스에 상세한 내용이 드러나 있다.

이븐 압바스가 말하기를: 알라의 사도께서 메카에 이르렀을 때, 그는 카아바 안에 우상들이 있었기 때문에 그 안에 들어가기를 거절하셨다. 그래서 그는 그것들을 끄집어내라 명령하셨다. (선지자) 아브라함과 이스마엘이 손에 점치는 화살들을 들고 있는 그림들이 운반되어 나왔다. 선지자께서 말씀하셨다. "알라께서 그들(이단자들)을 파멸하시기를 기원한다. 그들은 이들(아브라함과 이스마엘)이 이것들(점치는 화살들)로 결코 제비를 뽑지 않았다는 사실을 매우 잘 알고 있기 때문이다."_5:406; 59.47.584

여기에서 흥미로운 점은 아브라함과 이스마엘이 이슬람 이전의 카아바에서 했던 역할이다. 그들의 그림은 어디에서 왔을까? 어떻게 이단자들은 아브라함과 이스마엘을 점술의 개념과 연관지었을까? 무함마드는 선지자들이 마술 현상과 연관되는 것을 즉각 맹렬히 비난했다.

카아바와 관련된 한 예언이 무슬림의 특별한 관심을 받아 왔다.

아이샤는 선지자가 다음과 같이 말씀했다고 전했다: "(에티오피아) 군대가 카아바를 공격할 것인데 그 군대는 땅 속으로 가라앉게 될 것이다."_2:390; 26.48.664

에티오피아가 그러한 공격을 했는지도 알 수 없지만, 군대가 땅 속으로 꺼졌다는 역사적 자료에 대해서는 더더욱 알려진 바가 없다. 이슬람 신학자들은 이 사건을 본질상 종말론적인 것으로 주장하여 애써 설명한다. 물론 이 하디스가 미래 시제로 기록되어 있는 것은 사실이다.

성지 순례 의식

알-부카리의 하디스가 순례 의식에 관한 모든 세부 사항을 일일이 다루지는 않는다. 그 주제에 대해서는 더 정교하게 언급하는 다른 전승들과 주석들이 있다. 하지만 신자의 유익을 위해, 일부 특정한 지시 사항은 제공되고 있다.

흑석에 입을 맞추는 것은 순례 의식의 핵심이다. 그 돌에 관한 신학이 이 부카리의 하디스에 간략히 요약되어 있다.

아비스 빈 라비아Abis bin Rabi'a가 말하기를: 우마르는 흑석 가까이로 와서 그것에 입을 맞추고는 말했다. "의심할 나위 없이, 나는 네가 돌이며 아무에게도 유익을 주거나 해를 끼칠 수 없음을 알고 있다. 내가 알라의 사도께서 네게 입을 맞추는 모습을 본 적이 없었다면 나는 네게 입을 맞추지 않았을 것이다."
_2:390-391; 26.49.667

그 돌은 마술적 힘을 주는 대상으로 간주되지 않는다. 사실상 그 돌의 지위는 중립적이다. 그것은 예배자에게 해를 끼치거나 유익을 주지 않는다. 우마르는 당혹스러움을 느낀 것으로 보인다. 바위로 만든 우상에 그토록 적대적인 알라의 일신론적 관점이 어떻게 그 돌에 입을 맞추는 것과 조화될 수 있는가? 그의 반응은 마지막 부분에 설명된 것으로 보인다. 우마르는 선지자의 판단을 전적으로 신뢰했다. 그러므로 그 돌에 입을 맞추는 것은 단순히 이슬람 설립자의 본을 따르는 것이다. 그것이 믿음의 행동이며, 심지어 다른 계시와 모순되어 보일 때조차도 그러하다.

만일 무함마드가 오늘날까지 살아 있다면, 수백만의 무슬림이 공공연하고도 떠들썩하게 그 암석에 예배하는 것에 관해 그가 과연 무어라 말할지 궁금하다. 물론 우마르가 그랬듯이, 다수가 그 돌에 입을 맞추면서도 그것을 숭배한다는 생각은 하지 않는다. 그러나 내가 알기로 민속 이슬람folk Islam에서는, 흑석이 정령 숭배적 실천을 장려한다. 만일 어떤 강력하고 존경받는 개혁가가 카아바에서 그 돌을 제거해야 한다고 주장한다면 무슨 일이 생길까 궁금하다. 아마도 그런 일은 결코 일어나지 않을 것이다. 선지자의 본은 카아바에서 그 돌을 옮기는 것에 대한 선례를 제공한다.

> 이븐 우마르는 말하기를: 어떤 사람이 선지자께 물었다. "무흐림Muhrim, 핫지를 수행할 작정인 무슬림은 어떤 (종류의 옷을) 입어야 합니까?" 그분이 대답하셨다. "사프란 또는 와스Wars, 향수의 일종 향내가 나는 셔츠, 터번, 바지, 머리 망토headcloak나 옷을 입어서는 안 된다. 만일 슬리퍼가 없다면 쿠프Khuff, 가죽 양말를 사용할 수 있지만, 그 양말은 짧게 잘라서 발목을 보이게 만들어야 한다."
> _1:99-100; 3.54.136

성지 순례를 위해 규정된 복장에서 요점은 평등주의다. 부자와 가난한 자는 구분되지 않는다. 모든 사람이 알라 앞에서 겸비해진다. 순례의 시공간 안에서 순례자들은 더 이상 노예나 통치자로서 드러나지 않는다. 그들은 동일한 모습으로 동일한 냄새를 풍기며 동일한 행동을 한다. 하지만 그것은 현실과는 거리가 있는 잠깐의 촌극일 뿐이다. 꾸란에 따르면 이슬람은 계급 제도가 없지만, 실제로는 전혀 그렇지 않다. 거리의 청소부가 감히 부유한 상인과 친구가 되겠는가? 만일 무슬림 판사의 딸이 학식 없는 목수와 사랑에 빠졌다면, 그들이 결혼 허락을 받을 수 있으리라 확신할 사람은 아무도 없다.

심지어 피부색도 구분을 낳는다. 신붓감을 찾는 부유한 젊은 인도 사업가라면 매우 하얀 피부를 가진 아가씨를 요구할 것이다. 피부색이 어두운 소녀들은 남편감을 선택할 때 어려움을 당한다. 그래서 성지 순례가 요청하는 이슬람 세계의 보편적 하나 됨은 초기 사례에서와 개인적 차원에서 차단되고 만다. 이러한 불일치는 정치적 영역에서 이슬람 국가들의 국제적 관계에까지 확장될 수 있다.

행동에 있어서 무슬림이 그리스도인보다 훨씬 더 악하다는 것이 아니다. 내가 제기하는 문제는 통일된 이슬람 안에서는 모든 사람이 평등하다는 그들의 터무니없는 주장이다. 이슬람은 규범으로써 핫지를 수행하는 예배자들의 단합을 부여하고자 하지만, 그것은 실제와 부합하지 않는다.

핫지의 다른 금지 조항은 결혼 관계와 관련이 있다.

> 아부 후라이라가 말하기를: 선지자는 말씀하셨다. "알라를 기쁘시게 하기 위해 핫지를 수행하고 그의 아내와 성관계를 갖지 않으며, 악행이나 죄를 범치 않는 자는 누구든지 마치 그가 새롭게 태어난 것처럼 되돌아올 것이다(핫지 후에 모든 죄로부터 자유케 될 것이다)." _2:347-348; 26.4.596

이슬람에서 성적 행위는 라마단 금식이나 핫지와 같은 종교 의식에 부정적인 효과를 낸다. 성이 나쁜 것은 아니다. 하지만 그것은 집중적인 영적 추구의 기간 동안 한쪽으로 미뤄 두어야 하는 규제된 행동이다. '중생한'born-again 무슬림에 관하여는 하디스에 참고 구절이 거의 없다. 위 구절에서 우리는 그러한 경험에 대한 공식을 보게 된다. 핫지는 순례자를 깨끗케 하는 효과를 지니며 그에게 순결한 신생아의 지위를 가져온다. 이것은 이슬람이 원죄의 교리를 갖지 않는다는 관점에서 이해되어야 한다. 그러므로 새로운 지위는 순결과 무죄의 지위다.

아이샤는 정결 의식을 위한 다른 표준을 제시한다.

> 아이샤는 말하기를: 내가 메카에 당도했을 때 월경을 했다. 그래서 나는 카아바에 대한 타와프 수행이나 사파와 마르와 사이의 타와프도 행하지 않았다. 그리고 나는 그에 관해 알라의 사도께 알려 드렸다. 그분은 대답했다. "다른 순례자들처럼 모든 핫지 의식을 수행하라. 하지만 그대가 (월경으로부터) 깨끗해질 때까지 카아바의 타와프 수행은 하지 마라." _2:416; 26.80.172

월경은 기도와 금식, 핫지의 일부가 갖는 효험을 무효화한다. 무슬림 여성은 그 기간이 끝날 때까지 이러한 의식을 임시적으로 삼가야 한다. 그 후에 자신의 종교적 의무를 지속해야 한다.

핫지는 종교 순례 중 세계에서 가장 큰 규모의 정기적 집단 순례라고 말할 수 있다. 순례자 개인에게는 핫지가 그의 종교적 경험 중 절대적 정점에 해당할 것이다. 하지만 형태적으로나 혹은 내용적으로도 정령 숭배적인 이 의식이 정통 이슬람 신학에 비추어 명백한 모순이라는 사실을, 무슬림은 진지하게 생각해 본 것일까? 거룩한 돌에 입을 맞추는 것은 영이신 알라께 대한 순수한 예배와 양립할 수 없어 보인다. 우상 숭배에 대한 이슬람의 비난은 핫지의 규정된 의식들과 대비된다. 이러한 사실을 무슬림들과 주의 깊게 나눌 수 있다.

08 자선금

무슬림 세계의 많은 사람이 극도로 가난하다. 하지만 모든 무슬림은 수입의 2.5퍼센트를 가난한 사람을 돕는 데 사용해야 한다. 자선은 의무적인 가르침일 뿐 아니라 이슬람의 다섯 기둥_이슬람의 다섯 가지 기본 실천 사항_옮긴이 중 하나이기도 하다.

하지만 그간 나의 관찰에 따르면 무슬림은 자선보다 구걸을 더 많이 하며 살아가고 있다. 일부 분석가들은 이것이 과거 오랜 기간 서구 열강의 식민 통치를 경험하면서 형성된 비굴함 때문이라고 생각한다. 어떤 이들은 오늘날 많은 무슬림 국가에서 빈곤 문제가 해결되지 않는 주요 원인으로 무슬림의 노예 근성과 생활 방식을 지적한다. 몇몇 비평가는 자선에 보상을 약속하는 '행위의 종교'가 구걸하는 이들을 양산하고 있다고 주장한다.

인간으로서 품위와 자존심을 잃어버린 채, 대부분 그러한 상태를 인식조차 못하고 살아가는 무슬림 계층 안에서 함께 생활한 몇 년간은 나에게 실로 고통스러운 경험이었다. 그들에게는 개인적으로든 국가적으로든, 반복적으로 지원을 요청하는 것이 거의 무의식적으로 수용 가능한 생활 방식이 되었다.

자선의 이유

가난한 자를 도우라는 꾸란과 하디스의 가르침에 비추어 볼 때, 나는 원유 수출로 엄청난 부를 축적한 일부 국가가 고통 받는 믿음의 형제들을 위해 거의 아무것도 하지 않는 것에 대해 항변하고 싶다. 방글라데시와 같은 나라는 중동의 이슬람 국가들에 엄청난 비용을 지불하여 원유를 수입한다. 몇몇 2/3세계 무슬림 국가는 식량과 개발 원조를 위해 서방에 굽실거려야 하는 신세다. 다음 하디스는 이 문제에 대한 선지자의 견해를 나타낸다.

> 아부 후라이라가 말하기를: 선지자께서 말씀하셨다. "아침 일찍 일어나, 밧줄을 가지고 산에 올라 나무를 베고, 그것을 시장에 내다 팔며, 그 수고한 노동의 대가로 먹고 살며 자선을 베푸는 자가 다른 이들에게 무언가를 구하는 것보다 훨씬 낫다." _2:325; 24.52.558

구걸을 편법으로 비하하는 데 반해 노동의 고귀함을 칭송하는 단순 명료한 가르침이다. 일하는 사람은 행운이 덜한 사람들에게 자선을 베풀어야 한다고 배운다. 하지만 일자리를 찾는 사람은 많은데 고용의 기회가 터무니없이 부족한 사회는 어려움이 빤하다. 대학을 졸업하고도 마땅한 일자리를 구할 수 없어 소위 천한 직종의 일을 할 수밖에 없는 이들이 많다. 그러한 일을 기꺼이 하려는 이들의 태도는 칭찬받을 만하다.

다음 전승은 성경적 모델과 견줄 만하다.

아부 후라이라가 말하기를: 선지자께서 말씀하셨다. "오른손이 한 일을 왼손이 모르게 자선을 베푼 사람은 (부활의 날에 알라의 보좌 아래 머물게 될 것이다)."
_2:287; 24.12.501

모스크 출입문 근처에는 대개 금속으로 만든 커다란 상자가 비치되어 있다. 바로 자카트zakat라고 불리는 헌금함이다. 신자들은 모스크를 나가는 중에 우쭐대지 않고 헌물을 헌금함 위쪽에 슬그머니 흘려 넣는다. 나는 그간 모스크에서 예배 중에 헌금 바구니 돌리는 것을 한 번도 본 적이 없다. 그런 일은 상상할 수 없다.

모스크의 위원회 구성원들도 무슬림 공동체에 자선금을 요청한다. 모은 헌금은 아마 이맘종교 지도자_옮긴이의 급료나 각종 유지비, 건물 임대료 등에 사용될 것이다. 이들은 헌금을 걷기 위해 자동차나 버스를 강제로 세울 만큼 적극적이다.

자신이 누구인지 밝히지 말라는 하디스의 가르침과는 대조적으로, 나는 모스크 밖에 비치해 둔 커다란 칠판을 보았는데 거기에는 그 모스크에 출석하는 신자들 중에서 헌금을 한 사람의 이름과 헌금액이 큰 글씨로 기록되어 있었다. 사람들을 자극해서 더 많은 이가 모범을 따르게 하려는 의도가 엿보인다.

모스크에 헌금하는 것 외에, 무슬림에게는 궁핍에 처한 친척을 도울 의

무가 있다.

> 선지자가 말씀하셨다. "가족에게 자카트를 주는 사람은 이중의 보상을 받으리라. 하나는 그의 가족의 권리를 충족시킨 것에 대함이며, 다른 하나는 자카트를 낸 것에 대함이다."_2:312; 24.43.539

나는 무슬림이 규칙적으로 종교적 차원에서 해야 하는 헌금을 부모에게 한다는 사실을 처음 알고 매우 놀란 적이 있다. 심지어 이 하디스는 부모에게 헌금하는 것을 두 배나 공적 있는 일로 여긴다. 기독교 전통에서 우리는 부모에게 드리는 재정적인 부양 의무를, 기독교 사역을 위해 드리는 것과는 별도의 개인적인 일로 여긴다. 반면에 이슬람은 종교를 모든 관계에 스며들어 있는 것으로 여기는 더 통합적인 세계관을 갖는다. 기독교와 유대교의 "네 부모를 공경하라"라는 계명은 무슬림 역시 지켜야 하는 계명이다. 몇몇 이슬람 국가에서는 모든 공식 문서에 한 사람의 이름을 표기할 때 '~의 아들'로 표기한다. 그의 정체성은 '가족 관계'와 함께한다. 따라서 그는 헌금으로 떼어 놓은 재정을 가족에 대한 의무를 다하기 위해 사용하는 것을 마땅하게 여긴다. 내가 관찰한 바, 자녀들은 그간 부모로부터 받은 모든 것에 대한 진심 어린 감사와 기쁨으로 부모를 부양했다.

무함마드는 여인들에게도 자선을 베풀도록 명하는 것이 옳다고 여겼다.

> 압두르 라흐만 빈 아비스Abdur-Rahman bin Abis는 말하기를: 선지자께서 (여인들에게) 자선을 베풀라고 명하자, 여인들은 일제히 귀와 목에 손을 가져가 (장신구

를 풀어 자선금으로 내놓았다.) 선지자는 빌랄에게 명하여 여인들에 가서 (내놓은 헌금을 거두게 했다.) 그리고 빌랄은 선지자에게 돌아왔다. _9:318; 92.16.426

자선금을 내지 않는 자들에 대한 경고

이슬람은 알라의 축복과 심판의 극명한 대조를 명백히 제시한다. 순종하면 반드시 보상이 따른다. 불순종하면 벌을 받게 되어 있다. 개인의 재산을 알라와 이웃에게 나누는 것에 대해서 이 법칙은 동일하게 적용된다.

아스마 빈트 아부 바크르Asma bint Abu Bakr가 말하기를: 선지자가 말씀했다. "전대를 묶어 두지 말라. 그렇지 않으면 알라께서도 너를 향한 축복을 거두실 것이다. (알라를 위해) 힘이 닿는 데까지 재물을 사용하라." _2:295; 24.21.515

하나님의 축복을 받지 못하는 것에 대해서는 그리스도인들이 그 주제를 바라보는 시각과 유사하게 해석된다. 무슬림에게 질병, 실직, 경제적 어려움, 심리적 충격, 각종 사고 등에 대한 첫 번째 원인은 그들 삶에 대한 알라의 주권적인 역사에 있다. 이들은 알라의 이름으로 자선을 베풀지 않으면 이러저러한 불행이 찾아온다고 믿는다.

자선금 내기를 꺼리는 사람에게는 지옥 불이 기다리고 있다고 언급된다.

아디 빈 하팀Adi bin Hatim이 말하기를: 알라의 사도가 말씀하셨다. "너희 각 사람은 알라 앞에 서게 될 것이며, 그날에는 알라와 너희 사이에 휘장도 없을 것이고 통역자도 없을 것이다. 그리고 알라께서 너희에게 물으실 것이다. '내가 너를 부유하게 하지 않았느냐?' 너희가 수긍하면 알라께서 다음 질문을 던지실 것이다. '내가 너에게 사자(또는 선지자)를 보내지 않았느냐?' 그러면 너희는 또다시 수긍할 것이다. 그리고 너희는 오른편으로 눈을 돌릴 것인데, 거기에는 지옥 불만 보일 것이며, 이번에는 왼편을 돌아보면 거기에도 지옥 불만 보일 것이다. 그러므로 너희 중 누구든지(각자는) 심지어 대추야자 열매의 절반이라도 (자선으로) 나눠 줌으로 스스로를 지옥 불에서 구원해야 한다. 만일 대추야자 반 토막도 없다면 (형제들에게) 좋은 말을 (함으로써 그렇게 할 수 있다.)"_2:283; 24.8.494

여기에 등장하는 이야기처럼, 무슬림은 비교적 쉽게 지옥행을 면할 수 있다. 무함마드의 시대에 대추야자는 싸고 손쉽게 손에 넣을 수 있는 과일이었다. 대추야자 반 토막을 주는 것도 어려운 무슬림에게는 단지 동료 신자에게 친절한 말을 베푸는 것만이 요구된다.

그러나 다른 전승들은 그보다 가혹한 어조로 말하기도 한다.

아부 다르가 말하기를: 선지자께서 말씀하셨다. "누구든지 낙타나 소나 양을 기르는 사람이 자카트(헌물)를 드리지 않으면, 부활의 날에 이 짐승들이 전보다 더 거대한 짐승으로 나타나 주인을 발굽으로 짓밟으며, 뿔로 들이받으며 (주인을 괴롭게 할 것이다). 마지막 한 마리가 공격하기를 마치면 다시 처음 짐승의 공격이 시작될 것이다. 알라께서 인간을 향해 벌을 내리기를 멈출 때까지 이 형벌은 계속될 것이다."_2:311; 24.42.539

영원히 거대한 짐승들에게 짓밟힘을 당하며 고통에 처하리라는 무시무시한 경고는 너그럽게 베푸는 사람이 되는 데 강력한 동기를 부여할 것이다. 하디스의 다른 구절에서는 뱀을 알라의 심판 도구로 들어 더 생생하게 묘사하고 있다.

> 아부 후라이라가 말하기를: 알라의 사도는 말씀했다. "알라의 은혜로 부를 얻은 자가 자카트를 바치지 않는다면, 부활의 날에 그의 재산은 눈 위에 두 개의 검은 점이 있는 대머리 수컷 독사와 같이 변할 것이다. 그 뱀은 그의 목을 칭칭 감고 그의 뺨을 물어뜯으며 말할 것이다. '나는 너의 재산이요 보물이다.'" _2:276-277; 24.2.486

이슬람에서는 부를 소유하는 것이 본질적으로 잘못이라고 가르치지 않는다. 이슬람이 신자들을 위해 특정한 경제 체제를 용인하는지에 대해서는 질문할 수 있을 것이다. 흔히, 공산주의는 모든 사람에게 자원을 동등하게 분배하는 것을 추구하고, 자본주의는 개인의 의지에 따라 엄청난 수익을 남기게 되는 자유 기업 체제를 옹호하며, 사회주의는 사적 소유권뿐 아니라 국가의 소유권도 허락한다고 알려져 있다. 사회주의는 제도적으로 빈곤층에게 복지 혜택을 제공하고자 하는 동시에, 의욕적인 사람들이 큰 부를 얻을 수 있도록 허용한다.

이슬람은 신권 정체theocracy를 장려한다. 알라는 그 왕국의 통치자로서 신자들을 다스린다. 꾸란과 하디스는 모든 영역에 알라의 뜻을 계시하며, 그럼으로써 이슬람을 삶의 총체적인 규약으로 만든다. 하지만 어떻게 이것이

전 세계의 이슬람 공동체에게 경제적 해법을 제공할 수 있는가? 이 질문에 대해서는 어떠한 교리적 답변도 없지만, 많은 이슬람 국가에서 재정에 관한 실제적인 관점이 어떠한지는 아래와 같이 관찰할 수 있다.

1. 대부분의 무슬림이 궁핍하며 가난하다.
2. 자본주의에 대한 편견을 가지고 있는 사회주의는 무슬림이 다수를 점하는 많은 국가에 확산되어 있다. 이 체제는 나라 전체를 다스리는 소수의 부유한 엘리트 계층의 탄생을 도왔다. 대다수 국민이 극빈층에 속하는 반면 중산층은 거의 찾아볼 수 없다. 보건 서비스는 이론상 모든 사람에게 무료로 제공되지만, 실제로 이 사회 의료 보장 제도는 엄청난 실패작이다. 무슬림 국가들의 대부분 촌락 지역에서는 의료 기관, 의료진, 의약품이 늘 부족한 상황이다.
3. 이슬람에서는 신자 간에 이자를 물리거나 받는 것을 명백하게 금하고 있다. 이것은 구약 성경에서 유대인에게도 주어진 계명이다. 하지만 실제 이슬람 세계에서 이 계명을 지키는 국가나 개인은 찾아보기 어렵다. 이것은 무슬림 신학자들이 분명히 해결해야 할 문제다.
4. 몇몇 국가에서는 국가 차원에서 자카트를 징수하는데, 많은 사람, 특히 명목상의 무슬림들이 이 제도에 불만을 품고 있다.

가난이 널리 확산되어 있는 상황에서 자선을 베풀라는 가르침은 현실보다는 이상에 더 가까운 일임을 이해할 수 있다. 대가족을 거느린 사람은 가족들의 필요를 채우기 위해 고군분투하고 있으며, 그 이상 할 수 있는 사람은 거의 없다.

아래 하디스에 나오는 천사들의 말로 이 주제를 마무리하고자 한다.

아부 후라이라가 말하기를: 선지자가 말씀하셨다. "하늘에서 매일 두 천사가 내려왔는데, 그 중 하나가 '알라여, 알라를 위해 자선을 베푸는 이들을 축복하소서'라고 말했다. 다른 천사는 '알라여, 모든 인색한 자들을 멸하소서!'라고 말했다. _2:299; 24.26.522

09
지하드와 폭력

미국에 사는 친구 제인 웰스Jane Wells가 내게 다음과 같은 글을 보내 왔다.

5년 전에 내가 유치원에서 가르칠 때, 거기에는 세계 전역에서 온 어린이들이 있었어요. 언젠가 세어 보니, 75명의 아이들 중에서 무려 11개 언어가 사용되고 있더군요. 그 중에는 작은 필리핀 소년이 하나 있었는데 철저한 무슬림이었고 말하는 것이나 생각하는 것이 무척 폭력적이어서 오싹할 지경이었어요. 겨우 네 살이었는데 말이죠! 그는 막대 무기를 가지고 알라의 이름으로 '공격했어요' charged. 나는 그 소년에게, 알라는 그가 다른 사람을 다치게 하는 것을 원치 않으실 것이라고 말해 주려 노력했지요.

이 사례는 일반적인가 아니면 예외적인가? 이번 장은 이 문제를 살펴보고자 한다.

지하드Jihad, 성전는 언제나 이슬람에서 강력한 힘을 발휘해 왔다. 그것은 전 세계의 교육받은 사람들이 알고 있는 몇몇 아랍어 중 하나다. 텔레비전과 인쇄 매체들은 이 단어가 의미하는 바의 실재를 수백만 가정의 거실 안으로 가져다주었다. 무슬림이 아닌 사람들에게 그 단어는 아랍 테러리스트와 가장 밀접하게 연관된 공포의 단어다. 머릿속에서, 납치된 항공기와 폭파된 군대 막사 같은 이미지가 지하드라는 단어와 곧바로 연결된다.

무슬림들은 자부심과 수치심을 동시에 일으키는 이 개념에 대해 다소 양가적인 입장이다. 지하드는 알라의 뜻과 밀접한 연관을 갖기 때문에 자랑스러운 것이다. 성전聖戰은 알라가 직접 승인한 것으로 전해진다. 지하드는 진리와 참되고 궁극적인 모든 것의 원수들에 맞서 개시된다. 수치심을 느끼는 것은 해석상의 어려움 때문이다. 이란과 이라크가 서로 싸울 태세를 갖추고 둘 다 지하드를 선포했는데, 진정으로 알라의 편에 선 것은 누구인가? 팔레스타인의 지하드 신봉자들은 합당한 이유를 가지고 있을지 모르지만, 지하드가 수행될 때 하필 그 장소에 있던 여성과 아이들이 무차별 살상되는 것까지 포함되어야 하는가?

온건한 무슬림은 죄와 및 알라에 반대되는 모든 것에 대항하는 영적 전쟁을 말하는 '대 지하드'greater jihad를 강조하는 경향이 있다. 대 지하드는 모든 무슬림의 삶에서 벌어져야 하는 의義를 위한 내적 투쟁이다. 그러한 지하드에 대해서는 어떤 논란도 있을 수 없다. 하지만 성전을 말할 때 전통적으로 의미하는 '소 지하드'lesser jihad는 여전히 세계 전역에서 주목받는 실체다.

기억해야 할 것은, 종교적 열성 분자들의 당황스러운 활동에 대해서는 이슬람이 유일한 종교가 아니라는 사실이다. 11세기에서 14세기까지 이어진 기독교 십자군은 우리가 보는 역사책에서 간단한 각주로 다뤄졌을지 모르나,

무슬림에게 이 잔학한 세월은 그들의 조상이 당한 역사적 침해에 대한 고통스러운 기억이다. 다른 종교 전통들 역시 지하드와 같은 활동으로 비난받을 수 있다.

이 장에서 언급되겠지만, 하디스는 '이교도들'infidels이나 이슬람으로 개종했다가 그것을 버리고 이전 상태로 돌아간 사람들에 대해 폭력을 사용했다는 강력한 증거를 제공한다. 이러한 구절들의 잔혹성은 가히 압도적이다. 선지자의 초기 가르침과 행위들은 오늘날 무슬림들에게 그들의 공격적 행동을 정당화해 주는 것처럼 느껴진다. 그러나 현대 무슬림들이 지하드라 명명해 온 많은 사건은 대부분 무함마드에게 수용될 만한 것이 아니다. 빤한 정치적 동기에서 폭력적 행동으로 무죄한 어린아이들을 죽이는 일에 무함마드가 동의했다는 기록은 그 속에 없다.

하디스에 나오는 교훈과 선례들에서 폭력적 위협을 발견하고 접하다 보면 내 감정은 공포감에 위축된다. 하지만 공정해야 한다. 가나안의 남자, 여자, 어린아이, 짐승까지 진멸하라는 하나님의 명령이 기록된 여호수아서의 사건을 다룰 때와 같이 나의 지성과 감성은 이를 동등하게 다루어야 한다. 원수를 향하여 악담하는 저주의 시편들에서, 시편 기자는 바벨론의 어린 아기들이 바위에 메어침을 당하는 모습을 보고자 열망하는데, 몸서리가 나는 장면이다(시편 137편). 내 안의 모든 것은 예수님과 그분의 가르침―원수를 사랑하고 나를 박해하는 자에게 내 뺨을 돌려 대라 명하시는―에 신속히 달려가기를 갈망한다. 나는 하나님의 전망을 더욱 온전히 이해하는 날이 오기를 기다린다. 한편으로 내 작은 지성은 일관성과 통전성의 개념과 씨름하고 있다.

지하드의 목적

무함마드는 지하드의 중요성을 명백하게 진술했다.

압둘라가 말하기를: 나는 선지자께 물었다. "어떤 행동이 알라께 가장 사랑을 받습니까?" 그분이 대답했다. "정한 시간에 기도를 드리는 것이다." 내가 묻기를, "그 다음(선행)은 무엇입니까?" 그분이 대답하시길, "네 부모를 선대하며 공경하라." 나는 다시금 묻기를, "그 다음(선행)은 무엇입니까?" 그분이 대답하셨다. "알라를 위해 지하드(종교적 싸움)에 참여하는 것이다."_1:300; 10.5.505

여기서 우리는 알라에게 무엇이 우선 순위인지 살펴볼 수 있다. 기도, 부모 공경, 지하드다. 이 세 가지는 하디스와 꾸란, 그리고 세기를 거쳐 전해 오는 이슬람의 가르침에서 모두 강조하는 주제다.

지하드에 대한 원래의 가르침을 역사적 관점에서 살펴보는 일이 중요하다. 무함마드는 자기 자신이 살아남기 위해 이교도들과의 전투에 몰두했다. 그는 자신이 알라의 계시의 전달자라고 확신하고 있었다. 이 계시는 아랍 세계에만 적용되는 것이 아니라, 전 인류 역사의 모든 사람을 구원에 이르게 하는 보편적인 길이었다. 확실히 무함마드는 이 메시지를 널리 전파해야 한다는 책임감에 사로잡혀 있었다. 그 결과 알라의 진리의 길에 서 있는 방해물을 무력으로 제거하는 것은 그에게 합리적으로 보였다. 이런 식으로 초기 이슬람은 빠르게 퍼져 나갔다. 먼저 선포하고, 그것이 실패하면 강제적인 방법을 사용하는 식이었다.

비이슬람권에는 불행하게도, 오늘날 종말을 성취하기 위하여 폭력적 수단을 사용하는 것이 전적으로 정당하고 알라의 뜻에 부합한다고 확신하는 이슬람 추종자들이 있다. 아야톨라 호메이니는 위대한 선지자를 비방하는 뻔뻔스럽고 타락한 무슬림을 용납할 수 없었기 때문에 지하드가 선포되었고 살만 루슈디의 암살에 수백만 달러의 현상금이 걸렸다. 이후 극적이지 않은 상황들을 통해, 세계의 국가들과 개인들은 알라의 뜻을 따르기 위해 지하드를 수행하는 무슬림의 분노가 무엇인지 경험했다.

알라의 뜻Allah's cause에 대한 무함마드의 깊은 헌신은 이기적인 동기와 섞이지 않았는데, 이에 대해서는 다음의 하디스에 잘 나타난다.

아부 무사Abu Musa가 말하기를: 한 남자가 선지자께 나아와 물었다. "한 사람은 전리품을 위해 싸우고 한 사람은 명성을 얻기 위해 싸우고 다른 한 사람은 자랑하려고 싸운다면, 이 중 누가 알라의 뜻을 위해 싸운다고 할 수 있습니까?" 선지자가 대답했다. "알라의 말씀(즉 이슬람)이 우위를 점하게 되도록 싸우는 사람이 알라의 뜻을 위해 싸우는 자다." _4:50; 52.15.65

또 다른 전승은 무함마드가 알라로부터 이교도들을 무슬림으로 개종시키라는 명령을 받았다고 명백히 진술한다.

아부 후라이라가 말하기를: 알라의 사도가 말씀했다. "나는 이교도들이 '알라 외에는 경배받을 이가 아무도 없소'라고 고백할 때까지 그들과 싸우라는 명령을 (알라께) 받았는데, 이렇게 고백하는 사람은 누구든지 자신의 목숨과 재산을 지

킬 수 있을 것이다."_2:274; 24.1.483

한 선교사의 아내가 무슬림 테러리스트에게 납치당했다가 본국에서 몸값을 지불해서 풀려났다. 9일간 납치되어 있던 중 어느 날 테러리스트들은 그녀의 성경을 숲에 던지며 그녀에게 "이슬람으로 개종한다면 너를 풀어 주겠다"고 말했다. 이렇게 말하는 것으로 보아 이들은 부카리의 하디스를 읽은 듯하다! 생명과 재산을 구하기 위한 방법은 무슬림이 되는 것이다. 나는 이 가르침이 불쾌감을 준다는 사실을 꼭 짚고 넘어가고 싶다. 그리스도인들은 무슬림에게 개종하라고 꼬드긴다는 이유로 비난을 받는다. 하지만 나는 금세기에 무슬림이 기독교로 개종할 것을 강요받고 그렇지 않으면 자신의 생명과 재산을 잃을 것이라고 위협당했다는 이야기를 들어 보지 못했다.

다른 하디스는 유대인에게 땅을 요구하는 무함마드의 이야기를 담고 있다.

아부 후라이라가 말하기를: 우리가 사원에 있을 때 알라의 사도께서 오셔서 말씀하셨다. "유대인에게 진군해 가자." 그래서 우리는 선지자와 함께 나가서 바이트-알-미드라스Bait-al-Midras에 당도했다. 선지자는 그곳에 서서 그들에게 외쳐 말했다. "유대인의 무리여! 알라에게 복종하라. 그리하면 너희가 안전할 것이다." 그들이 말했다. "그대는 알라의 메시지를 전달해 왔소, 아바-알-꾸심Aba-al-Qusim." 그러자 알라의 사도가 말했다. "그것이 바로 내가 원하는 바요. 이슬람을 받아들이시오. 그리하면 안전할 것이오." 그러자 그들이 다시 말했다. "그대는 알라의 메시지를 전달해 왔소, 아바-알-꾸심." 그러자 알라의 사도가 말했다. "그것이 바로 내가 원하는 바요." 선지자는 그의 말을 세 번째 반복한 후 이렇게 덧붙였다. "땅은 알라를 위한 것임을 아시오. 나는 그대들이 이 땅에서 떠나기를 바라오. 그대들 중 누구든지 재산이 있다면 그것을 팔아야 할 것이오. 그렇지 않으면 이 땅이 알라와 그의 사도를 위한 땅임을 알게 될 것이오." _9:327; 92.18.447

여러 전승들이 땅의 소유권에 대해 다룬다. 무슬림은 만약 모든 재산이 진정으로 알라에게 속한다면, 지상의 토지들을 이슬람의 깃발과 통치 아래 합병할 방법을 모색해야 옳다고 주장한다. 이러한 생각이 아마 중동과 북아프리카를 가로지르는 초기 지하드 운동 이면에 깔린 추진력이었을 것이다. 무슬림이 19세기에서 20세기에 걸쳐 식민 통치를 받은 것에 대해 분개하는 것은 당연한 일이겠지만, 한편으로는 그들이 자행한 무수한 제국주의적 침략이 도덕적으로 더 정당했는가 하는 의문이 생긴다.

알라는 그가 선택한 선지자를 보호하신다고 알려져 있다.

이븐 압바스가 말하기를: 알라의 뜻에 따라 선지자가 죽이는 사람을 향한 알라의 진노가 더욱 커졌다. 알라의 선지자의 얼굴에 피를 흐르게 하는 이들에 대해 알라께서는 크게 진노하셨다. _5:277; 59.23.401

무함마드의 추종자들은 기꺼이 이교도를 대상으로 전투를 벌이고자 했다.

히샴Hisham이 말하기를: 나의 아버지는 아이샤가 다음과 같이 말했다는 사실을 알려 주었다. "사아드Sa'd가 말하기를, '오 알라여! 당신의 뜻 안에서, 당신의 사도를 불신하고 (메카에서) 쫓아낸 이교도들과 싸우는 것보다 제가 더 사랑하는 일이 없음을 아십니다.'" _5:309; 59.29.448

격양된 감정이 이입된 이 글을 읽으며, 나는 종교적 열심이 갖는 파괴적인 잠재성에 몸이 움츠러들었다. 싸우고 죽이는 일을 사랑스러운 활동이라고 묘사하다니. 어떻게 하나님의 뜻이 이토록 괴이하게 왜곡될 수 있단 말인가? 십자군 전쟁이 벌어지던 1212년, 대부분 12세 이하였던 수백 명의 어린 소년소녀들이 하나님의 뜻에 순종한다는 절대적 확신을 가지고 프랑스 연안을 출발했다. 이들은 교회의 축복을 받으며 '믿음이 없는 무슬림'을 거룩한 땅Holy Land에서 축출하리라는 일념으로 나아갔다. 이 중 단 한 명도 예루살렘에 닿지 못했다. 대부분은 굶주림과 파선으로 목숨을 잃었다. 남은 아이들은 무슬림의 땅에 도달하자 노예로 팔렸다. 이 귀중한 아이들과 그들의 부모는 의심의 여지 없이 신실했다. 그러나 방향을 잃은 열심은 이들을 파멸로 인도했다. 1980년대에 이란과 이라크 간의 전쟁에서, 알라의 이름으로 이란과 이라크 사이에 놓여 있던 지뢰밭에 걸어 들어간 이란의 무슬림 청소년들도 이와 동일한 경험을 했다. 이런 종류의 광신주의는 냉소적인 불가지론자에게 모든 형태의 조직화된 종교를 공격할 커다란 빌미를 제공한다. 나는 최소한 이들의 태도는 이해할 수 있다.

하디스에는 15세 이하의 젊은 남자는 전투에 참여할 수 없다고 제한하는 나이 제한 조항이 있었다.

이븐 우마르는 선지자께서 우후드Uhud의 날에 이븐 우마르를 살펴보고는 당시 14세였던 그가 전투에 참가하는 것을 금지했다. 이븐 우마르는 알-칸다끄Al-Khandaq, 참호 전투의 날에 다시 선지자의 검사를 받았는데, 그때 그는 15세였기에 선지자는 그가 전투에 나가도 좋다고 허락했다. _5:294; 59.28.423

지하드의 표현으로서 폭력

아나스가 말하기를: 알라의 사도가 어떤 사람들을 공격할 때, 그는 결코 동틀 때까지는 공격하지는 않았다. 만약 그가 아단(기도의 때를 알리는 소리)을 들으면 싸움을 연기했고, 만약 아단이 들리지 않으면 동이 튼 후 즉시 그들을 공격하곤 했다. _4:123; 52.102.193

영적 활동과 지하드 사이의 완전한 통합이 있다. 알라의 개념은 실용적인 폭력으로 우아하게 둘러싸여 있다. 어떤 값을 치르고서라도 이슬람 왕국은 확장되어야 하는데, 가장 먼저는 아라비아 땅에, 그리고 중동에, 북아프리카에, 전 세계에 이슬람이 퍼져 나가야 한다. 목적은 수단을 정당화할 수 있는 것으로 보인다.

무슬림 학자들은 이슬람 확산 초기에 사용되거나 위협의 수단이었던 강제력에 대해 철저히 간과하려고 한다. 그들은 당시 광범한 비잔틴 제국이 쇠약했음을 강조한다. 편향된 시각을 가진 이 역사가들은 당시의 수많은 사람이 종교적 대체물을 간절히 기다리고 있었다고 선언한다. 따라서 이슬람 전사들이 등장했을 때 당시 사람들은 종교적, 정치적으로 기꺼이 개종했다는 것이다. 다음 하디스는 다른 증거를 제시한다.

주바이르 빈 하이야Jubair bin Haiya가 말하기를: 우마르는 거대한 나라들에 무슬림 전사들을 보내 이교도와 싸우게 했다. …… [포로로 잡힌 이들은 전사들에게 그들이 누구인지 물었다.] 알-무기라Al-Mughira가 답했다. "우리는 아랍에서 온 사람들이다. 우리는 고단하고 비참하며 절망적인 삶을 살았다. 우리는 배고픔에 짐승 가죽과 대추야자 씨앗을 빨았다. 우리는 낙타와 염소 털로 만든 옷을 입고 나무나 바위를 경배했다. 우리가 이러한 처지에 놓여 있을 때, 하늘과 땅의 주인이시요 높으시고 위대하신 분께서, 부모가 누구인지 다 아는 우리 중의 한 사람을 그분의 사도로 택하여 우리에게 보내셨다. 우리의 선지자, 곧 주님의 사자는, 너희들이 오직 알라만을 경배하고 지즈야Jizya, 공세를 낼 때까지 너희와 싸우라 명하였다."_4:254-255; 53.21.386

정복당한 이들에게는 선택권이 주어졌다. 개종하거나, 세금을 내고 2급 시민으로서 자신의 종교에 대한 신앙을 유지하는 것 중에 선택해야 했다. 강력한 외부 세력에 정복당한 나라의 가난한 국민에게는 별다른 선택권이 없었다. 대부분의 경우 기존 종교에 대한 이들의 헌신은 피상적인 수준이었기 때문에, 무슬림이 되는 선택은 저항하기 어려운 것이었다. 이집트의 콥트 기독교는 개종을 완강히 반대하는 공동체였다. 이들은 예외적인 경우였다.

이것을 지난 두 세기에 걸쳐 행한 서구 정복자들의 동기 및 방법론과 비교해 보자. 서구 정복자들의 동기는 종교적 이유가 아니라 탐욕 때문이었다. 그들의 방법론은 당근과 채찍이었다. '분할하여 정복divide and conquer하는 것이 정치적 지배에서 그들이 선택한 도구였다. 폭력은 다만 마지막으로 사용되곤 했다. 식민지 피지배자들의 종교적 감정은 존중되어야 했다. 기독교 선교사들이 군대의 뒤를 따라간 것은 사실이지만, 이들의 방법론은 선포와 사회적 향상이었다. 지하드적 활동은 사용되지 않았다.

그렇다면 무슬림은 기독교 선교사들의 활동에 대해 왜 그토록 신경질적인지 질문할 수 있을 것이다. 포교 활동의 방법론에서 폭력 사용에 관하여는 기독교와 이슬람을 비교할 수 없다. 이 질문에 대한 답은 이슬람이 궁극적 진리를 간직하고 있다는 무슬림의 절대적인 확신과, 따라서 이슬람의 종교적 지배에 방해되는 모든 것에 적극적으로 대항해야 한다는 믿음에 있다. 바로 닷새 전에, 내가 지금 살고 있는 나라의 한 무슬림이 이탈리아 출신의 로마 가톨릭 사제를 총으로 쏜 사건이 벌어졌다. 살인 행각을 벌이기 며칠 전에 그는 사제에게 우편으로 무슬림을 기독교도로 개종시키려는 행위를 즉각 중단하라는 내용의 서신과 함께 수류탄을 보냈다. 그 사제는 이슬람의 영토를 침범한 것에 대해 가장 비싼 대가를 치른 셈이다.

무함마드는 그의 종교적 신념에 동의하지 않는 이들에 대해 "저주를 기원"한 적이 있다.

마스루끄Masruq가 말하기를: 꾸라이쉬 부족이 한동안 이슬람을 받아들이지 않자, 선지자는 그들에게 저주를 기원했다. "알라여! 요셉의 때와 같이 7년의 (기근)을 내려 제가 이들을 대적할 수 있도록 도우소서!" 그래서 꾸라이쉬 부족은 심각한 기근으로 고통받았는데, 기근으로 굶어 죽거나 동물의 사체나 뼈를 먹어야 했다. 그들은 (심각한 기아로 인해) 하늘과 땅 사이에 연기와 같은 것이 피어

오르는 것을 보기 시작했다. _6:282-283; 60.229.297

이 모든 일은 꾸라이쉬 부족이 신에 대한 대립되는 관점을 받아들이기를 거부했기 때문에 생겨났다. 아마 선지자는 좀더 점잖은 방법으로, 즉 알라를 의심하는 자들에게 꿈이나 환상을 통해 진리를 드러내 달라고 알라께 구하는 방식으로 기도의 능력을 사용할 수도 있었을 것이다. 그는 왜 훼방자들에게 의도적으로 고통을 주었을까?

까이스Qais가 말하기를: 자리르Jarir가 예멘에 도착했을 때, 점치는 화살을 던져 예언을 하거나 길조를 말하는 한 무당이 있었다. 누군가 그에게 말했다. "만약 알라의 사자가 여기 계셔서 이 모습을 봤다면 당신의 목이 날아갔을 것이오." 어느 날 그 무당이 (점치는 화살을) 사용하고 있을 때, 자리르가 멈추어 서서 말했다. "그것들(화살들)을 부러뜨리고 알라 외에 경배받을 이는 아무도 없다고 고백하여라. 그러지 않으면 내가 네 목을 쳐 버리겠다." 그러자 무당은 화살들을 부러뜨리고 알라 외에 경배받을 이는 아무도 없다고 고백했다. _5:452; 59.61.643

선지자의 발자취를 따라, 자리르는 복술하는 자와 대면하였고 그가 이슬람의 신앙을 고백하지 않으면 참수시키겠다고 위협했다. 무당이 화살을 사용하는 일은 예언하고 좋은 징조를 말하는 정도였다. 무당의 행위가 옳다고는 생각하지 않지만, 그의 활동은 여전히 점잖은 행동이었다. 그런데 왜 그는 폭력적인 죽음의 위협을 당했을까?

또 다른 사건에서, 무함마드는 그의 사형 집행인을 보낸다.

알-바라가 말하기를: 알라의 사도가 압둘라 빈 아틱Abdullah bin Atik과 압둘라 빈 우트바Abdullah bin Utba와 장정 무리를 아부 라피Abu Rafi를 (죽이라고) 보냈다. …… [압둘라가 말했다.] "그 집은 불이 꺼져 완전한 어둠 속에 있어서, 아부 라피가 어디 있는지 찾을 수 없었다. 그래서 그를 불렀다. '아부 라피!' 그가 답했다. '누구시오?' 나는 목소리가 들려오는 쪽으로 다가가 그를 쳤다. 그는 비명을 질렀지만, 나의 공격은 통하지 않았다. 그래서 나는 그에게 다가가 그를 돕는 척하며 다른 톤의 목소리로 물었다. '무슨 일이십니까? 오 아부 라피?' 그가 말했다. '너는 놀라지도 않았느냐? 네 어미에게 화가 있을 것이다! 한 남자가 내게 다가와 칼을 휘둘렀다!' 그래서 나는 다시 그를 겨냥하여 공격했다. 하지만 이번에도 나의 공격은 실패로 끝났다. 그는 비명을 질러 댔고, 그의 아내도 잠이 깼다. 나는 다시 그에게 다가가 목소리를 바꾸어 그를 돕는 척했다. 마침내 아부 라피가 등을 대고 똑바로 누워 있는 것을 보고, 다시 한 번 그의 배를 깊숙이 찔러 그의 뼈가 으스러지는 소리가 들릴 때까지 그 위에 구푸려 있었다. 나는 놀란 채로 방에서 나와 계단을 내려오다가 실족해서 다리를 삐었다. 나는 다리를 단단히 묶고 절뚝거리며 일행에게 갔다. 나는 그들에게 '가서 알라의 사도에게 이 기쁜 소식을 전해라. 그(아부 라피)의 죽음의 소식을 들을 때까지 (여기를) 떠나지 않을 것이다'라고 말했다. 동이 터 오자, 벽 너머로 '아부 라피가 죽었다는 소식을 전한다'는 소리가 들려왔다. 나는 곧바로 일어나 일행을 따라잡을 때까지 아무런 고통도 느끼지 못한 채 길을 재촉했다. 그들은 아직 선지자에게 돌아가기 전이었다." _5:253-255; 59.15.372

서술자는 유혈이 낭자한 살인 사건을 상세히 묘사하는 데 희열을 느끼는 것처럼 보인다. 왜 하디스는 이처럼 생생하고 소름 끼치는 이야기를 싣고 있을까? 사건은 이렇게까지 자세한 내용 없이 서술될 수도 있었다. 지하드의 개념에 작용하는 어떤 정신병적인 현상이 있는 것일까?

압둘라가 말하기를: 메카에서 선지자는 엎드려 수라트-안-나즘(꾸란의 한 장)을 암송했는데, 그가 암송하는 동안 그와 함께 있던 모든 사람이 똑같이 엎드려 암송했다. 하지만 한 노인은 예외였다. 노인은 한 줌의 작은 돌멩이 또는 흙을 쥐어 그의 이마까지 올리며 "내게는 이것으로 충분하다"고 말했다. 나중에 나는 그가 불신자로 죽은 것을 보았다. _2:100; 19.1.173

이 노인이 어느 누구를 위협이라도 했는가? 그가 무함마드의 이슬람 관행을 기꺼이 따르지는 않은 것처럼 보이지만, 그에게서 죽임당해 마땅한 행동을 찾기는 어려워 보인다. 이 구절은 그가 단지 이슬람으로 개종하기를 거부했다는 이유만으로 죽임당했음을 선언한다.

아이샤가 말하기를: [가브리엘이 말하기를] "그들에게 나가서 (그들을 공격해라)." 그러자 선지자가 말했다. "어디로 가야 합니까?" 가브리엘이 바니 꾸라이자 Bani Quraiza 방향을 가리켰다. 그래서 알라의 사도는 그들(바니 꾸라이자)에게 가서 (그들을 포위했다). 그러자 그들은 선지자의 판단에 항복했지만 선지자는 사아드에게 그들에 대한 판결을 내리라고 명했다. 사아드는 말했다. "저들의 전사들을 죽이고 여자와 아이들은 포로로 끌어가며 저들의 재산은 나누어 가져

야 한다고 저는 판결합니다."_5:309; 59.29.448

이 하디스에서 우리는 무함마드에게 싸움을 명하는 천사 가브리엘을 본다. 전투에서 패배한 대적이 선지자에게 굴복하고 그들에게 자비를 베풀어 달라고 애걸하는 애처로운 장면을 본다. 사아드는 이들의 운명에 대해 최후의 결정을 내리라는 명령을 받는다. 문맥은 무함마드가 사아드의 결정에 동의했음을 가리킨다. 군인들은 처형당하고 여자와 아이들은 이슬람 승리자들의 노예(또는 첩)가 된다. 그들의 땅은 무슬림 정복자들이 차지한다. 이것이 무슬림과 비무슬림 사이에서 벌어지는 표준적인 절차였다. 7세기에 알라의 선지자와 천사가 반드시 이렇게, 항복한 군인들을 잔인하게 죽이고, 죄라고는 무함마드의 대적들과 친인척 관계라는 죄밖에 없는 여자와 아이들을 노예로 삼아야 했는지 의아스럽다. 무슬림들은 아래 구절에 나타난 역사적 맥락을 들어 이러한 행위의 잔혹성을 최소화하려 할 테지만 나는 여전히 그것이 비난받아 마땅하다고 생각한다.

아부 후라이라가 말하기를: 알라의 사도가 말씀했다. "유대인과 싸움이 끝날 때까지 '그 때'the Hour는 성취되지 않으리라. 그리고 유대인들이 숨어 있는 바위가 말하길 '무슬림들이여! 내 뒤에는 유대인이 숨어 있다. 그러니 그를 죽여라'라고 말할 것이다."_4:110; 52,94,177

꾸란과 하디스를 살펴보면 무슬림에게 내재된 유대인을 향한 적대감의 배경을 잘 이해할 수 있다. 유대인들은 무함마드를 하나님의 유일한 선지자로 받아들이기를 거부했다. 바로 이 부정 때문에, 유대인은 무함마드에게 분노의 대상이 되었다. 이 적대감이 바로 선지자가 죽은 후 얼마 되지 않아 무슬림이 팔레스타인을 정복하게 한 불똥이 되었다. 극심한 적대감은 세기를 거쳐 오는 동안 한 번도 해결된 적이 없다. 그리고 최근 몇십 년간 중동 전역에 걸쳐 상충되는 요구들과 테러 활동으로 인해 더욱 복잡해졌다.

앞에 제시한 하디스에서 선지자는 생명 없는 돌이 살아나 유대인을 처단하는 공모자가 될 날을 예언한다. 바위가 유대인을 죽이라고 선언하기까지 할 것이다. 이 하디스를 글자 그대로 받아들이면 안 된다고는 해도, 비유는 강력한 메시지를 전한다.

다음 전승은 타 종교나 어떤 이념을 따르기 위해 이슬람을 저버리는 문제에 대해 다루고 있다.

이크리마Ikrima가 말하기를: 알라의 사도의 말씀이다. "누구든지 자신의 이슬람 종교를 바꾸면, 그를 죽여라."_9:45; 84.2.57

다른 하디스에서 이 처벌은 더욱 강화된다.

아부 무사가 말하기를: 한 남자가 이슬람으로 개종했다가 다시 유대교로 돌아갔다. 무아드 빈 자발Muadh bin Jabal이 와서 이 남자가 아부 무사와 함께 있는 것을 보고 물었다. "이 (사람)에게 무슨 문제가 있습니까?" 아부 무사가 답했다 "이 남자는 이슬람으로 개종했다가 다시 유대교로 돌아갔다." 무아드가 말했다. "알라와 그의 사도가 명한 것처럼 당신이 이 남자를 죽일 때까지 저는 앉지 않

겠습니다." _9:201; 89.12.271

배교에 대한 법이 오해의 여지 없이 명백하게 언급되고 있다. 이슬람으로의 개종은 단순한 권장 사항이 아니라 강제적으로 유도해야 할 일이다. 이슬람에서 개종하는 것은 즉각적인 죽음으로 처단된다. 이것이 항상 이런 식으로 이뤄지진 않았다. 인도네시아와 같은 나라에서는 어떤 반동 없이 많은 무슬림이 그리스도께 나아왔다. 그러나 다른 근본주의 이슬람 국가에서는 상당수의 무슬림 개종자가 그리스도를 믿는 믿음 때문에 생명을 내어 놓아야 했다. 사형 집행인들은 이슬람 신학의 보호를 요청한다. 그들은 알라께서도 무슬림이 이슬람에의 진정한 믿음을 저버리는 것을 허용하지 말라고 직접 명하셨다고 주장한다. 이슬람을 따르는 많은 사람에게, 종교의 자유란 모든 사람이 자신의 믿음을 따라 살 권리를 갖는 것을 의미한다고 해석된다. 나아가서 어느 비무슬림이라도 이슬람을 참된 길로 받아들일 수 있다고 여긴다. 하지만 '자유'는 그 지점에서 중단된다. 어떤 나라에서는 다른 종교를 지지하기 때문에 이슬람을 저버리면 그 사람은 사형에 처해진다.

흥미롭게도 바로 그러한 나라에서, 무슬림들은 안전하게 세속주의에 빠져들 수 있다. 기도하기를 멈추고 모스크에 예배 드리러 가기를 그만둘 수 있다. 심지어 라마단 금식도 집 안에서는 따르지 않을 수 있다. 그러나 이 무슬림이 공개적으로 선지자와 이슬람에 대한 신앙을 저버린다면 그는 손쉽게 사형에 처해질 수 있다. 이것은 알라의 허락이라는 주장에 어울리지 않는 강압적인 협박으로 보인다.

비록 현대 사회에 세속적인 무슬림이 존재한다고 해서 선지자가 이러한 행위를 용납한다는 의미는 아니다. 아래 전통은 위선자들에게 직접적인 경고를 하고 있다.

> 알리가 말하기를: 나는 선지자께서 말씀하는 것을 들었다. "(이 세상의) 마지막 때에 어리석은 생각과 사상을 주장하는 젊은이들이 나타날 것이다. 그들은 그럴 듯한 말을 할 것이나 화살이 그 사냥감을 빗나가듯 그들은 이슬람에서 벗어날 것이며, 그들의 믿음은 목구멍을 넘어서지 못할 것이다. 그러므로 어디서든 이러한 자를 발견하거든 죽여라. 부활의 날에 이들을 처단한 자에 대해서 보상이 있을 것이다." _6:519; 61.36.577

우리가 이슬람 신앙이 말하는 "마지막 때"에 살고 있는지 여부는 확실하지 않다. 하지만 지금이 마지막 때라면 수십만의 무슬림 청년이 죽임을 당해야 할 것이다. 나는 일주일에 네 번, 무슬림 청년들과 시간을 보내는데, 그 중에 이슬람의 가르침을 따르는 청년은 거의 없다고 확신한다. 그들이 청년 시기의 자유분방함 때문에 죽임을 당하는 것이 마땅한가? 이 전통은 처단자를 부활의 날에 상급을 받을 영웅으로 선언하고 있다.

지하드의 상급

비무슬림을 처단하는 역할을 수행한 이들에 대해 하디스가 약속하는 상급의 종류와 정도는 매우 다양하다.

아부 까타다Abu Qatada가 말하기를: 알라의 사도는 말씀했다. "누구든지 이교도를 죽이고 그에 대한 증거나 증인이 있다면, 살브salb, 죽임 당한 자의 무기와 재산는 그에게 돌아갈 것이다."_9:213; 89.21.282

위의 말은 보상이 목적인 것처럼 보인다. 확실히 동기가 혼선을 야기한다. 살인의 이유가 이슬람인가 아니면 새로운 무기를 얻기 위해서인가? 살해 대상의 재산 정도에 따라 살해 여부가 결정되는가? 이교도가 부유할수록 그를 살해한 데 대한 보상은 커진다. 이것은 자애로우시고 자비로우신 알라의 개념과 들어맞지 않는다. 오히려 저급한 적자생존의 논리를 나타낼 뿐이다.

칼리드 빈 마단Khalid bin Madan이 말하기를: 선지자가 말씀했다. "나를 따르는 자 중 가장 먼저 카이사르의 도시를 침략하는 군대는 죄를 용서받을 것이다."
_4:109; 52.93.175

무함마드는 이슬람을 세계 종교로 만들고자 하는 비전을 가지고 있었다. 이 열망을 이루는 핵심 방법 중 하나가 알라의 이름으로 로마를 정복하는 것이었다. 무함마드의 군대가 무슨 권리로 그 강력한 도시에 쳐들어가 로마 거주민에게 이슬람을 강요하느냐고 묻는다면, 그 답은 세상에 있는 모든 이교도가 무슬림이 되길 원한다는 알라의 뜻에 있다.

앞의 전승에서 무함마드는 무슬림 전사들에게 지하드에 참전하는 것으로 죄 사함을 받는다는 확신을 준다. 이 약속은 로마에 처음 들어가는 군대에만 적용되는 것처럼 보인다. 아마 당시에 로마로 침투해 들어가는 병사들의 첫 대열이 어쩔 수 없이 많은 사상자를 내야 한다는 점 때문일 것이다. 이 특별한 죄 사함의 약속은 1,400년의 역사에서 무슬림 전사들에게 거듭 언급되어 왔다. 로마는 끝내 이슬람에 정복되지 않았다.

> 아부 후라이라가 말하기를: 알라의 사도가 말씀했다. "다음의 다섯 가지는 순교자로 간주된다. 전염병으로 죽은 이, 복부의 질병으로 죽은 이, 익사하거나 추락사한 이, 그리고 알라의 뜻을 위해 순교당한 이가 그들이다." _4:62; 52.30.82

무함마드의 이 말은 매우 이상하게 들린다. 왜 질병이나 사고로 죽은 무슬림이 순교자로 선언되는가? 더 중요한 것은 지하드에서 목숨을 잃은 이들을 순교자로 기린다는 사실이다. 이슬람에서 이에 대한 믿음은 매우 강렬하다. 이러한 믿음 때문에 많은 사람이 전장에서 목숨을 기꺼이 내어놓는다. 순교는 뒤에 남은 가족에게 영예를 수여하고, 순교자에게는 낙원으로의 입성을 보장한다.

> 아부 후라이라가 말하기를: 알라의 사도가 말씀했다. "알라의 뜻을 위해, 그분의 뜻 안에서 지하드 외에는 그 어느 것도 그를 강제하지 않는 자, 그리고 그분의 말씀을 믿는 믿음으로 지하드를 수행하는 사람에게, 알라께서는 그에게 낙원에 들어오도록 보장하거나, 그가 얻은 전리품과 보상을 가지고 고향으로 돌아가게 보장하신다." _9:413; 93.28.549

무함마드는 알라의 뜻과 알라의 말씀에 지하드를 밀접히 연결시켰다. 알라와 성전의 긴밀한 연계성을 이해하지 못한다면 그 누구도 지하드의 강력한 추진력에 대해 결코 헤아릴 수 없을 것이다. 그것은 폭력을 조장하는 사람의 명령이 아니다. 알라가 모든 지하드 활동의 제1원인이자 최고 사령관이다. 이것이 기정사실이기에, 지하드에 참여하는 데 그 어떤 주저함이나 죄책감도 있을 수 없다.

알라의 거룩한 전쟁에 참여하는 자에게는 알라의 풍성한 보장이 주어진다. 만약 목숨을 잃는다면 즉각 낙원으로 갈 것이며, 만약 살아남는다면 전리품을 가득 안고 고향으로 돌아갈 것이다.

> 자비르 빈 압둘라가 말하기를: 우후드 전투의 날에, 한 남자가 선지자께 나아와 물었다. "만약 제가 순교한다면 제가 어디로 가게 될지 말씀해 주실 수 있겠습니까?" 선지자가 답했다. "낙원에 갈 것이다." 그는 손에 들고 다니던 대추야자 열매를 멀리 집어던지고는 순교할 때까지 싸웠다. _5:260; 59.16.377

이 무명의 이슬람 추종자는 낙원을 보장하는 선지자의 강력한 약속을 받았다. 이러한 동기는 그를 열정적으로 전투에 나가 순교를 당할 만큼 용맹스럽게 싸우도록 만들었다. 만약 선지자가 그에게 낙원의 약속을 하지 않았다면 그가 기꺼이 죽을 때까지 싸우고자 했을까?

종교적 열정은 때로 파괴적이다. 동남아시아의 한 젊은 무슬림 여성이 확신에 찬 그리스도의 추종자가 되었다. 그녀는 가족으로부터 가혹한 핍박의 대상이 되었다. 그녀는 요한계시록에 나오는 놀라운 약속과 영생에 대한 성경의 보증에 마음이 빼앗겼다. 이 모든 것은 육체적이고 정서적인 고통으로 가득한 그녀의 현재적 삶과 대비되어 보였다. 슬프고도 잊지 못할 어느 날, 그녀는 스스로 목숨을 끊었다.

종교의 표현에는 엄청난 책임감이 수반된다. 균형과 관점이 정확히 제시되어야 한다. 영생의 약속은 결코 자살이나 죽음에 이르는 지하드에 참여하는 동기가 되어서는 안 된다.

> 아부 후라이라가 말하기를: 알라의 사도는 말씀했다. "알라의 뜻에서는 부상당하는 자가 아무도 없을 것이며, 부활의 날에 상처에서 피를 흘리며 나올 자가 아무도 없을 것이다. 그의 상처에서 나오는 것은 피의 색을 띠고 있으나 사향의 향이 날 것이다."_7:314-315; 67.31.441

무함마드는 지하드에 참여함으로써 얻은 부상에 대해서 대단치 않게 생각했다. 부활의 날에 이 모든 것은 다 온전케 될 것이다.

감상 reflection

이번 장을 쓰는 것은 결코 쉽지 않았다. 나는 이슬람의 지하드에 대해 이토록 광범위하게 글을 써 본 적이 없다. 이 글을 쓰는 데 나를 추동하는 두 가지 요소가 있었다. 첫 번째 이유는 분명하다. 하디스가 말하는 이슬람의 믿음과 실천은 명백하게 종교적 폭력을 인정한다는 점이다. 둘째 이유는 나의 개인적인 견해에서 비롯되었는데, 내가 싸움과 전투에 대해 개탄하기 때문이다. 그것이 개인적인 규모든 국가적 규모든, 종교적 싸움이든 그렇지 않든 모든 종류의 싸움에 대해 개탄한다.

그렇다면 이 시점에서 나의 전제에 대해 질문이 제기된다. 나는 평화주의자인가? 이 질문에 답하기는 쉽지 않다. 나는 전장을 다니며 젊은 시절을 보냈기 때문에 그간 이러한 호칭에 직면할 일이 없었다. 하지만 확신하는 것은, 내가 결코 의도적으로 사람 죽이는 것을 즐길 수는 없었다는 것이다. 그렇지만 이 사실이 내가 무장한 군대에서 군목으로서 기꺼이 복무했을 가능성이나 개연성을 배제하지는 않는다.

이러한 확신에 대한 해석은 두 가지 근원에서 나온다. 무엇보다도 먼저 신약 성경은 우리에게 원수를 죽음이 아닌 사랑으로 대하라고 권고한다는 사실이다. 둘째로, 내 본성의 민감한 측면이 고통당하는 사람을 보는 것을 용납할 수 없다는 점이다. 이러한 진술들이 우리에게 '의로운 전쟁'just war 개념을 가져온다. 아돌프 히틀러의 끔찍한 대학살 하에서 벌어진 600만 유대인의 조직적 학살은 어떠한가? 만약 연합군의 개입이 이뤄지지 않았다면 오늘날 지구상에 유대인이 단 한 명이라도 존재할 수 있었을까? 몇 년 전 아내와 함께 아우슈비츠의 길을 걸으며 그 역사적 순간을 되새겨 보았다. 만약 선한 세력이 악을 이기도록 활용되지 못했다면 우리는 혼돈과 파괴의 세상에 남겨졌을 것이다. 이것이 과연 하나님의 뜻인가?

이 복잡한 문제에 대해 간단한 이념적 혹은 종교적 답은 그 어디에도 없다. 하지만 적어도 몇 가지 사실을 관찰할 수 있지 않은가? 도쿄에서 가까운 한 섬에 떨어진 핵폭탄의 '증거'demonstration면 충분하지 않은가? 미군은 베트남에서 좀 더 일찍 철수할 수 없었는가? 오늘날 수많은 국가가 보유하고 있는 살상 무기들의 사용에 대한 창조적 대안은 없는가? 어김없이 수많은 무고한 생명을 앗아가고 불구로 만드는 전쟁을 과연 누가 환호할 수 있겠는가?

이러한 이유 때문에 나는 종교적 지하드 사상을 묵인할 수 없다. 어느 누구에 의한 것이든 마찬가지다. 고백하건대 나는 구약의 구절들과 많은 씨름을 해 왔다. 그러나 오늘날의 사회에서, 어떻게 특정 종교적 확신에 찬성하지 않는 이들에 대하여 지하드를 수행하라고 부를 수 있는가?

모든 종교 세력은 '소 지하드'를 완전히 단념해야 한다. 곧 수니파와 대립하는 시아파, 바하이교도를 대적하는 이란 무슬림, 콥트 그리스도인을 대적하는 이집트 무슬림, 무슬림을 대적하는 인도 힌두교도, 힌두교도를 대적하는 방글라데시 무슬림, 로마 가톨릭교도를 대적하는 아일랜드 개신교도, 혹은 폭력적 공격의 존재 이유를 하나님의 뜻으로 돌리는 모든 종류의 갈등이 여기에 포함된다.

지하드에 대해서, 그리스도를 따르는 우리는 신약 성경을 꾸란과 하디스와 비교하여 읽을 수 있는 좋은 위치에 서 있다. 사랑과 용서로 상징되는 신약 성경으로부터 600년 후에 등장한 이슬람이 왜 2,000년 전의 공격과 응징의 구약적 세계관으로 돌아갔을까? 무슬림 학자들이 과거와 현재의 지하드에 대해 더 나은 통찰을 가질 수 있기를 바라자. 그 통찰은 무슬림들이 알라의 이름으로 자행한 폭력적 행위를 포기하게 만드는 중요한 선언이 될 수 있을 것이다.

10
죄의 처벌

유대-기독교 전통의 도덕적 관점 중 많은 부분이 이슬람의 신학과 실천에 반영되어 왔다. 간음, 거짓, 사기, 절도, 증오는 세계 3대 유일신 종교에서 모두 정죄한다. 그러나 이슬람은 종교의 장場에 독특한 윤리적 구분을 상당수 도입한다. 본 장에서는 이들 중에서 일부를 탐구할 것이다.

다음 인용문은 덕행의 영역에서 선지자가 중요하다고 여긴 것에 관해 개관을 제공한다. 강한 신학적 단언으로 시작하여 그 다음에는 실천적 윤리로 나아간다. 이생의 삶에서 죄에 대한 처벌은 속죄expiation와 정화cleansing로서 모습을 보인다. 모든 죄에 대한 궁극적인 심판자는 알라인데 그는 죄인에게 자비를 베풀 수도 있고 그렇지 않을 수도 있다.

우바다 빈 앗-사미트Ubada bin As-Samit가 말하기를: 나는 일단의 사람들과 더불어 알라의 사도께 충성의 맹세를 했다. 사도는 말씀했다. "나는 그대들이 다음의 여섯 가지를 지키면 그 맹세를 받아들여 주겠소. (1) 알라 외에 경배받을 다른 동반자들partners을 결부시키지 않을 것이며, (2) 도적질하지 않을 것이며, (3) 불법의 성관계를 범하지 않을 것이며, (4) 그대들의 자손을 죽이지 않을 것이며, (5) 중상하지 않을 것이며, (6) 내가 그대들에게 선을 행하라고 명할 때 내게 불복종해서는 안 되오. 그대들 중에 누구든지 맹세를 지키는 자에게 주어지는 보상은 알라와 함께하는 것이며, 누구든지 그 죄들 중에 어느 것이라도 범하면 이 세상에서 처벌을 받을 것인데, 그 처벌은 그의 지은 죄를 위한 속죄와 정화가 될 것이오. 하지만 만일 알라께서 그를 조사해 보신다면, 그분이 원하시는 대로 그를 처벌하실지 혹은 그분이 원하시는 대로 너그러이 여겨 주실지는 알라께 달려 있소."_9:420; 93.31.560

자랑에 대한 수치

준둡이 말하기를: 선지자는 말씀했다. "드러내 보이고 사람들의 칭찬을 얻기 위해 공개적으로 선한 일을 행하는 자는 알라께서 그의 실제 의도를 들추어내실 것이다(그리고 그에게 수치를 안겨 주실 것이다)."_8:334; 76.36.506

자랑과 위선은 진정한 영성의 강력한 방해물이다. 이슬람은 이 사실을 자각하고 그 경전에서 이 두 가지 죄를 반복적으로 고발한다. 이 하디스에서 선지자는 교만하고 위선적인 죄인들에게 알라가 안겨 줄 수치가 기다리고 있다고 말한다. 그 가르침은, 만일 불의한 사람이 스스로 겸비하지 않으면 알라가 그를 대신해서 그 임무를 수행한다는 것이다.

오만에 빠진 무슬림을 비난하는 것은 보통 있는 일이다. "우리가 최상의 공동체이다." "이슬람은 알라께 이르는 유일한 길이다." "알라는 오직 무슬림만 축복하며 총애하신다." 이러한 진술은 선지자의 추종자들이 흔히 하는 말이다. 나는 몇 년간, 친분 있는 많은 무슬림의 절대적 독단주의를 마주하면서 점차 좌절하게 되었음을 고백한다. 수많은 사례를 볼 때, 인생의 힘들고 어려운 문제들을 다룰 수 있는 핵심적인 장치는 없는 것 같다. 오히려 평균적인 무슬림은 정형화된 이슬람의 진부한 문구에 더 반응하는 것 같다. 그리고 종종, 그들은 자신의 거들먹거림을 감히 인정하지 않는 누군가에게 동정을 베푸는 듯한 오만한 태도로 이것을 나타난다.

다른 한편으로, 나는 진정으로 겸손한 무슬림도 만났다. 그들이 평균적이라고 말하지는 않겠지만 분명히 그들은 이슬람 세계 전역에서 발견된다. 다른 의견들에 개방되어 있는 무슬림과 깊은 수준에서 서로 의견을 나누는 것이 얼마나 기운 나는 일인가!

공정하기 위해서는 유사한 질문을 해야 한다. 즉 얼마나 많은 그리스도인이 진실로 겸손한가? 예수는 이것이 보편적인 문제임을 깨닫고 그를 따르는 이들이 낮아지고 겸손하도록 반복하여 타일렀다. 유감스럽게도 내가 여태 만나 온 가장 거만한 사람들 중 일부가 스스로 그리스도인이라고 고백한다. 참된 경건에 대한 탐색은 계속된다.

공동체 내부의 불화에 대한 영원한 처벌

아부 후라이라가 말하기를: 선지자는 말씀했다. "너희 중에 누구든지 무기를 가지고 무슬림 형제를 가리켜서는 안 된다. 이는 사단이 그로 하여금 형제를 치도록 유혹함으로 인해 그가 불구덩이(지옥)로 떨어질지 그가 모르기 때문이다."
_9:153; 88.7.193

비슷한 가르침이 다음의 하디스에서 나타난다.

알-하산Al-Hasan이 말하기를: 알라의 사도는 말씀했다. "만일 두 무슬림이 서로 싸우기 위해 칼을 뽑는다면, 그때는 그들 둘 다 (지옥) 불의 사람들로부터 온 것이다."_9:153; 88.10.204

국가적으로나 개인적으로나, 움마 내의 어떠한 소동도 알라의 목전에서는 당치 않은 것으로 일컬어진다. 어떻게 궁극적이고 논의의 여지가 없는 진리의 보수자들이 그 자신들 가운데서 증오와 싸움에 관계할 수 있겠는가? 그와 같은 행위의 기원은 악마적이며, 그 결과 공격자는 불타는 지옥에 떨어진다고 진술된다. 이 처벌은 궁극적이고 영원하며, 따라서 알라가 이슬람 사회 내부에서 불화의 죄를 얼마나 심각하게 보는지를 그려 준다.

그러나 무슬림과 비신자 간의 폭력 행동에는 근본적으로 다른 기준을 적용하는 것처럼 보인다.

아부 주하이파가 말하기를: 알리는 말했다. "어느 무슬림이든 카피르Kafir, 신앙을 부인하는 자를 죽인 것 때문에 끼사스Qisas, 형벌에 있어서 동등한 원칙으로 죽임을 당해서는 안 된다." _9:38; 83.31.50

앞 장에서 설명한 것같이 지하드는 이슬람에서 승인된 것이다. 이 전승은, 불신자를 죽인 무슬림에 대해서는 사형이 없다고 분명히 제시하고 있다. 실제로 살인자는 종종 체포되고 고소되지만 짧은 시간 내에 석방된다.

최근, 아시아의 한 국가에서 어느 무슬림이 기독교로 개종한 사람을 칼로 찔러 죽였다. 그는 경찰에 자수하였고 그와 같은 행위에 대해 변호를 청구했다. 그 개종자가 공개적으로 선지자를 비방했기 때문이라는 것이다. 즉시, 근본주의 무슬림 지도자들은 그 살인자를 이슬람의 영웅으로 선언했고 그의 석방을 보장한다고 약속했다. 살해된 개종자가 무함마드에 대해 나쁘게 말했다는 아무런 증거도 없었다. 아마도 그는 그리스도를 믿는 믿음 때문에 죽임을 당했을 것이다. 내 느낌에, 잔인한 살인자는 곧 그 무슬림 국가의 거리를 활보할 것이고 많은 사람이 그를 신앙의 참된 방어자라고 선언할 것이다. 사건의 이러한 전개 양상은 내가 앞 장과 이 장에서 제시하는 하디스의 가르침에서 자연스럽게 흘러나온다.

영성에서의 과실

무함마드는 다음 전승에서 강경한 감독자로 묘사된다.

아부 후라이라는 말하기를: 알라의 사도는 말씀했다. "내 삶을 손 안에 두고 계신 그분으로 인해, 나는 땔감을 모으라고 지시할 작정이고, 그리고 어떤 사람더러 기도를 위해 아단을 알리라고 명할 것이며, 나는 뒤쪽으로 가서 (의무적으로 수행하는 집회의) 기도를 위해 스스로 모습을 드러내지 않은 자들의 집을 불태울 것이다." _9:250-251; 89.53.330

이슬람은 영성을 법률로 규제하는가? 만일 누가 기도한다면 그는 자동적으로 알라에게 헌신된 추종자인가? 만일 어떤 사람이 기도하기를 거절한다면, 그의 집을 태우는 것이 합법적인 형벌일 수 있을까? 만일 오늘날 이 하디스와 선지자의 본보기를 문자적으로 따라야 한다면 전 세계 무슬림의 95퍼센트가 보금자리를 잃어버릴 것이다. 한편으로, 만일 그와 같은 형벌이 강행된다면 무슬림 세계 전역의 모스크는 참석자들로 꽉 찰 것이다. 사우디아라비아를 제외하고는 아마도 경찰이 매일 기도 의식을 강제하는 경우가 없을 것이다. 사우디아라비아에서도 이 책임을 지우는 자는 '종교 경찰'religious police이다.

술 취함에 대한 태형

아부 후라이라가 말하기를: 포도주에 취한 남자가 선지자에게 이끌려 왔다. 선지자는 말씀했다. "그를 때리라!" 아부 후라이라가 덧붙여 말했다. "그래서 우리 중의 일부가 손으로, 일부는 신발로 그를 때리고, 일부는 외투로 (그것을 비틀어서) 채찍같이 만들어 때렸다. 때리기를 마쳤을 때 누군가 그에게 '알라께서 너를 불명예롭게 하기를!'이라고 말했다." _8:506; 81.5.768

또 다른 하디스는 술 취한 자에게 부과하는 형벌에 관해 언급한다.

앗-사이브 빈 야지드가 말하기를: 우마르의 칼리프 통치 기간 동안 그는 술 취한 자에게 40대의 태형을 가하곤 했다. 그리고 술 취한 자들이 유해하고 불순종할 때는 그들에게 80대의 태형으로 채찍질하곤 했다. _8:507; 81.5.770

범죄한 무슬림에게 형벌로서 태형을 가하는 것은 분명히 꾸란과 전승들에 규정되어 있다. 본 장의 나머지 부분에서 보겠지만 매질은 교정을 위해서뿐 아니라 징벌로서 높이 여겨졌다. 때때로 경찰에게 매질당하는 무슬림 악행자의 사진이 뉴스 잡지에 등장한다. 현대 세계는 이것을 잔인하고 지나친 것으로 여기지만 이슬람 성직자들은 죄에 대한 이러한 보응이 전능한 알라께서 직접 지시한 것이라고 선언한다.

풍기 문란에 대한 장형 혹은 투석형

성적인 문란함은 무슬림의 종교 집행자들에게 늘 분노의 대상이 되어 왔다. 그러나 그러한 반응은 대부분 특정 국가의 테두리에 국한된다. 예를 들어, 필리핀 마닐라에 있는 디스코장은 중동의 무슬림 여행자를 유치하기 위해 아랍어로 광고를 제작했다. 상당 부수가 발행되는 마닐라 신문에 필리핀 주재 사우디 대사의 딸 사진이 실리기도 했다. 그녀는 필리핀의 남녀 엘리트가 참석하는 패션쇼에 모델로 참여해서 어깨끈이 없는 드레스를 입었다. 만일 그녀가 사우디의 어느 거리에 그러한 복장을 하고 나타났다면 즉시 두들겨 맞고 감옥에 수감되었을 것이다. 왜 이중 기준인가?

이슬람 윤리의 기준이 나라에 따라 다르기 때문에, 특히 사우디를 떠나 여러 강제적 제한들에서 자유로워지는 남성 여행자들 중에서 이로 인한 위선이 매우 흔하게 나타난다. 공정히 하기 위해 말하지만, 나는 무슬림 남성 여행자들이 그리스도인을 자처하는 사람들보다 더 부도덕하다고는 생각하지 않는다. 문제는, 이슬람이 공언하는 도덕적 순결이 사실상 탈선에 대한 가중한 형벌에 기대고 있다는 데서 제기된다. 그러나 그러한 기준은 종종 실제와 거리가 멀고, 분별이 필요한 상황에서 명백하게 침해된다.

성적 범죄에 대한 이슬람의 관심은 경전과 전승들에 기반을 두고 있다.

아부 후라이라가 말하기를: 불법적인 성관계의 죄를 범한 미혼의 노예 소녀에 대한 알라의 사도의 판결이 기대되고 있었다. 그는 대답했다. "만일 그녀가 불법적인 성관계를 범하면 그녀에게 매질을 가하고(백 번의 매질), 그러고도 그녀가 불법적 성관계를 하면(두 번째 그것을 행하면) 그녀를 매질하고(백 번의 매질), 만일 그녀가 세 번째로 불법의 성관계를 가지면 그때는 그녀를 매질하고 (백 번의 매질) 심지어는 털로 만든 밧줄 하나에라도 그녀를 팔아라." _8:548; 82.22.822

몇몇 하디스는 성적인 범죄를 언급한다. 이 전승에서 미혼 노예 소녀는 백 번의 매질을 당한다. 이것은 꾸란에 따른 것이다. 이 상황에서 간통한 남성에 대한 형벌은 언급되지 않는다.

> 아부 후라이라가 말하기를: 선지자는 말씀했다. "당신의 아들이 백 번의 채찍을 받고 한 해 동안 추방될 것이다." 그리고 그는 어떤 사람에게 말했다. "오 우나이스Unais! [간통한 여성]에게 가서 그녀가 죽도록 돌로 쳐라." 그래서 우나이스는 가서 그녀를 돌로 쳐 죽였다. _3:535; 49.5.860

이 전승은 남녀에 대한 형벌의 차이를 보여 준다. 간통한 남성은 신체적 고통을 받고 추방될 것이다. 이것은 그래도 감당할 만하다. 즉 한 해 동안 그가 견뎌야 하는 것은 감정적인 곤혹스러움이 전부다. 대조적으로 여성은 돌에 맞아 죽는 고통스러운 사형을 선고받는다. 이것은 무함마드가 직접 한 말에 기원을 둔다. 왜 남성은 여성보다 죄가 덜하다고 간주되어야 할까? 하디스에서 보통 그러하듯이 그 상황은 우리에게 아무런 자세한 내용을 제공하지 않는다. 그러나 일상에서 (대부분의 경우는 아니더라도) 많은 경우, 남성은 성적인 조우를 시작하는 데 더 적극적이다. 어쨌든 이 남성은 계속하여 세상에서 살 수 있고 아마도 다시 한 번 부도덕한 행위를 저지를 수 있을 것이다. 반대로 여성은 굴욕적인 처형을 당했다.

또 다른 하디스에서는 남녀 모두 돌에 맞아 죽는다. 우리는 '이 형벌에 대한 권위의 기초에 주목할 필요가 있다.

압둘라 빈 우마르는 말하기를: 유대인들이 알라의 사도에게 와서 그들 중 남녀 한 쌍이 불법적인 성관계를 가졌다고 말했다. 알라의 사도는 그들에게 말씀했다. "그대들은 아르-라즘Ar-Rajm, 돌로 쳐 죽이는 것의 법적 처벌에 대해 토라에서 무엇을 발견하오?" 그들은 대답했다. "우리는 그들의 범죄를 알리고 그들에게 채찍질을 가합니다." 압둘라 빈 살람은 말하기를, "당신들은 거짓말을 하고 있소. 토라는 라즘 명령을 포함하고 있소." 그들은 토라를 가져와 펼쳤고 그들 중 한 사람이 그의 손을 라즘 구절에 올려두고 그것에 선행하는 절과 다음 절을 읽었다. 압둘라 빈 살람은 그에게 말하기를, "당신의 손을 드시오." 그가 그의 손을 들었을 때 라즘 구절이 거기에 보였다. 그들은 말하기를, "무함마드가 진리를 말하고 있소. 토라는 라즘 구절을 포함하고 있소." 그러자 선지자는 그들 둘 다를 돌로 쳐 죽이라고 명령했다. (압둘라 빈 우마르는 "그 남자가 돌들로부터 여자를 보호하기 위해 그 여인 위로 구부려 있는 것을 보았다"고 말했다.) _4:532-533; 56.25.829

이 사건은 유대인과 관련되어 있었기에, 선지자는 죄인들이 구약 성경의 율법으로 심판받아야 한다고 생각했다. 이 일로 무함마드는 무슬림의 간통에 대해 꾸란이 명하지 않은 형벌을 받아들이게 되었을지 모른다. 다음의 다소 의아한 전승에서도 이 형벌이 나타난다.

자비르Jabir는 말하기를: 아시암Asiam 부족의 한 남자가 선지자에게 와서 불법적 성관계를 범했다고 고백했다. 선지자는 그 남자가 네 차례나 스스로를 고발하는 증언을 할 때까지 그 남자에게서 얼굴을 돌리고 있었다. 선지자가 그에게 말했다. "당신 미쳤소?" 그는 말했다. "아닙니다." [선지자가] 말하기를, "당신은 결혼했소?" 그는 "예"라고 답했다. 그러자 선지자는 그가 돌에 맞아 죽어야 한다고 명령을 내렸고, 그는 무살라에서 돌에 맞아 죽었다. 돌에 맞자 그는 달아났지만 곧 붙잡혔고, 끝내 돌에 맞아 죽었다. 선지자는 그에 관해 좋은 말을 해 주었고 그의 장례를 위한 기도를 해 주었다. _8:531; 82.11.810

무슨 이유에서였든지, 무함마드는 이 남자를 판결하기를 원치 않았다. 이 남자는 분명히 양심의 가책을 받고 고백과 참회의 필요를 느꼈다. 그런데 흥미롭게도, 무함마드는 이 남자가 스스로 죄를 인정한 것과 사형을 당할 가능성이 있는데도 자신을 노출시킨 것 때문에 그가 미쳤다고 간주했다.

이 하디스는 분명히 돌로 쳐 죽이는 것을 간통에 대한 처벌로 정의한다. 돌로 치는 것을 선호하는 현대의 이슬람 법학자들은 그들의 의견을 확증하기 위해 이와 같은 전승을 언급한다. 그들은 이 주제에 관해서는 꾸란을 경시하는 쪽을 택한다. 어떻게 사우디인들이 알라의 말씀으로 간주되는 꾸란의 처벌보다 오히려 하디스의 처벌을 좋아할 수 있는지는 잘 모르겠다.

무함마드가 자신의 죄를 자백한 남성에 관해 친절한 말을 하고 장례식 기도를 인도한 이유는 무엇일까? 선지자는 방금 전에 그 남자에게 고통스러운 죽음을 선고하지 않았는가? 유일한 결론은 이 죄인이 자신의 간통에 대해 고백했고 뉘우쳤다는 것이다. 그는 처형까지 감수하고 있었다. 무함마드는 알라의 법이 자비와 용서보다는 처벌을 강조한다고 이해했다. 비록 죄인이 솔직하게 죄를 인정하고 뉘우쳤을지라도 마찬가지였다.

도둑질에 대한 수족 절단

아부 후라이라는 말하기를: 선지자는 말씀했다. "알라는 바이다Baida, 즉 계란 한 개를 훔치는 자를 저주하고 그의 손을 자르게 하거나, 혹은 밧줄 하나를 훔치는 자를 저주하고 그의 손을 자르게 한다."_8:509; 81.8.774

무슬림이 아닌 공동체에서, 계란 한 개나 밧줄 하나를 도둑질하는 사소한 죄에 대해 신체를 절단하는 것은 언제나 과도한 처벌이었다. 하지만 여기에서 우리는 도둑의 손을 자르도록 재가하고 명령하는 선지자의 명확하고 결정적인 말을 본다. 범죄자는 손을 잘릴 뿐 아니라 알라의 저주까지 받는다. 사우디에서 이러한 실행은 합법적으로 수행된다. 다른 무슬림 국가들 가운데 파키스탄에서는 모든 절도범에게 신체 절단형을 가해야 하는지에 관해 계속 논쟁 중이다.

형벌이 집행된 이후의 뉘우침은 무함마드에게 받아들여질 만한 것으로 보인다.

우르와 아즈-주바이르Urwa Az-Zubair가 말하기를: 한 여인이 (메카) 정복지의 가즈와Ghazwa 공격에서 도둑질을 했는데, 그녀의 손을 잘라야 한다고 명령했던 무함마드에게 불려 왔다. 아이샤는 말했다. "그녀의 뉘우침은 완전했고 그녀는 (나중에) 결혼했으며, (그 일 후에) 내게 자주 왔으므로, 나는 그녀의 필요들을 알라의 사도께 제안했다."_3:496; 48.8.816

여인의 결혼이 언급된 것은 그 당시 문화에 대해 알려 준다. 놀랍게도, 절단 이후 계속되는 곤경을 겪었을 도둑은 결혼할 남자를 찾을 수 있었다. 하디스에 기록된 사건들의 응축된 설명을 읽어 보면 그런 질문들이 많이 제기된다.

처형과 보복의 원리

"눈은 눈으로, 이는 이로"라는 보복은 다음의 사건에 설명되어 있다.

아나스가 말하기를: 한 유대인이 두 돌 사이에다 한 소녀의 머리를 넣고 짓이겨 버렸다. 그 소녀는 누가 그녀의 머리를 짓이겨 버렸는지 질문을 받았고, 몇몇 이름이 그녀 앞에 언급되었는데, 그 유대인의 이름이 언급되자 그녀는 동의하면서 고개를 끄덕였다. 그 유대인은 붙잡혔고 그가 자백을 하자 선지자는 그 두 돌 사이에 그의 머리를 넣어 짓이겨 버리도록 명령을 내렸다. _3:352; 41.21.596

그 소녀는 머리가 짓이겨졌지만 죽임을 당하지는 않았다. 가해자인 유대인의 처벌이 그의 가해 행위 곧 그가 소녀에게 행한 것과 동일해야 한다면, 그 유대인은 죽음에까지 이르지는 않았을 것이라고 추정할 수 있다.

불로 사람을 죽이는 것은 오직 알라에 의해서만 수행될 수 있는 처벌로 언급된다.

아부 후라이라는 말하기를: 알라의 사도는 "만일 그대들이 이러저러한 사람을 찾으면(그는 꾸라이쉬 출신 두 남자의 이름을 언급했다) 그들을 불에 태워 죽여라"라고 우리에게 말씀하면서 군사 원정 차 우리를 보냈다. 그리고 우리는 그에게 작별을 고했는데 우리가 떠나려고 할 때 그가 말씀했다. "이전에 나는 그대들에게 불로 아무개와 아무개를 태워 죽이라고 명했으나, 불로 하는 형벌은 알라 외에는 아무도 행할 수 없으므로, 너희가 그들을 붙잡으면 (불로 태우는 대신에) 그들을 죽이라." _4:127-128; 52.107.202

선지자의 시대에 사형은 일반적인 것이었다. 만일 누군가가 검을 의지해 살았다면 검에 의해 죽을 것이었다. 하지만 한 하디스는 여러 사람의 처형에 관한 소름 끼치는 묘사를 하고 있다.

아나스가 말하기를: 그들이 길을 떠나서 알-하라Al-Harra에 도착하자, 이슬람을 받아들인 후에 이교로 되돌아갔고, 선지자의 목자를 죽였으며, 낙타들을 몰아냈다. 이 소식이 선지자에게 당도했을 때 그는 그들을 추적하도록 일부 사람들을 보냈다. (그래서 그들은 붙잡혀 선지자에게 소환되었다). 선지자는 그들에 관한 명령을 내렸다. 그리하여 그들의 눈에 못을 박고 그들의 손과 발을 잘라 그 상태에서 죽을 때까지 하라Harra에 내버려 두었다. _5:354; 59.35.505

이 사람들은 적어도 세 가지 행위에 가담한 것으로 묘사된다. 첫째, 그들은 이슬람으로 개종한 후에 그들의 옛 종교로 돌아섰다. 둘째, 그들은 무함마드를 위해 일하던 사람을 죽였다. 셋째, 그들은 선지자의 낙타들을 쫓아 버렸다. 자신들이 저지른 행위의 심각성을 알았기 때문에 그들은 도망친 것으로 보인다. 그러나 곧 붙잡혀 무함마드 앞에 불려 왔다. 선지자는 재판관과 배심원이 된다. 그 남자들의 눈에 못이 박히는 대목에서는 등줄기가 서늘해진다. 그들의 손과 발은 잔인하게 절단되었다. 형벌은 사람들이 붙잡혀 온 바로 그 장소에서 가해졌다. 이것은 다른 잠재적인 악행자들에게 던지는 경고로 사용되었을 것이다.

오늘날 서구에서는 사형 집행 도구로 전기의자나 교수형, 가스실을 사용하는 대신에 독극물 주사를 놓는다. 이것은 가능한 한 인도적으로 사형에 처하고자 하는 관심을 보여 주는 것이다. 이슬람은 여전히 채찍질과 수족 절단을 합법적인 형벌로 받아들인다. 무슬림이 이러한 절차에 갇혀 있는 것은 경전의 제약 때문이다.

다소 터무니없는 한 사건이 하디스에 기록되어 있다.

> 아부 아미르는 말하기를: 산중턱 근처에 머물 몇몇 사람이 있을 것인데, 저녁에 그들의 목자가 그들의 양을 몰고 와서 그들에게 어떤 것을 요구하겠지만, 그들은 그에게 "내일 우리에게 돌아오라"라고 말할 것이다. 알라는 밤중에 그들을 멸하실 것인데, 그 산이 그들 위에 무너지게 할 것이며, 그들 중 나머지를 원숭이와 돼지로 변화시킬 것이며, 그들은 부활의 날까지 그렇게 남아 있을 것이다.
> _7:345-346; 69.6.494b

이 사람들은 그들 목자의 요구 사항을 거절했기 때문에 심판을 받는다. 그 결과 그들 중의 일부는 산이 그들 위로 무너질 때 멸망한다. 다른 사람들은 돼지와 원숭이로 변형된다. 이것이 종말론적 사건이 아니라는 증거는 이 범죄자들이 부활의 날까지 동물로 머물러 있어야 한다는 데에 있다.

모든 종교는 탈선에 대한 형벌 규정과 더불어 행동에 관한 도덕적 조항들을 요구한다. 이슬람은 구약 성경과 조화시켜 이를 행했는데, 반항적인 아들들과 간통을 저지른 자들은 돌에 맞아 죽어야 한다고 규정한다. 신약 성경은 간통 행위 중에 붙잡힌 한 여인이 예수께 용서를 받고, '가서 더 이상 죄를 짓지 말라'는 훈계를 받는 모습을 제시한다. 그리스도인의 세계관은 가혹했던 구약 율법에서 자비와 용서에 강조점을 둔 신약 성경으로 패러다임 전환paradigm shift을 경험했다. 간통을 범한 사람이나 제멋대로 구는 자식에게 공개적인 투석 사형을 집행하는 것을 지지할 그리스도인이 얼마나 될까?

1992년 알제리의 대통령은 이슬람 근본주의자들에게 반대한다는 이유로 암살되었다. 똑같은 일이 이미 이집트의 대통령 사다트Sadat에게도 일어났다. 이와 같이, 이슬람에 반하는 인사들이 일방적으로 처벌당하는 일이 계속될까 두렵다. 이슬람 경전들은 근본주의자들이 형벌을 선택할 수 있는 출처가 되며, 그들은 이렇게 폭력 행위를 합법화시킨다. 그러나 그러한 광신적인 행동은 다른 시각으로 이슬람을 바라보는 무슬림 신학자들과 평신도들에게 지속적으로 맹렬한 비난을 받을 것이다.

다시 한 번 기독교의 은혜와 용서의 메시지가 두드러진다. 죄인은 죄의 비참한 결과를 겪을 수 있으나, 만일 그가 믿음 가운데 겸손하게 십자가로 나와 그리스도의 흘린 보혈로 죄 용서를 경험한다면, 성경은 범죄자들에게 거듭남을 보장한다. 무슬림들은 예수께서 간음 현장에서 붙잡힌 여인을 용서하면서 주신 답변과 하디스 구절들 간의 현저한 차이를 인식할 필요가 있다. 나는 도로변의 물웅덩이에서 기독교 전도지를 주운 한 무슬림을 알고 있다. 그는 요한복음 8장을 열심히 읽었고, 이것은 그와 그의 가족 전부를 구원의 체험으로 인도했다. 나는 간통한 여인을 다루시는 그리스도의 모습에 깊이 감명받은 이 남자를 제자로 훈련하는 일에 참여하는 기쁨을 누렸다.

11 심판의 날

 미래에 있을 일들에 대한 이슬람 신학은 잘 정돈되어 이해하기 쉽다. 우리가 알고 있는 대로 세상은 갑작스레 정지할 것이다. 이슬람 경전에 언급된 대로, 알라는 심판의 순간인 '그 때'the Hour를 주관한다. 그 엄중한 상황에서 무슬림은 가장 좋은 자리를 차지한다. 그들의 행위가 심판을 받고 그에 따라 처벌을 받을 것이지만, 알라와 선지자에 대한 그들의 믿음은 영원한 생명을 보장할 것이다. 그러나 이슬람과 그 신앙을 부인하는 사람은 지옥 불 가운데서 영원히 무시무시한 고통을 선고받을 것이다.

 무함마드가 미래에 관한 환상을 받은 적이 있다.

 아나스 빈 말리크가 말하기를: 한번은 알라의 사도가 기도 시간에 우리를 인도하고는 (기도를 마친 후에) 설교단으로 올라가서 그의 손으로 그 모스크의 끼블라Qibla, 기도의 방향를 가리키면서 말씀했다. "내가 기도 시간에 당신들을 인도하는 동안 이 벽 쪽에서 나를 향해 낙원과 지옥이 둘 다 나타나 보였는데, 나는 오늘 내가 본 (낙원보다) 더 좋은 것을 이전에 결코 보지 못했고 (지옥보다) 더 나쁜 것 또한 이전에 결코 보지 못했소."_8:315; 76.18.475

종말에 관한 이슬람의 가르침은 구약 성경의 개념보다는 신약 성경에 크게 의존하는 것처럼 보인다. 심판, 천국, 지옥과 같은 개념은 무슬림에게 종교적 형식을 따르고 개인적 순결을 유지하며 (최소한의) 전도적 의무를 수행하도록 동기를 부여하는 역할을 한다. 그러나 실제로 미래의 심판이 무슬림의 행위에 영향을 미치는 정도는 그리스도인의 경우와 비슷하게, 극히 미미할 것이다!

복음적 기독교 전통 가운데 있는 그리스도인들은 임박한 대심판의 날에 나타날 징조들에 익숙하다. 성경 교사들은 징조에 대한 가르침이 처음 기록된 이후 2,000년을 지내 오는 동안 그 어느 때보다도 지금 그 징조들이 더 광범위하게 나타나고 있다고 거듭 강조해 왔다. 이슬람에도 인간이 최후 심판 날을 위해 준비하도록 경고하는 "그 때의 징조들"portents of the Hour이 있다.

아나스는 말하기를: 나는 알라의 사도가 말씀하는 것을 들었다. "그때의 징조들 가운데는 (다음과 같은 것들이 있다.)
1. 종교적 지식은 (종교적 지식인들의 죽음으로) 감소할 것이다.
2. 종교적 무지가 성행할 것이다.
3. 공공연한 불법적 성관계가 널리 행해질 것이다.
4. 여인들이 수적으로 증가하고 남자들은 너무 많이 줄어들어서 50명의 여자들이 한 남자의 보살핌을 받을 것이다."_1:68; 3.22.81

첫 세 가지 징조는 우리가 이슬람 역사 1,400년을 조망하여 비평하기가 다소 불분명하고 어렵다. 그러나 네 번째 징조는 적지 않게 당황스럽다. 한 남자에 여자 50명이라는 비율은 거의 불가능해 보인다. 이 불균형의 원인은 전쟁일까? 현대에 집단 파멸의 가능성을 지닌 핵 전쟁이라 할지라도 양쪽 성에 모두 영향을 미칠 것이다. 무슬림들도 이 하디스에 불명확한 요소가 있다는 것을 인정한다. 그렇다 해도 이 하디스가 진리라는 것을 확신하는 데 주저하지는 않으며, 징조가 실현되기를 인내하며 기다리고 있다.

무함마드는 심판의 날이 임할 시기에 관해 다음과 같은 언급도 했다.

사흘Sahl이 말하기를: 알라의 사도가 두 손가락을 펴서 (분리되게 펼쳐) 보이면서 말했다. "나는 보냄을 받았고 그 때는 이 둘처럼 (임박해 있다)."
[번역자의 주석: 이것은 그 때가 멀지 않았음을 의미한다. 선지자와 그 때 사이의 기간은 길지 않을 것이다.] _8:337; 76.39.510

초기 그리스도인들은 신약 성경에 따르면 그리스도의 재림이 임박한 것으로 믿었다. 그들은 특정한 구름을 찾아 하늘을 바라보았고 하나님의 특별한 나팔 소리에 귀를 기울였다. 애석하게도, 거의 2,000년이 지난 지금도 우리는 신자로서 여전히 우리 구세주의 '임박한 재림'을 고대하고 있다. 우리는 하나님의 주권적인 시간표와 심지어 그분의 시간에 대한 이해가 우리의 이해와 분명히 매우 다르다는 깨달음 앞에서 머리를 숙인다. 그분의 생각은 기독교 역사의 수많은 그리스도인 지도자들과도 구별되는 듯 보인다.

무함마드로 돌아가 보자. 그 역시 그 시대의 정점이 곧 다가올 것으로 이해했다. 내가 알기로, 이슬람 신학자들은 결코 대종말론적 사건에 날짜를 지정한 적이 없다. 그들은 기대감을 가진 상태로 사는 것에 만족하고 있다.

선지자는 그 때가 매우 갑작스럽게 임한다고 예견하였다.

> 아부 후라이라가 말하기를: 알라의 사도는 말했다. "그 때는 (너무도 갑작스럽게) 임하여서, 외투를 펼치며 흥정하는 두 사람이 그 거래를 끝내지도, 그것을 다시 개지도 못할 것이다. 그 때는 한 남자가 그의 암낙타의 우유를 운반하는 동안에 임할 것인데, 그것을 마실 수도 없을 것이다. 어떤 사람은 가축에게 물을 주려고 구유를 준비할 수도 없이 그 때가 임할 것이다. 그리고 그대들 중 일부가 음식을 입에 가져가고도 그것을 먹을 수 없이 그 때가 임할 것이다."_8:339; 76.40.513

이 말은 그리스도의 말씀과 밀접하게 병행된다. 세상 종말의 순간이 예고도 없이 예기치 않게 임하리라는 데 두 종교의 신봉자들이 동의한다는 사실은 흥미롭다. 인류의 대부분이 준비되지 않은 채 그날을 맞을 것이다. 이것이 각각 2,000년과 1,400년의 도입기에 주어졌다는 사실은 우리에게 놀랍지 않다.

> 아부 후라이라가 말하기를: 나는 알라의 사도가 말씀하는 것을 들었다. "비록 이전의 민족들이 우리 앞서 거룩한 경전들을 받았을지라도 부활의 날에 우리(무슬림)는 가장 마지막에 나오지만 가장 처음이 될 것이다."_2:1; 13.1.1

꾸란과 하디스의 구절들은 시종일관 무슬림을 알라의 총애를 받는 자들로 묘사한다. "거룩한 경전들"이란 구약 성경과 신약 성경을 일컫는다. 이슬람은 그리스도 이후 600년이 지나서 시작되었으나 알라는 이전의 경전들을 폐기하고 정화했다. 그러므로 이제 무슬림이 진리로 옷 입은, 알라의 선택된 자들로서 알라 앞에 설 것이라고 믿는다. 비록 유대인과 그리스도인이 '성경의 사람들'People of the Book이라 불릴지라도 그들은 무함마드와 꾸란과 전승들을 거절함으로써 크게 잘못을 저질렀다는 것이 무슬림의 흔한 믿음으로, 이 하디스는 그런 믿음을 직접적으로 강화해 준다. "가장 마지막이며 가장 위대한"이란 표현은 이슬람에서 단순한 상투어가 아니다.

전하는 바에 따르면, 알라의 위대한 시간 동안 수많은 사건이 펼쳐질 것이다. 여러 하디스가 무슨 일이 일어날 것인지에 관해 단계를 정한다.

아부 후라이라가 말하기를: 선지자가 말씀했다. "부활의 날에 알라는 온 지구를 붙잡으시고 그의 오른손으로 하늘을 접으시고 '나는 왕the King이다. 땅의 왕들 the kings of the earth은 어디에 있느냐?'라고 말씀하실 것이다."_9:355; 93.6.479

무슬림에 따르면 알라는 그의 신민들에 대한 통치권을 갖고 있다. 알라의 영광이 충만히 드러날 때 땅의 왕들은 완전히 비천해질 것이며 아무도 그의 능력과 권세에 저항할 수 없을 것이다. 땅의 주권자는 알라에게 복종하며 절할 것이다. 새로운 시대가 도래한다.

아부 후라이라가 말하기를: 알라의 사도는 말씀했다. "부활의 날, 알라가 보시기에 가장 끔찍한 이름은 그 스스로를 말리크 알-아믈락Malik Al-Amlak, 왕 중의 왕이라 부르는 남자의 이름일 것이다.
[번역자의 주석: 샤한 샤Shahan Shah는 (말리크 알-아믈락과) 같은 의미를 담은 페르시아어다. 이것은 어떤 언어로도 그와 같은 이름으로 스스로를 칭하는 것이 금지되어 있음을 가리킨다.] _8:144; 72.114.224

왕 중의 왕king of kings이라는 칭호는 오직 알라에게만 돌려야 한다는 사상이다. 세상의 어떤 통치자도 만유를 통치하는 전능자 알라와 겨루는 권세나 칭호를 자신에게 감히 부여할 수 없다.
마지막 때의 실재들은 압도적일 것이다. 성경 구절과 유사한 다음 하디스에서, 무슬림은 일반적인 이해를 초월한 미래의 기쁨에 대해 확신하게 된다.

아부 후라이라가 말하기를: 선지자는 말씀했다. "알라께서 이르시기를, '나는 나의 경건한 예배자들을 위해 어떤 눈도 본 적 없고 어떤 귀도 들은 적 없으며 누구도 생각해 본 적 없는 그런 것들을 예비했다. 모든 것이 예비되었으며 그밖에도 너희가 보아 온 모든 것은 아무것도 아니다.'" _6:289; 60.233.303

하지만 불신자들은 그 위대한 날에 두려운 일이 많을 것이다.

아이샤가 말하기를: 알라의 사도는 말씀했다. "사람들이 맨발에, 벌거벗고, 할례를 받지 않은 채로 모일 것이다." 나는 말하기를, "오 알라의 사도여! 그 남자들

과 여자들이 서로를 볼 것입니까?" 그는 대답했다. "그 상황이 너무 혹독해서 그들은 그것에 주의를 기울일 수 없을 것이오."_8:350; 76.45.534

심판과 그에 따른 고통이 예상되는 두려운 상황에서 일상적인 욕구는 억제될 것이다. 사람들이 할례를 받지 않았다는 것은 이들이 모두 비무슬림이라는 것을 가리킨다. 이 참혹한 군중의 주된 특징은 굴욕이다. (이것을 읽으면서 나는 아우슈비츠를 떠올릴 수밖에 없었다. 그곳에서 유대인들은 벌거벗은 채 일렬로 늘어서서 청산가리 '샤워'의 차례를 기다려야 했다.) 이슬람 신학은 주후 632년 이래 살았던 모든 비무슬림을 이 장면 속에 배치한다. 단, 이슬람의 메시지를 한 번도 접촉한 적 없는 사람들만이 예외가 될 것이다.

세계의 주요 종교 가운데 이슬람과 기독교만이 자신의 신앙 체계 바깥의 사람들을 극단으로 가혹하게 다룬다. 다음 장에서 지옥에 대한 무슬림의 관점을 살펴볼 것인데, 이 가공할 고통의 장소에는 그리스도인, 유대인, 힌두교인, 불교도, 신도 신자를 비롯하여 무함마드의 추종자가 되지 않은 모든 사람이 거하게 된다.

그때에 관한 또 다른 그림은 절망에 빠진 사람들의 모습을 다음과 같이 표현한다.

아부 후라이라가 말하기를: 알라의 사도는 말씀했다. "부활의 날에 사람들은 땀을 너무 많이 흘려 그들의 땀이 땅속 70큐빗cubit, 성경에 '규빗'이라 나오는 고대의 척도 단위. 팔꿈치에서 가운뎃손가락 끝까지의 길이로 대략 50센티미터로 환산한다_옮긴이 깊이에 스며들고, 그것이 사람들의 입과 귀에 다다를 때까지 차오를 것이다."_8:354; 75.47.539

비무슬림들은 그들의 체액이 땅속 300미터 이상 깊이 스밀 정도로 땀을 흘리는 것으로 묘사된다. 그리고 그 땀은 비신자들의 얼굴까지 차오른다. 문자적 표현인지 비유적 표현인지 우리는 모르지만, 이 모든 것은 심판 때 알라 앞에 선 사람들이 경험할 극도의 공포를 희미하게 보여 준다.

부활의 날에 중보자의 역할이 있어야 할 것이다. 알-부카리가 기록한 가장 긴 전승들 중에는 아담, 노아, 아브라함, 모세, 예수에게 알라 앞에서 자신을 위해 중보해 달라고 요청하는 무슬림들이 나온다. 이 선지자들은 모두 자신이 중보하기에는 보잘것없는 인간임을 선언하고 아마도 그 신자를 도울 수 있는 이로서 자기 다음의 선지자를 지목한다. 이들 중의 마지막 선지자인 예수 또한 자신의 불충분함에 대해 말하고 탄원자들에게 무함마드를 언급한다. 그때 선지자는 이렇게 응답한다.

아나스가 말하기를: "그래서 그들은 내게 올 것이며 나는 주님의 허락을 요청하되 내게 허락이 주어질 때까지 계속할 것이다. 나의 주님을 볼 때 나는 탈진하여 엎드릴 것이며 그분은 원하시는 만큼 나를 그 상태로 두신 후에 내게 말씀하실 것이다. '(오 무함마드여!) 네 머리를 들어라. 요청하라, 그러면 너의 요청이 허락될 것이다. 말하라, 그러면 너의 말이 응답될 것이다. 중보하라, 그러면 너의 중보는 받아들여질 것이다.' 나는 머리를 들어 올려 말하며(즉 탄원하며) 알라를 찬미할 것이다. 그분은 나를 가르칠 것이고 그러면 나는 중보할 것이다. 그분은 나를 위해 내가 낙원에 들어가도록 허락할 사람들을 위해 (중보할) 한계를 정하실 것이다. 그러면 나는 다시 알라께 돌아올 것이고 내가 주님을 볼 때 똑같은 일이 내게 일어날 것이다. 나는 중보할 것이고 알라는 내가 낙원으로 들어가도록 허

락할 사람들을 위해 중보하도록 한계를 정하실 것이고, 그 다음에 나는 세 번째로 돌아올 것이다. 그리고 나는 네 번째 돌아와서 말할 것이다. '꾸란이 (지옥에) 감금한 사람들과 지옥에 영원히 머물도록 운명이 정해진 사람들 외에는 아무도 지옥에 남아 있지 않다.'" _6:4, 5; 60.3.3

이 단락은 무함마드가 수행해야 할 중요한 사역이 있다는 것을 분명히 보여 준다. 알라는 선지자의 말이 응답되고 그의 중보가 작용할 것이라고 말한다. 그러나 그 한계들은 알라가 직접 정할 것이다. 그 결과, 지옥은 그에 마땅한 이들을 받을 것이다. 그 운명을 가진 모든 사람이 고통의 처소에서 영원을 지낼 것이다. 무함마드조차도 꾸란에 제시된 영원한 파멸의 판결을 변경할 수 없다.

몸의 부활은 그리스도인과 마찬가지로 무슬림에게도 논리적 어려움을 나타낸다.

아부 후라이라가 말하기를: 선지자는 말씀했다. "인간 몸의 모든 것은 (꼬리부의) 미골 뼈를 제외하고는 썩을 것인데, 알라는 그 뼈로 몸 전체를 재구성하실 것이다." _6:319; 60.254.338

선지자에 따르면, 이슬람은 썩은 몸이 뼈 하나로부터 재구성될 것이라고 선언한다. 의학적으로 말하자면, 이 하디스는 옳지 않다. 주요한 뼈들은 모두 동일한 비율로 나빠진다. 그러나 요점은 새로운 몸을 일으킬 분이 알라라는 것이다. 무슬림은 시신을 항상 매장한다. 그들은 화장을 허용하지 않는다.

이 중대한 주제에 관해 무슬림과 대화하는 것은 적절하다. 그러나 위험성은 크다. 영원한 삶과 영원한 파멸은 기독교와 이슬람 둘 다에서 핵심적 가르침이다. 무슬림은 대심판날에 대한 그들의 생각을 기꺼이 설명하려 할 것이다. 이와 마찬가지로 그들은 아마도 당신의 표현에 매우 주의 깊게 귀를 기울일 것이다.

이러한 다소 우울한 주제를 시작으로, 우리는 계속 아래로 내려가서 지옥의 공포에 관한 토론으로 들어간다.

12 지옥

많은 사람에게 지옥의 실재는 불확실하다. 꺼지지 않는 불구덩이를 방문하고 돌아와 자신이 목격한 것을 생생하게 극적으로 보고한 사람은 지금까지 아무도 없다. 그러나 경전을 믿는 그리스도인과 무슬림에게 지옥은 확실히 존재한다. 구약 성경의 구절들은 그 주제에 관해 다소 모호한 반면, 신약 성경은 지옥을 끝없는 고통의 장소로 분명히 제시한다. 꾸란과 하디스 구절은 불신자와 불의한 자의 거처를 한층 더 신랄하게 묘사한다.

내가 관찰한 바에 따르면, 그리스도인이 무슬림보다 지옥의 개념에 관해 학술 연구를 더 많이 한다. 신약 신학자들은 그곳을 문자적으로 받아들이는 대신 상징적인 것으로 선언하여 지옥 불의 효력을 약화시키는 것으로 알려져 왔다. 어떤 사람들은 고통의 기간을 줄이기 위해 연옥의 개념을 덧붙인다. 또 다른 사람들은 '영원한'eternal과 '영원히 지속되는'everlasting이란 표현 대신 지옥을 영혼 멸절annihilation의 장소로 표현하는 교리를 채택했다.

무슬림에게는 그 같은 문제가 존재하지 않는다. 아마도 지하드의 가르침과 더불어 이슬람의 역사적 뿌리 때문에 무슬림은 경전에서 거듭 가르치는 지옥에 대해 쉽게 동의할 수 있을 것이다. 나는 그들의 솔직하고 통렬한 지옥 교리를 약화하려는 무슬림을 본 적이 없다. 대부분, 죄인들은 마땅히 받을 처벌을 받으리라는 의기양양한 자신감이 있는 것으로 보인다.

지옥에 대한 신학과 묘사들

하디스는 지옥의 불길을 일상에서 볼 수 있는 보통의 불과 견준다.

아부 후라이라가 말하기를: 알라의 사도는 말씀했다. "그대들이 가진 (보통의) 불은 (지옥) 화염의 70개 조각 중의 하나요." 어떤 사람이 묻기를, "오 알라의 사도시여! 이 (보통의) 불은 (불신자들을 괴롭게 하는 데) 충분할 것입니다." 알라의 사도는 말씀했다. "그 (지옥) 불길은 보통의 (세상의) 불보다 더한 69개 조각들을 갖고 있는데 각 조각은 이 (세상의) 불만큼 뜨겁소." _4:315; 54.9.487

무함마드의 제자들은 보통 사용하는 흔한 불보다 "69개 조각들"을 더 가진 불길을 거의 상상할 수 없었다. 그들은 그렇게 많은 열기가 필요하다는 사실에 큰소리로 놀라워 할 뿐이었다.

아부 후라이라가 말하기를: 알라의 사도는 말씀했다. "(지옥) 화염은 주님께 불평하며 '오 나의 주님! 나의 다른 조각들이 서로를 먹어댑니다'라고 하소연했다.

그래서 그분은 그 불길이 겨울에 하나 그리고 여름에 다른 하나로 두 개의 호흡을 취하도록 허락하셨고, 이것이 바로 그대들이 (날씨에서) 발견하는 혹독한 더위와 살을 에는 추위의 원인이다." _4:313-314; 54.9.482

이 전통에서 의인화된 불은 알라에게 고충을 드러낸다. 지옥은 분할되어 있고 그 맹렬한 열기로 인해 자멸하는 듯 보인다. 알라는 요청에 대한 응답으로 점점 뜨거워지는 열기를 방출하도록 허락했다. 여기서 이해하기 어려운 것은 어떻게 이 "두 호흡"이 반대의 결과(여름의 혹서와 겨울의 혹한)을 낳을 수 있는가 하는 것이다.

아부 다르가 말하기를: 선지자가 여행 중에 (주흐르Zuhr, 정오의 기도_옮긴이 기도의 수행에 관하여) 말씀했다. "그것(즉 날씨)이 더 서늘해질 때까지 기다리시오." 그는 같은 말씀을 반복하기를 언덕의 그림자가 길어질 때까지 한 후에, 말씀했다. "더 서늘해질 때까지 주흐르 기도를 연기하시오. 이 열기의 가혹함은 지옥의 불길이 커지면서 그 열기로부터 나오기 때문이오." _4:313; 54.9.480

여기서 선지자는 아라비아의 뜨거운 날씨의 원인을 지옥의 불길이 커진 것으로 생각한다. 무함마드가 더 멀리 여행할 수 있었다면 그의 신학과 견해는 아마도 많이 수정되었을 것이다. 알래스카나 남극권을 여행했다면 그의 자민족중심주의는 곧 사라졌을 것이다. 섭씨 40도가 넘는 불타는 사막에서 사는 것은 지옥의 불길을 이해하기에 수월했고, 결과적으로 현재의 불편을 지옥에서 흘러나온 것으로 치부하여 비난하기에도 수월했다.

무함마드는 종종 부富를 알라의 곧은 길에서 신자들을 유혹해 내기 위한 사탄의 도구라고 공공연히 비난한다.

이븐 알리 라일라Ibn Ali Laila가 말하기를: 선지자는 우리가 비단이나 디바즈를 입는 것, 금이나 은그릇으로 마시는 것을 금하면서 말씀했다. "이러한 것들은 이 세상에서는 그들(불신자)을 위한 것이며 내세에서는 그대들(무슬림)을 위한 것이오. …… 은그릇으로 마시는 자는 그저 지옥 불로 그의 배를 채우는 것이오." _7:366-367; 69.28.538

낭비하는 사람에게는 지옥의 불길이 깃들어 있다고 묘사된다. 반대로 참 신자는 정숙하게 단장해야 하며 기본적인 가정용품을 사용해야 한다. 그러나 미래에는 신실한 무슬림이 아무런 제지도 받지 않을 것이다. 은그릇과 금그릇은 단지 내생에서 받을 부의 작은 표식일 뿐이다.

사흘이 말하기를: 선지자는 말씀했다. "지옥 불, 그리고 참으로 행위의 (보상은) 마지막 행동(행위)들에 의해 결정된다." _8:395; 77.4.604

한 사람이 인생 여정을 어떻게 끝내느냐는 무슬림에게 몹시 중요하다. 마지막 행위는 영원한 결정력이 있다. 이것은 초기 행위가 별로 중요하지 않다는 의미가 아니다. 하지만 평가는 그 사람이 어떻게 마무리하느냐에 달려 있다. 청결한 삶을 유지하기 위해 투쟁한 많은 종교적 인물이 인생의 말미에 도덕적 완전을 추구하는 좁은 길에서 멀리 벗어난 것을 숙고해 보면, 이것이 얼마나 정신을 차리게 만드는지 모른다.

이븐 압바스가 말하기를: 한때 선지자는 메디나 혹은 메카의 공동묘지 한 곳을 지나가는 동안 무덤 속에서 괴롭힘 당하는 두 사람의 음성을 들었다. 선지자는 말씀했다. "이 두 사람은 (피해야 할) 중요한 죄 때문에 고통을 당하고 있는 것이 아니오." 그리고 부연하기를, "아니오! (그들은 중요한 죄 때문에 고통당하고 있소). 실로 한 사람은 자신의 오줌으로 불결해지는 것에서 자신을 구하려 하지 않았고, 나머지 한 사람은 (친구들 간에 반목을 조성하기 위해) 다른 사람들을 중상하며 다녔소." 선지자는 대추야자 나무의 푸른 잎을 달라고 해서, 그것을 두 조각으로 부러뜨려 각 무덤에 하나씩 넣었다. 왜 그렇게 했는지 질문을 받았을 때 그는 대답했다. "나는 이것이 마를 때까지 그들의 고통이 감해지기를 바라오."_1:141; 4.57.215

하디스는 죽은 무슬림에게서 나는 소리와 공동묘지를 지나가는 사람들에게 들리는 소리를 자주 언급한다. 공통적인 것은 이런 울부짖음이 지옥에서 괴로워하는 죽은 자들의 소리라는 것이다. 위의 전통에서 한 사람은 소변을 본 후에 행하는 이슬람의 물 세정 의식을 하지 않았기 때문에 처벌받고 있다. 혹독한 처벌을 초래하는 '죄'라기엔 정말 사소한 것이 아닌가. 무함마드는 세정 의식을 생략한 그의 죄에 대해 처음에는 덜 중요한 위반이라고 선언하지만, 곧 생각을 바꿔 그것이 실로 중요한 죄였다고 진술했다. 세정 의식을 소홀히 한 것이 어떻게 내세의 운명을 결정하는지에 대해 더 충분한 설명이 필요할 것 같지만, 이것은 이슬람 내부에서 율법적인 세목들이 얼마나 중요한지를 다시 한 번 보여 준다.

죄에 대해 설명한 후에 선지자는 외부자에게는 당혹스러워 보이는 단순한 행동을 한다. 엄정하게 보면, 고통스러워하는 두 무슬림의 무덤에 대추야자 나무의 푸른 잎을 놓는 것이 결과적으로 무슨 효과를 기대할 수 있을까? 고통의 경감이라는 효과도 일시적인 것으로 잎이 마르기 전까지만 지속될 뿐이다. 무함마드 자신도 그 행동이 결과적으로 성과가 있으리라는 확신이 없는 듯하다. 선지자의 '바람'은 고통을 겪는 사람들이 어느 정도 위로를 받는 것이다.

다소 놀라운 다음 전승은 아브라함의 아버지가 동물로 변하여 지옥의 불길 속으로 던져졌다고 한다.

아부 후라이라가 말하기를: 선지자는 말씀했다. "부활의 날에 아브라함은 그의 아버지 아자르Azar를 만날 것인데 그의 얼굴은 어둡고 먼지로 덮여 있을 것이다. (선지자) 아브라함이 (그에게) 말할 것이다. '나에게 불순종하지 말라고 당신에게 말하지 않았나요?' 그의 아버지가 대답할 것이다. '오늘 나는 너에게 불순종하지 않을 것이다.' 아브라함이 말할 것이다. '오 주님! 당신은 부활의 날에 나를 치욕스럽게 하지 않기로 약속하셨습니다. 내 아버지를 저주하고 그에게 굴욕을 주는 것보다 내게 더 수치스러운 것이 무엇이겠습니까?' 그러면 알라께서 (그에게) 말씀하실 것이다. '나는 불신자에게 낙원을 금지했다.' 그리고 그는 이런 답을 들을 것이다. '오, 아브라함아! 보라! 너의 발아래에 무엇이 있느냐?' 그가 보면, 거기에 피투성이 다브흐Dhabh, 목을 딴 동물가 있을 것인데, 다리를 붙들려 (지옥) 불길로 던져질 것이다."

[번역자의 주석: 아브라함의 아버지는 동물로 변해서 지옥 불에 던져질 것이다. 그는 불신자였으므로 무슬림 아들의 중보가 소용 없었을 것이기 때문이다. 아브라함은 아버지와 부자의 인연을 끊을 것이다.] _4:365; 55.9.569

여기서 불신자이기 때문에 치러야 하는 대가는 몇 단어에서 통절하게 묘사된다. 아브라함의 아버지는 생전에 아들의 증언을 거부하였다. 부활의 큰 날에 두 번째 기회는 없을 것이다. 아버지는 지금 아브라함에게 순종할 준비가 되어 있으나 너무 늦었다. 운명은 봉인되었다. 이 하디스에 달린 주석은 이를 더 상세히 설명해 준다. 아브라함은 무슬림에게 매우 평판이 좋은 선지자다. 아브라함이 아버지와 이런 방식으로 대화했다는 것은 이상하고도 충격적이다. 특히 부모를 존경해야 하는 이슬람의 가르침을 생각하면 더욱 그렇다.

우사마Usama가 말하기를: 선지자가 말씀했다. "나는 불의 문에 서서 그리로 들어오는 사람들이 대부분 여자라는 것을 발견했다." _8:363; 76.51.555

이 전승에서 무함마드는 심판 날과 관련된 예언적 환상을 보고 있는 것이 분명하다. 그러나 실제로는, 무슬림 남성보다 무슬림 여성 중에 종교적으로 헌신되어 있고 세심하게 의식을 따르는 사람이 더 많다. 나는 지나치게 요구가 많은 남편을 참아 내야 했던 여성들의 노고와 인내에 종종 경탄했다. 경험을 따라 말한다면, 나는 하디스와 반대로 무슬림 여성 대부분이 낙원에 들어가는 것을 보고 싶다.

이븐 우마르가 말하기를: 선지자가 말씀했다. "한 여인은 그녀가 묶어 둔 고양이 때문에 (지옥) 불에 들어갔는데, 고양이에게 음식을 주거나 땅의 해충을 잡아먹도록 놓아 주지 않았기 때문이다." _4:337; 54.15.535

고양이 한 마리를 소홀히 한 대가로 이 여인이 치러야 하는 형벌이란 얼마나 가혹한가? 왜 그 정도 위반 때문에 영원한 지옥 불이 내려져야 하는지는 이해하기 어렵다. 이 하디스는 한 여인을 낮은 지위로 강등시키지 않는가? 여인은 고양이만큼도 중요하지 않은 것처럼 보인다.

이슬람에서 널리 수용되는 믿음은 맹렬한 지옥 불의 급류 위에 걸쳐진 다리에 집중한다.

아부 후라이라가 말하기를: 선지자는 말씀했다. "그때에 다리 하나가 그 (지옥) 불길 위로 놓일 것이다." 알라의 사도는 부연하기를, "내가 그것을 건너는 첫 사도일 것이다. 그리고 그날에 사도들의 기원invocation이 있을 것이다. 알라훔마 살림, 살림Allahumma Sallim, Sallim. 오 알라시여, 우리를 구원하소서, 우리를 구원하소서. 그리고 그 다리 위에 앗-사단As-Sadan, 가시나무의 가시와 비슷한 갈고리들이 있을 것이다. 너희는 앗-사단의 가시를 보지 않았느냐?" 동행자들이 말했다. "예, 오 알라의 사도여." 사도는 부연했다. "그래서 그 거대한 규모는 알라만 아신다는 것 외에는, 다리 위의 그 갈고리들은 앗-사단의 가시들과 같을 것이다. 그 갈고리가 사람들의 행위에 따라 그들을 잡아챌 것인데, 일부 사람들은 그들의 악한 행위들로 인해 파멸할 것이고 일부는 갈가리 잘려 지옥에 떨어질 것이지만, 그 후에 구원을 받을 것이다. 이는 알라께서 그분의 노예들 가운데 심판을 마치시고,

알라 외에 누구도 경배받을 권리가 없다고 증거하던 사람들 중에 그분이 건지기 원하시는 누구든지 그 화염에서 건지고자 하실 때가 될 것이다. 그분은 천사들에게 그들을 꺼내라고 명하실 것이고 천사들은 (그들의 이마에 있는) 부복했던 흔적의 표시기도할 때 엎드려 이마를 땅에 대면서 생긴 자국을 말한다_옮긴이로 그들을 알아볼 것인데, 이는 알라께서 화염을 금하여 아담의 자손의 몸에서 부복의 흔적을 태워 버리지 않도록 했기 때문이다. 그래서 천사들은 그때까지 (석탄처럼) 타버린 그들을 꺼내어, 마울 하야트Maul Hayat, 생명수라 불리는 물을 그들에게 부을 것이고, 그들은 개울가의 씨앗a seed과 같이 솟아오를 것이다."_8:375-376; 76.52.577

대심판 날에 일어날 일들을 통찰력 있게 묘사하고 있다. 무함마드는 그 다리를 건너는 길을 인도할 것이다. 그는 다른 모든 선지자보다도 존중받는 위치에 있는데, 이것은 알라에게 속한 모든 진실한 대변인 중에서 무함마드가 가장 위대한 자임을 교리적으로 단언하는 것이다.

일부 무슬림은 잘려 나가 지옥으로 던져질 것이다. 그러나 운 좋게도 그들이 머무는 곳은 배교한 로마 가톨릭 신자가 가는 연옥과 비슷하다. 일정량의 고통과 정화를 거쳐 무슬림은 풀려날 것이다. 형벌의 기간을 결정하는 요소 중 하나는 그 무슬림이 기도 생활에 성실했는지 여부다. 나는 이란 무슬림들이 기도할 때 깔개의 정 위치에 놓인 작은 돌에 이마가 닿도록 엎드리는 것을 보았다. 일정 기간 이상 이 방식을 유지하면 이마에는 눈에 띌 정도의 자국이 생긴다. 알라는 이 표시가 없어지지 않도록 했고, 그것은 그들을 낙원에 들여보내는 허가증이 된다.

새롭게 되어 회복된 신자들은 그들 위에 부어진 생명수로 깨끗해진다. 그들은 이제 알라를 사랑하는 자들을 위해 준비된 모든 즐거움에 들어갈 준비를 마쳤다. 구속은 마침내 완성된다. 일반적으로 무슬림들은 그들 중 가장 악한 죄인조차 결국에는 지옥에서 해방되리라고 믿는다. 다음 하디스는 이 주제를 더 심도 있게 다룬다.

> 아부 사이드 알-쿠드리가 말하기를: 선지자가 말씀했다. "낙원에 속한 사람들이 낙원에 들어오고 지옥에 속한 사람들이 지옥에 갈 때, 알라는 겨자씨 낟알의 무게와 동일한 믿음을 가진 사람들을 지옥 불에서 건져 내실 것이다. 그래서 그들은 지옥에서 끄집어 냄을 받을 것이나 (그때까지) 검게 되었을(시꺼멓게 태워졌을) 것이므로 그래서 하야Haya, 비 강에 집어넣어질 것이다." _1:24; 2.15.21

믿음을 겨자씨 낟알과 비교하는 것은 성경에서 유래한 것으로 보인다. 이 하디스에서 그처럼 작은 분량의 믿음도 지옥에서 벗어나는 수단이 된다. 검게 타 버린 무슬림은 물로 깨끗해질 것이다.

자살은 이슬람에서 엄격하게 금지되어 있다. 다음의 두 하디스는 자기 목숨을 제멋대로 취하는 사람에게 규정된 처벌을 묘사한다.

> 아부 후라이라가 말하기를: 선지자는 말씀했다. "누구든지 고의로 자신을 산 아래로 내던져 죽이는 자는 (지옥) 불로 떨어져 거기에서 종신토록 영원히 거할 것이고, 누구든지 독을 마셔서 스스로 죽이는 자는 영원히 거할 (지옥) 불에서 손에 그 독을 늘 지니고 마시게 될 것이다. 누구든지 철 무기로 스스로 죽이는 자

는 그가 영원히 거할 곳인 (지옥) 불 가운데서도 그 무기를 손에 늘 지니고 그것으로 자신의 복부를 찌르게 될 것이다."_7:450-451; 71.56.670

준둡Jundub이 말하기를: 알라의 사도는 말씀했다. "그대들 앞에 있는 나라들 가운데 부상을 입은 한 사람이 있었는데, (통증을) 점점 더 참기 어려워지자 그는 칼을 취하여 자신의 손을 잘랐고 결국 피가 멈추지 않아 죽었다. 알라께서 말씀하셨다. '나의 노예가 스스로 죽음을 재촉하였으므로, 나는 그가 낙원에 (들어가는 것을) 금하였다.'"_4:442-443; 55.45.669

무슬림이 스스로 목숨을 거두는 것에 대한 처벌은 실로 가혹하다. 자기 파괴를 용인하지 않는 알라의 강령을 감히 어기는 사람은 영원한 지옥 불에 거할 것이다. 그곳에서 죄의식 때문에 영원토록 독을 마시고 계속 자신을 찌를 것이다. 이 관점은 자살자에게 기독교적 장례를 허용하지 않는 로마 가톨릭 교회의 관례와 다소 유사하다.

이 교리적인 입장 배후에는 신학적인 전제가 남아 있다. 알라만이 생명을 부여할 수 있고 오로지 그만이 생명을 거두게 되어 있다. 알라는 목숨을 거두기 위해 질병과 사고, 심지어는 폭력도 사용할 수 있다. 그것은 그의 특권이다. 하지만 결코 스스로 죽음을 초래해서는 안 된다. 만약 그렇게 하면 고의적인 불순종으로 인해 치러야 할 영원한 대가가 주어질 것이다.

무슬림의 자살 빈도에 관한 통계는 얻기가 어렵다. 가족들은 죽음의 원인을 다른 탓으로 돌리려고 한다. 정부는 그와 같은 통계를 집계하는 일에 서투르다. 자살의 원인은 관계상의 갈등은 물론 경제적인 문제와도 관계된다.

종종 나는 상대 남성에게 버림을 받고 거절의 상처를 참을 수 없어서 목숨을 끊은 여성에 관한 기사를 읽었다. 스스로 목을 매는 것이 꽤 흔하긴 해도 무슬림 국가의 시골 지역에서 보통 선택하는 도구는 쥐약이다. 그러나 내 생각에 자살은 이슬람 국가들보다는 서구 국가들에서 더 흔하다.

지옥에서의 고통

아부 탈립Abu Talib은 무함마드의 삼촌이요, 후견인이자 친구였다. 이렇게 가까운 사람이 이슬람으로 개종하지 않은 것은 선지자에게 하나의 슬픔이었다. 이 근심은 아부 탈립을 언급하는 하디스에서 나타난다.

> 아부 사이드 알-쿠드리는 선지자가 그의 삼촌(아부 탈립)에게 말씀하는 것을 들었다고 말했다. "아마도 나의 중보는 부활의 날에 그에게 도움이 되어, 아무튼 발목까지만 이르는 얕은 불에 처할 것이나 그의 뇌는 끓어오를 것이다."_5:141-142; 58.39.224

무함마드는 다시 한 번 자신의 중보 능력에 관하여 언급한다. 사랑하는 삼촌을 위해 그 능력을 활용하려고 하지만 무함마드의 기도조차도 한계가 있다. 아부 탈립의 발목에 미치는 불은 그의 뇌를 끓어오르게 할 힘이 있다. 이와 같은 경우라면 무함마드에게서 감정적인 반응 이상을 기대할 수도 있다. 끔찍이 사랑하는 친척의 그러한 숙명을 숙고하면 얼마나 무섭겠는가. 하지만 무함마드는 엄정하게도 어떤 감정이나 슬픔을 표현하지 않는다. 그는 이것을 알라의 뜻으로 단순하게 받아들인다.

안-누만An-Numan이 말하기를: 나는 선지자가 말씀하는 것을 들었다. "부활의 날에 지옥 불에 처한 사람 중에서 가장 적게 처벌받는 사람은 그의 발바닥 장심掌心 밑에 연기 나는 불씨가 있어서 그로 인해 그의 뇌가 끓어오를 것이다."
_8:368; 76.51.566

끓는 뇌는 수많은 하디스에 언급된다. 비록 신체의 낮은 부분에 가해지는 가장 미미한 열기일지라도 뇌에까지 이르러서 뇌가 끓어오를 것이다. '가장 적은 형벌을 받은 자'에게 이렇게 심한 고통이 내려진다면, 더 큰 형벌은 어떨지 상상할 수 있을 것이다.

이븐 압바스가 말하기를: 선지자는 말씀했다. "누구든지 그가 보지 않은 꿈을 보았다고 주장하는 자는 누구든지 그가 해낼 수 없을, 보리 낟알 두 개 사이에 매듭을 짓는 일을 명령받을 것이다. 그리고 만약 누군가 그가 (엿듣는 것을) 좋아하지 않는 어떤 사람들의 이야기에 귀를 기울인다면, 혹은 그들이 그를 피해 달아난다면, 부활의 날에 그의 양쪽 귀 속에 용해된 납이 부어질 것이다. 그리고 누구든지 그림을 그리는 자는 부활의 날에 처벌을 받을 것이고 그가 해낼 수 없을, 그 그림 안에 영혼을 불어넣는 일을 명령받을 것이다." _9:134; 87.45.165

징벌 행위 중 두 가지는 죄인을 고통보다는 좌절로 인도하는 것처럼 보인다. 죄인은 할 수 없는 것을 하도록 명령받는다. 비밀스런 말을 엿듣는 자에게는 더 극심한 형벌이 예비되어 있다. 부활의 날에 그의 양쪽 귀에는 용해된 납이 부어진다. 이 또한 뇌가 끓어오르는 그림을 연상시킨다.

아부 와일Abu Wail이 말하기를: 선지자는 말씀했다. "부활의 날에 한 남자가 데려감을 당할 것인데 그는 (지옥) 불에 던져져서 창자가 빠져 나올 것이며, 당나귀가 맷돌 둘레를 돌듯 끊임없이 돌 것이다. (지옥) 불의 사람들이 그 주변에 모여서 말하기를, '오, 아무개여! 그대는 뭐가 잘못되었소? 그대는 우리에게 선한 행위를 하라고 명하고 나쁜 행위를 금하지 않았는가?'라고 물으면 그가 대답할 것이다. '그렇소, 나는 당신들에게 선한 행위를 하라고 명했지만 나는 행하지 않았고 당신들에게 나쁜 행위를 금했지만 나 스스로는 그렇게 행하지 않았소.'"
_4:316; 54.9.489

위선은 극도의 형벌을 자초한다. 죄인은 장腸이 배 밖으로 튀어나온 채로, 생전에 이중 기준을 갖고 산 것을 사람들에게 고백하면서 지옥을 돌게 된다. 다른 이들에게 그가 요구했던 것들은 그 자신의 행위와는 달랐다.
지옥에서 장에 형벌을 받은 또 다른 사람의 이야기도 있다.

아부 후라이라가 말하기를: 선지자는 말씀했다. "나는 아므르 빈 아미르 빈 루하이 알-쿠자아이Amr bin Amir bin Luhai Al-Khuza'i가 (지옥) 불 속에서 창자를 질질 끄는 것을 보았는데, 이는 그가 (거짓 신들을 위해) 동물을 놓아주는 관습을 시작한 첫 사람이기 때문이다." _4:473; 56.9.723

"동물을 놓아주는" 것releasing animals이 무엇을 의미하는지는 완전히 명확하지 않다. 아마도 거짓 신들에게 동물의 희생제를 드리는 것을 언급하는 듯하다. 혹은 이 목적을 위해 동물을 공급하는 자에 관한 언급일 수도 있다. 아무튼 그것은 지옥의 고통스런 경험으로 인도하는 심각한 죄다.

아나스가 말하기를: 선지자는 말씀했다. "그때에 그는 양쪽 귀 사이를 쇠망치로 얻어맞고 울부짖을 것인데 그 울부짖음은 인간과 진을 제외하고 그에게 접근하는 모든 존재에게 들릴 것이다."_2:236; 23.66.422

쇠망치는 고통을 주는 또 다른 형벌의 도구다. 위의 묘사는 망치의 종류와 그 사람이 얻어맞는 위치까지 명시한다. 죄인의 부르짖는 소리를 인간과 진(영물)이 듣지 못하는 이유는 불명확하다. 나로서는 인간과 진 외에 누구 또는 무엇이 지옥에 있을지도 알 수 없다. 또 다른 난해한 구절이 하나 있다.

아부 사이드 알-쿠드리가 말하기를: 선지자가 말씀했다. "그때에 모든 임신한 여인이 그녀의 짐을 떨어뜨릴 것이며(유산할 것이며) 어린이는 백발을 지닐 것이다. 그리고 너희에게는 인간들이 술에 취한 것처럼 보이겠지만, 취한 것이 아니라 알라의 고문이 가혹하기 때문일 것이다."_6:238; 60.205.265

이 구절은 다가오는 크고 두려운 심판 날을 암시하고 있다. 그것은 파괴와 황폐, 강탈이 만연한 끔찍한 기간일 것이다. 그리하여 근심하는 어린이들의 머리칼이 백발로 변할 정도로 공포가 격심할 것이며 인류가 마치 술에 취한 것같이 비틀거릴 것이다.

다채로운 하디스는 불의한 자들이 받아야 할 고통의 이야기를 추가한다.

아부 후라이라가 말하기를: 알라의 사도는 말씀했다. "부활의 날에 너희 중 누군가의 칸즈Kanz, 자카트로 납부되지 않은 보석이나 재산가 거대한 대머리 독사의 모양으로 나타날 것이며, 그 소유자는 달아날 것이지만 그를 따라오며 '나는 너의 칸즈다'라고 말할 것이다." 선지자가 덧붙였다. "맹세코, 그가 손을 뻗어 뱀이 그 손을 삼킬 때까지 그 뱀은 계속 그를 따라갈 것이다." _9:73-74; 86.3.89

여기서는 개인의 욕심에 대한 처벌을 묘사했다. 이기적인 사람은 독사로 화육incarnation한 칸즈를 보고 달아날 것이다. 결국 독사가 그 사람의 손을 삼켜 식욕을 채울 때까지 괴로움은 계속될 것이다.

지금까지 살펴본 상당히 비참한 주제로부터 눈을 돌려, 이제 훨씬 더 매력적이고 흥분되는 미래의 모습을 살펴보자. 이슬람에서 참 신자들을 위해 특별히 예비되었다는 낙원에서는 감각적인 즐거움들이 예상된다.

13 낙원

 무슬림들은 정서적으로나 신학적으로나 지옥보다는 낙원과 일체감을 갖는 경향이 있다. 낙원paradise은 그들이 오래 기다려 온 거처다. 그들은 이슬람의 '곧은 길'straight path을 떠나지 않은 결과로 마지막에 보상을 받을 것이라 믿는다. 꾸란과 하디스에서 낙원은 더 이상 싸움과 상처, 고통이나 슬픔이 없는 완전한 육체와 아름다움의 장소, 완전히 무죄한 장소로 묘사된다. 모두가 밝고 기쁨이 넘칠 것이다. 그 무엇보다도 알라의 영원한 현존 가운데 총애를 받는 즐거움이 있을 것이다. 사탄은 영원히 추방되고 오로지 의와 평화가 만연할 것이다.
 알-부카리 하디스에 속하지 않은 생생하고 사실적인 하디스들은 낙원에서의 감각적이고도 성적인 즐거움에 초점을 맞춘다. 나는 이러한 자극적인 자료는 비록 무슬림 남자들 사이에서 일반적으로 언급되는 것이라 해도 일절 다루지 않았다. 보수적인 학문적 관점에서, 나는 부카리의 권위 있는 전승집에 실린 것만 논하기로 했다.

낙원의 신학과 묘사

낙원은 무슬림의 독점적인 영역으로 간주된다. 꾸란과 하디스의 여러 구절은 '성경의 백성들'(유대인과 그리스도인)에 관해 긍정적으로 언급하지만 그들은 결코 낙원의 처소에 허입되지 않는다. 무슬림은 그들 자신이 최후에 궁극적인 움마ummah, 공동체를 경험할 것이라고 믿는다. 순수한 믿음은 낙원을 종교적 갈등이 없는 곳으로 만들 것이다.

> 아부 후라이라가 말하기를: 그때에 그[무함마드]는 빌랄에게 명하여 사람들에게 알리라고 하였다. "무슬림의 영혼 외에는 아무도 낙원에 들어오지 못할 것이지만, 알라는 심지어 악하고 사악한 자를 통해서도 이 종교(즉 이슬람)를 후원하실 것이다."_4:190; 52.182.297

알라는 악한 자들을 통해서 이슬람을 후원하신다고 한다. 이 전승은 모호한 점이 있다. 그 후원이란 위선적인 선언인가, 재정적인 지원을 말하는가, 혹은 둘 다인가? 어느 탁월한 기독교 지도자가 주류 도매업자의 기부 제안을 거절한 일이 생각난다. 주류 도매업자는 교회 건축을 위해 엄청난 금액을 기부하겠다고 제안했는데 이 그리스도인은 기부금을 받으면 술 문제에 대한 자신의 태도를 타협할지 모른다고 느꼈다. 이슬람은 분명히 불신자의 원조를 찬성한다. 물론 이것이 악인이 낙원에 가는 특권을 얻는다는 의미는 아니다.

> 이므란 빈 후세인Imran bin Husain이 말하기를: 선지자는 말씀했다. "나는 낙원

을 보았고 가난한 자들이 그곳 거주민의 다수를 차지한 것을 알았다." _4:305; 54.2.464

이전 장에서 우리는 지옥의 거주자 대부분이 여성임을 보았다. 소거법을 사용하면 천국의 거주자 대부분은 남성이라는 추측이 가능하지만, 이것은 언급되지 않는다. 단, 낙원에 대한 언급은 대부분 남성 쪽으로 기우는 경향이 있다. 이 하디스는 가난한 자들이 천국에서 가장 큰 무리를 형성할 것을 보여준다. 이 천승과 관련하여 한 가지 합의할 수 있는 것은 전 세계 무슬림의 대부분이 가난하다는 것, 최소한 서구인과 비교해서는 가난하다는 것이다. 여기에, 그들이 낙원에서 가장 인구가 많은 집단일 것이라는 언급이 따라온다.

아부 후라이라가 말하기를: 선지자는 말씀했다. "낙원과 지옥 불이 의논을 하는데, 불이 말하기를 '나는 오만한 자들과 압제자들을 받아들일 특권을 받았소.' 낙원은 말했다. '그것이 나와 무슨 상관이오? 사람들 중에 왜 약하고 비천한 자들만 내게 들어오는 것이오?' 그에 관해 알라께서는 낙원에게 말씀하셨다. '너는 내 종들 중에 누구든지 내가 원하는 자에게 수여하는 나의 자비니라.'" _6:354; 60.278.373

이 하디스에서 낙원은 의인화된 모습으로 약하고 비천한 자들만 수용하는 것에 대해 불평한다. 낙원에 거주하는 자들은 지옥에 있는 거만한 자들과 완전히 정반대다. 이 강화講話를 통해 무슬림들은 겸손에 더 높은 영적 가치를 부여한다는 것을 추론할 수 있다.

아부 후라이라가 말하기를: 선지자는 말씀했다. "믿음을 거절했다면 차지했을 (지옥) 불 속의 자리를 보지 않고는 아무도 낙원에 들어가지 못하므로 그는 더욱 감사할 것이며, 믿음을 가졌다면 차지했을 낙원의 자리를 보지 않고는 아무도 (지옥) 불에 들어가지 못하므로 그것이 슬픔의 원인이 될 것이다."_8:372-373; 76.51.573

지옥으로 들어가는 슬픔은 낙원의 희미한 빛에 의해 가중된다. 반대로 신자가 낙원의 즐거움에 들어갈 때 지옥의 공포를 보도록 허락되는 것은 감사하는 마음을 일으킨다. 이 하디스는 두 영원한 거처 사이의 큰 간격을 강조하는 것으로 보인다. 여기에는 부활한 자들에 대한 높은 수준의 의식과 이해가 있다. 묘사된 그림은 영원한 두 선택 사항 사이에 있는 대조적인 모습이다.

아부 사이드 알-쿠드리가 말하기를: 알라의 사도는 말씀했다. "신자들이 지옥 (을 가로지르는 다리) 위로 안전하게 지나갈 때, 그들은 지옥과 낙원 사이의 다리에 멈춰 서서 세상에서 그들이 당한 부당함에 대해 서로 갚을 것이며 그들의 모든 죄가 깨끗이 제거될 때 낙원에 들어가도록 허락될 것이다."_3:371; 43.2.620

다시 한 번 우리는 다소 모호한 전통을 만난다. 무슬림 신자들이 "서로 갚을 것"이라는 의미가 무엇일까? "부당함"injustices이란 신자들이 사는 동안 서로 다투거나 불화한 것을 말하는가? 이 갚는 과정이 완성될 때 무슬림들은 죄에서 깨끗해지고 낙원에 들어갈 준비가 되는 것으로 보인다. 연옥

purgatory은 무슬림들이 낙원에서의 영원을 위해 정화되고 준비되는 공간이자 그 과정 자체라고 볼 수 있다.

알라를 위해 싸우는 군인과 순교자는 낙원에서 중요한 자리를 차지할 것이다.

아부 후라이라가 말하기를: 선지자는 말씀했다. "낙원에는 무자히둔Mujahidun, 알라를 위해 싸우는 남자들을 위해 알라께서 예비하신 백 개의 등급이 있으며, 각 점수 간의 간격은 하늘과 땅의 차이와 같다." _4:40; 52.4.48

아나스 빈 말리크가 말하기를: 선지자가 말씀했다. "죽어서 (내세에서) 알라로부터 행복을 발견하는 자는 누구든지, 그에게 온 세계와 그 안에 있는 모든 것을 준다 할지라도 이 세상에 되돌아오는 것을 원치 않을 것이다. 단, 순교자는 순교의 우위를 알고서 세상에 되돌아가 (알라를 위해) 다시 죽고 싶어할 것이다." _4:42; 52.6.53

무함마드가 살아 있던 시기에, 순교란 선지자의 지도력을 따르고 그의 적들을 죽이며 이슬람의 메시지를 전파하는 것을 의미했다. 이러한 과정에서 만일 목숨을 잃으면 이 사람은 즉각적으로 낙원으로 인도되어 (그 의미는 불확실하지만) 백 개의 등급 안에서 우월한 지위를 누릴 것이다. 그래서 순교자가 기꺼이 그의 삶과 죽음을 다시 겪는 과정이 그토록 고무되는 것이다.

낙원에서의 보상

이슬람은 의로운 삶을 사는 것이 쉬운 일이 아니라고 가르친다. 매일 다섯 차례의 기도와 일 년 중 한 달간의 금식은 강도 높은 훈련이다. 사탄은 늘 신자를 파멸시킬 기회를 노리고 있다. 이슬람은 이 전투의 한가운데로 미래에 대한 활기찬 소망을 끌어들인다. 충성된 신자들을 위한 영원한 보상은 최대한 실현될 것이다.

아부 후라이라가 말하기를: 알라의 사도가 말씀했다. "낙원에 들어갈 첫 무리(의 사람들)은 보름달같이 (빛날) 것이다. 그리고 다음에 들어갈 자들은 가장 광채 나는 별과 같이 (빛날) 것이다. 그들의 마음은 마치 단 한 사람의 마음 같을 것인데 그들 가운데 아무 불화도 없을 것이며, 모두가 각각 두 아내를 가질 것인데 아내들은 저마다 아름답고 순결하고 투명하여 그들 다리뼈의 골수가 살결을 통과하여 보일 것이다. 그들은 주야로 알라를 영화롭게 할 것이고 결코 병에 걸리지 않을 것이며 코를 풀지 않을 것이고 침도 뱉지 않을 것이다. 그들의 가정용품은 금과 은으로 만들어질 것이며 빗은 금으로 만들어질 것이다. 그들의 향로에는 침향이 사용되며, 그들의 땀은 사향 냄새가 나리라." _4:307-308; 54.7.469

이 하디스에는 흥미로운 점이 한두 가지가 아니다. 달과 별을 언급한 묘사는 기쁨과 행복을 가리킨다. 낙원의 거주자들 가운데는 반목과 갈등이 없을 것이다. 낙원에서는 질병과 더불어 불결한 신체 기능들이 존재하지 않을 것이고 몸에서는 사향내가 나며 금과 은이 주위에 지천이다. 낙원에서 주된일 하나는 알라를 영화롭게 하는 데 시간을 보내는 것이다.

여성주의자는 이 단락에 이의를 제기할 수 있다. 마치 남자들만이 낙원에서 이 호화로운 특권을 즐기는 것처럼 기록되어 있기 때문이다. 모든 남자가 아내를 둘씩 소유할 것이다. 부카리 외의 다른 하디스는 한 남편 당 아내 72명을 언급한다. 이들은 남성 무슬림의 영원한 향락을 위해 알라가 특별히 창조했다는 후리houri, 아담의 자손이 아닌 낙원의 처녀_옮긴이들이다. 이 여자들은 영원히 젊고 아름답다. 하지만 낙원에서 여성 무슬림이 남편들 혹은 한 남편이라도 가질 것이라는 언급은 어떤 이슬람 저작에도 없다. 사실, 낙원에 여성이 존재한다는 언급 자체가 거의 없다. 단지 그들은 낙원에 있는 '사람들' 안에 포함되어 있을 뿐이다. 그들이 남편의 새로운 두 아내를 인정하지 않으리라는 것은 누구나 생각할 수 있다.

이와 유사한 하디스가 좀 더 자세한 내용을 추가한다.

> 아부 후라이라가 말하기를: 알라의 사도는 말씀했다. "낙원에 들어올 첫 그룹은 보름달같이 빛날 것이고, 그들을 따르는 자들은 하늘의 가장 광채 나는 별과 같이 빛날 것이다. 그들은 대소변을 보지 않고 침이나 콧물도 없을 것이다. 그들의 빗은 금으로 만들어지고 그들의 땀은 사향과 같은 냄새가 날 것이다. 그들의 향로에는 침향이 사용될 것이다. 그들의 아내는 후리들일 것이다. 그들은 모두 똑같아 보일 것이고 (신장은) 그들의 조상 아담을 닮아 육십 큐빗일 것이다."
> _4:343; 55.1.544

마지막 문장은 남자들이 모두 30미터 키에 아담과 비슷한 모습을 지닐 것이라고 언급한다. 그래서 낙원에는 확실한 균일성이 있다. 후리들이나 다른 여인의 신장에 관해서는 다만 추측할 수 있을 뿐이다.

꾸란과 하디스에는 천상의 혼인에 대한 언급이 있는데, 예식의 성격에 관하여는 부연 설명이 없다. 한 이슬람 학자는, 무슬림 남자들은 자신의 아내가(혹은 아내들이) 낙원에서 다른 남자와 영원히 결혼할 것을 생각하면 이생에서 질투에 빠질 것이라고 상정했다. 그런 까닭에 이슬람 경전에는 이 주제가 결여되어 있다는 것이다. 하지만 역으로, 무슬림 여자들이 낙원에서 남편의 새로운 삶을 생각할 때 왜 차별받는다고 느껴서는 안 되는가?

> 아나스가 말하기를: 선지자가 말씀했다. "만일 낙원의 한 후리가 지상의 사람들에게 나타난다면 그녀는 빛과 유쾌한 향내로 하늘과 땅 사이의 공간을 채울 것이며 그녀의 머리 덮개는 세상과 세상 안에 있는 무엇보다도 더 좋을 것이다."
> _4:42; 52.6.53

행복하게 결혼한 남자들이 왜 관능적이고 매력적이며 영원한 젊음을 가진 새 아내들과 흥청거리는 영원을 기대하도록 장려되는가? 이것은 현재의 혼인의 존엄을 꺾어 버리는 것이 아닌가?

> 까이스가 말하기를: 알라의 사도는 말씀했다. "낙원에는 폭 육십 마일(약 96킬로미터)짜리 거대한 진주로 지붕을 덮은 정자가 있는데, 각 귀퉁이에는 다른 귀퉁이에서 보이지 않는 아내들이 있어서, 신자들이 그들을 방문하여 향락을 누릴 것이다. 거기에는 두 개의 동산과 은으로 만든 가재도구와 장식물이 있고, 또

다른 두 개의 동산과 금으로 만든 가재도구와 장식물이 있으며, 에덴의 동산에 머무는 사람들이 주님을 보지 못하게 가로막을 것은 그분의 얼굴 위에 드리운 위엄의 휘장을 제외하고는 아무것도 없을 것이다." _6:374; 60.294.402

여기에서 낙원은 에덴 동산으로 불린다. 이 동산에는 쾌락의 정자가 있는데, 아내들은 서로 분리된 귀퉁이에서 남편의 조심스러운 방문을 기다리고 있는 듯하다. 평범한 가재도구들이 금과 은으로 만들어졌다고 언급된다.

이슬람에서 알라는 영 a spirit 으로 간주된다. 하지만 여기서는 알라가 분명히 의인화되어 그 얼굴 위를 드리우는 위엄의 휘장을 가진 것으로 나온다. 이 휘장은 알라를 보기 원하는 무슬림이 마주치는 유일한 장애물이다. 영과 육체의 모순을 어떻게 조화시키느냐는 독자의 몫이다. 그리스도인들 역시 성경이 하나님에 관해 제시하는 바에서 유사한 딜레마에 직면한다.

아부 후라이라가 말하기를: 선지자가 말씀했다. "낙원에는 아주 큰 나무가 있어서 말 탄 기수가 백 년 동안 그 그늘 아래서 여행을 해도 지나갈 수 없다." _6:376; 60.295.403

이 정도로 큰 나무는 도저히 상상할 수 없다. 확실히 그늘은 사막에서 탐나는 자원이다. 그처럼 거대한 영역을 보호하듯 덮어 준다는 것은 영원의 세계에서 큰 자산으로 간주될 수 있다.

압둘라 빈 아므르가 말하기를: 선지자는 말씀했다. "나의 호수 원천은 (너무 커서) 그것을 건너는 데 한 달이 걸리는 여행을 해야 한다. 그 물은 우유보다 더 희며, 그 냄새는 사향보다 더 좋고, 그것을 마시는 잔은 하늘의 별처럼 (수많고), 그 물을 마시는 자는 누구든지 결코 목마르지 않을 것이다."_8:380; 76.53.581

다시금 아랍에서 부족한 자원의 가치가 강조된다. 이 거대한 물의 색과 냄새, 기능에 대한 묘사가 나온다. 심지어 마시는 잔까지 제공된다. 신실한 신자가 "결코 목마르지 않을 것"이라는 약속은 신자들에게 (다시는 목마르지 않을) 생명수를 보장하는 성경 구절과 유사하다.

알-바라가 말하기를: 이브라힘(선지자의 아들)이 죽었을 때 알라의 사도는 말씀했다. "낙원에는 그를 위한 유모가 있느니라."_8:139; 73.109.215

무함마드의 아들들은 모두 어린 나이에 죽었다. 이브라힘에 대한 염려는 낙원에서 그에게 젖을 먹일 유모가 있다는 사실로 인해 풀렸다.

무슬림들은 낙원에 대한 이 묘사들을 어떻게 글자 그대로 믿을까? 대답은 다양하다. 일부 무슬림은 믿음을 강조하며 꾸란과 하디스의 구절을 우화적이거나 상징적인 문학 장르로 생각하는 것을 확고히 거부한다. 다른 이들은 이슬람 경전의 어떤 부분에 대해 조심스레 난색을 표하며 서둘러 그것을 상황적 이해나 비유적 해석에 맡겨 버린다.

낙원에 관한 무슬림의 견해는 그리스도인의 이해와 개념상 유사하다. 신실한 신자들에게 영원한 보상이 있을 것이다. 이 공통된 신앙의 빛 가운데 그리스도인과 무슬림의 대화가 자연스럽게 개시된다. 낙원에서 보게 될 것들의 특성에 대한 이야기부터, 그토록 영화로운 거처에 입성할 것을 어떻게 확신할 수 있는지에 관한 더 중요한 이야기까지 대화의 주제를 옮겨 갈 수도 있다. 성경의 구절들은 기독교의 입장을 잘 보여 줄 수 있다.

14
초자연적 세계

종교는 일반적으로 '인간과 초월적 존재 간의 상호 작용'으로 정의된다. 힌두교도는 수백만 신들 중 하나를 향하여, 그리스도인은 예수를 향하여, 무슬림은 알라를 향하여 종교적 헌신을 바친다. 초자연적 존재는 우리를 삶의 일반적인 수준 너머로 데려간다. 믿음은 피조물과 인생의 창조주이자 유지자로 여겨지는 한 분(또는 여럿)과의 관계에 활기를 돋우는 기폭제가 된다.

기독교와 이슬람은 신비적 성향의 신봉자를 위한 일종의 해방 장치release mechanism를 구조 내부에 갖추고 있다. 이슬람에는 수백만의 수피 신자가 있으며 이들은 국제 조직으로 연결되어 있다. 이 제자들은 진실한 감정적 토로를 통해 예배 중에 알라를 향한 사랑을 표현한다. 그들이 갈망하는 것은 사랑하는 분과의 활기찬 만남과 경험이다. 이슬람의 주류인 형식주의 이슬람은 수피들을 놀라우리만큼 잘 묵인한다.

이슬람에 수피가 있다면 기독교에는 오순절파와 은사주의가 있다. 이들의 감정적인 교회 예배는 천사와 마귀의 영적 세계에 강조점을 두는데, 전통적인 기독교 교단들은 그 정통성을 인정하지는 않았어도 일반적으로 수용하는 편이다.

이슬람과 기독교의 신비주의자들은 믿음과 행위의 기초를 경전에 대한 각자 개별적인 해석에 둔다. 수피들은 꾸란과 하디스가 알라와의 친밀하고 강렬한 인격적 관계를 강조한다고 확신한다. 은사주의자들은 초기 교부들의 작은 저작 모음집과 특정 성경 구절들을 강조한다.

하디스는 일반 무슬림에게 알려지지 않은 신비한 것들을 보여 준다. 이 장에 나오는 많은 부분이 미신적인 마술처럼 보일 것이고, 서술된 내용 중 일부는 정령 신앙의 한 형태가 아닌지 의문이 제기될 것이다. 독자는 이 전통들을 깊이 생각해 보고 스스로 판단을 내릴 수 있을 것이다.

> 아이샤가 말하기를: 어떤 사람들이 선지자에게 점쟁이들에 관해 물었다. 그(선지자)는 말씀했다. "그들은 아무것도 아니다." 그들이 말하기를, "오 알라의 사도여! 점쟁이들의 말이 일부 실현되는데요." 선지자가 말씀했다. "실제로 실현되는 그 말은 진이 (하늘로부터) 은밀히 잡아채서 그것을 암탉이 우는 것 같은 소리와 함께 그 친구(예언자)의 귀에 부어 주는 것이다. 그러면 그 점쟁이들은 그 말을 일백 가지 거짓말과 섞는다." _9:488; 93.58.650

이것은 점쟁이들이 어떻게 미래의 사건을 점치는지에 관한 흥미로운 설명이다. 진(정령)은 하늘에서 진실을 훔쳐 내는 공모자처럼 보인다. 점쟁이와 진은 둘 다 초자연적 세계와 친밀한 만큼 서로 부자연스러운 동맹 관계가 아닌 친구 관계로 묘사된다. 천상의 통찰이 담긴 진실은 거짓과 뒤섞여 곡해된다.

결과적으로는 점쟁이가 거짓과 진실을 나란히 예고한다. 예언을 믿지 않는 회의론자는 점쟁이가 단지 뛰어난 추측을 하는 사람이라고 평가할 것이다.

> 움 살라마Um Salama가 말하기를 선지자는 얼굴에 검은 반점이 있는 한 소녀의 집에서 그 소녀를 보았다고 했다. 그는 말씀했다. "이 소녀는 흉안evil eye의 영향을 받고 있으니 루끼야Ruqya, 축귀로 그녀를 치료하라." _7:426; 71.35.635

무함마드는 이 전승에서 영적 식별력을 지닌 사람으로 소개된다. 다소 보기 흉한 얼굴은 그 소녀에게 내린 저주의 결과로 언급된다. 그가 처방한 치료책은 소녀의 삶에서 악한 세력을 내쫓는 것이다. 이것은 얼굴에 검은 반점이 있는 모든 여인을 저주 아래 있는 사람으로 간주해야 한다는 암시인가? 아니면 선지자가 영적 세력에 대한 진기한 통찰을 지니고서 자연적인 현상이 아닌 마력으로 인한 현상을 밝혀낼 수 있다고 말하는 것이 그 초점인가?

> 사드Sad가 말하기를: 알라의 사도는 말씀했다. "매일 아침 아즈와Ajwa 대추야자 열매 일곱 개를 먹는 사람은, 그것을 먹는 날에는 독이나 마술에 걸리지 않을 것이다." _7:260; 65.44.356

악에 대비하는 이 같은 보호책은 과학보다는 미신처럼 보인다. 이것은 내가 외딴 무슬림 마을에서 소개받은 부적들과 얼마나 많이 다른가? 그 마을의 상인은 꾸란 구절을 채워 넣은 금속 상자를 팔이나 목 둘레에 걸고 다니면 나를 쇠약하게 하는 모든 질병을 물리칠 수 있다고 장담하면서 나를 납득시키려 했다.

우리 그리스도인은 어떤가? 십자가 목걸이를 걸고 다니면서 하나의 보호 장치로 남용하지 않는가? 전장에서는 얼마나 많은 젊은이가 참혹한 전투 속에서 자신을 안전하게 지키기 위해, 전능하신 하나님을 의지하는 상징으로서 신약 성경을 군복 호주머니에 넣고 다니는가? 이 하디스가 우리 마음에 매우 강력한 인상을 주는 것은 어쩌면 대추야자 열매를 먹는 것이 매우 평범하고 게다가 마술과 독약으로부터 보호받기 위한 방법으로는 너무나 보잘것 없어 보이기 때문인지도 모른다.

> 아부 후라이라가 말하기를: 선지자는 말씀했다. "메디나의 산길에는 천사들이 있기 때문에 역병이나 아드-다자Ad-Dajja, 종교적 사기꾼들가 그곳에 들어올 수 없다." _9:186; 88.28.247

메디나 시는 선지자의 생애에 중요한 역할을 했다. 무슬림 민간전승은 그가 이 도시에 머문 사실을 기린다. 열렬한 신자들은 무함마드가 메디나에 주둔하는 동안 이룬 군사적 업적들을 하나하나 읊기도 한다. 무슬림들에게, 이 거룩한 도시에서 알라가 선지자를 보호하며 은총을 내리고 있었다는 것은 의심할 여지 없는 사실이며, 나중에 선지자는 이 도시에 묻히기도 했다.

이 전승에서 무함마드는 천상의 천사들 덕에 그가 보호를 받는다고 생각한다. 누구든 이 천상의 존재를 목격했다는 이야기는 어디에도 없다. 조직화된 종교들은 대부분 보호하는 영들의 역할에 관하여 비슷한 가르침을 갖고 있다.

또 다른 전승은 다소 기이한 현상을 소개한다.

아부 후라이라가 말하기를: 선지자는 말씀했다. "알라께서 하늘에서 어떤 일을 정했을 때 천사들은 그분의 말씀에 순종하여 그들의 날개를 친다(퍼덕거린다). 그것은 사슬이 바위 위로 끌어당겨질 때 나는 소리처럼 들린다."_6:187; 60.169.223

천사는 알라의 말씀에 순종의 응답을 하는 것처럼 보인다. 천사의 날개가 퍼덕거리는 소리도 묘사되어 있다. 하지만 사실 이 모든 것이 에스겔서의 처음 몇 장에 기록된 환상과 비교하면 상당히 밋밋하다. 종교에서 초자연적인 강조는 신자에게 종종 독특하고 화려한 장관을 보고 경험하게 한다.

사탄

이슬람에서 인생의 선하고 권장할 만한 모든 것의 정반대 세력은 사탄의 개념으로 요약된다. 하지만 평범한 무슬림 대중은 사탄과 그의 영향을 어떻게 다루는가? 다음의 전승은 인간과 그가 혐오하는 대적 사이의 관계를 실제적으로 완성하는 조그만 통찰의 창구를 제공한다.

알리 빈 알-후세인Ali bin Al-Husain이 말하기를: 선지자는 말씀했다. "인간의 몸 도처에 피가 미치듯이 인간의 몸 어디에나 사탄이 미친다."_3:140; 33.8.251

선지자는 사탄이 실제적으로 내재한다고 말하는가, 아니면 그 영향이 고루 미친다고 말하는 것인가? 이것은 무슬림과 비무슬림 모두에게 해당하는가? 많은 것이 명확하지 않지만, 이슬람에서 흔히 받아들이는 것은 모든 인류에게 행사하는 사탄의 부정적인 힘이다. 하지만 그는 주권자가 아니다. 알라만이 탁월성을 지닌다. 그러므로 사탄이 시험하고 괴롭힌다 해도 전혀 상관없이, 신자는 늘 알라의 더 높은 권위에 복종할 수 있고 모든 악하고 부패한 것에서 자유를 보장받는다.

> 아부 후라이라가 말하기를: 선지자는 말씀했다. "어느 어린이든지 마찬가지인데, 마리아와 그 아들 외에는, 아기가 태어날 때 사탄이 그를 만지므로 아기는 크게 울기 시작한다." _6:54; 60.54.71

이슬람은 원죄의 교리에 반대되는 가르침을 지지한다. 아담 이후로 모든 인간은 선과 악의 선택에 직면한다. 예정된 운명과 뒤섞인 자유의지가 인간의 행위를 결정한다고 본다.

이 전승은 유전과 사탄의 영향을 구분하는 것 같다. 사탄은 출생 순간에 타락시키려는 행동을 시작하지 수태의 순간에는 하지 않는다. 흥미로운 예외는 마리아와 예수다. 여기에 마리아가 포함되는 이유는 무엇일까? 꾸란에서 예수는 죄가 없다고 언급되지만 이 속성은 마리아에게서 기인하는 것이 아니다. 무함마드와 그의 부모는 어떤가? 사탄의 만짐은 이들에게도 미치는 것으로 보인다.

이븐 우마르가 말하기를: 선지자가 말씀했다. "지진과 재해가 나타날 것인데, 그것들은 사탄의 머리 옆에서 나올 것이다." _2:81; 17.26.147

진도 7의 지진에서 생존한 자로서, 나 역시 그러한 대재앙의 최초 원인을 규명하기 위해 자연과 신학을 면밀히 조사한다. 무함마드는 지진이나 인생의 다른 모든 시련의 문제에 대해 자신이 궁극적인 해답을 가지고 있다고 느꼈다. 그는 모든 근원을 사탄의 머리 안에서 찾는다. 이것은 단지, 악하거나 파괴적인 모든 것을 가장 큰 대적인 사탄에 귀속시키는 것으로 보인다.

자비르 압둘라가 말하기를: 선지자는 말씀했다. "밤이 올 때(혹은 저녁이 될 때) 그대의 자녀들이 바깥에 나가지 못하게 하라. 이는 마귀들이 그 시간에 퍼져 있기 때문이다. 하지만 밤 시간이 지나가면 아이들을 놓아주고 문을 잠그고 알라의 이름을 말하라. 이는 사탄이 잠긴 문은 열지 않기 때문이다. 그대의 물을 담는 가죽 부대의 입구를 조여 매고 알라의 이름을 말하라. 용기들과 도구들을 덮고 알라의 이름을 말하라. 무엇이든 가로질러 놓아 그것들을 덮고, 그대의 램프를 끄라." _7:362; 69.22.527

이 전승은 악에 대해 매우 개별화된 묘사를 보여 준다. 사람이나 사물이나 모두 사탄과 마귀로부터 보호가 필요하다. 이 악한 존재들은 어둠 속에서 이리저리 돌아다니며 무엇이든 공격하고 파괴할 기회를 찾고 있다. 그들은 특히 어린이를 표적으로 삼는 듯하다.

마귀가 알라의 이름으로 봉인된 문이나 덮여 있는 물건을 통과할 수 없다는 사실은 흥미롭다. 나의 무슬림 친구들이 밤에는 언제나 접시를 안전한 구역에 보관하던 것이 기억난다. 유리컵은 뒤집어서 엎어 놓았다. 당시 나는 벌레가 식기에 들어가는 것을 막기 위해 그렇게 한다는 결론을 내렸었다. 하지만 이제는 그런 행동에 종교적 의미도 있었을 것이라고 이해한다.

아부 후라이라가 말하기를: 선지자는 말씀했다. "너희는 수탉이 우는 것을 들을 때, 알라의 축복을 구하라. (그들의 울음은) 그들이 천사를 보았(다는 것을 가리키)기 때문이다. 너희가 당나귀의 울음소리를 들을 때, 사탄에게서 벗어나 알라 곁에서 피난처를 찾으라. (그들의 울음은) 그들이 마귀를 보았(다는 것을 가리키)기 때문이다."_4:332; 54.14.522

이 전승은 닭을 알라의 곁에 둔다. 닭의 울음소리는 신자들에게 신호가 된다. 천사들이 가까운 인근에 있고, 무슬림은 알라의 축복을 기원한다. 반대로 당나귀가 우는 것은 마귀가 보이기 때문으로 여겨진다. 이는 위험을 가리키며, 알라의 추종자는 영적인 피난처를 찾아야 한다. 그럼 수탉과 당나귀가 동시에 울면 무슨 일이 일어나는가?

아부 후라이라가 말하기를: 선지자가 말씀했다. "하품하는 것은 사탄에게서 오는 것이며, 만일 너희 중에 어느 누구든 하품을 하면 그는 하품한 것을 가능한 한 많이 확인해야 하는데, 왜냐하면 만일 너희 중에 누구든지 (하품을 하면서) '하'Ha라고 말하면 사탄이 그를 비웃을 것이기 때문이다."_4:325; 54.10.509

많은 무슬림은 (그리스도인과 마찬가지로) 하품이 나오는 것을 참으려고 애쓴다. 하지만 신자들이 하품과 사탄의 관계를 아는 것 같지는 않다. 단순한 생리 작용을 어떻게 사탄의 활동과 결부되는지는 단지 짐작해 볼 수 있을 뿐이다. 마귀의 비웃음은 조롱하는 제스처로 보인다.

아부 까타다가 말하기를: 선지자는 말씀했다. "좋은 꿈은 알라에게서 오고, 나쁜 꿈은 사탄에게서 온다. 그러므로 누구든지 (꿈에) 그가 싫어하는 어떤 것을 보면 왼쪽으로 세 번 마른침을 뱉어야 하고, 사탄에게서 벗어나 알라 곁에서 피난처를 찾아야 한다. 왜냐하면 이 피난처는 그를 해치지 않을 것이기 때문이다."
_9:105; 87.10.124

좋은 꿈은 알라에 속하고 나쁜 꿈은 사탄에게 속한다는 생각은 무난해 보인다. 이러한 이분법은 삶의 대부분 상황에 적용될 수 있다. 왼편으로 세 차례 마른침을 뱉는 행동은 악몽의 결과로부터 무슬림을 보호하기 위한 것으로 간주된다. 이슬람에서 보통 왼쪽은 무엇이든지 불명예스러운 일과 연관되어 있다.

선지자를 추종하는 사람들 사이에서 꿈은 진지하게 다뤄진다. 야간에 이루어지는 이 활동이 흥미로운 것은, 상당수의 무슬림이 꿈에서 대개 흰 예복을 입은 주님을 만났다고 증언한 것과 관련된다. 그들의 증언으로 많은 사람이 그리스도를 주와 구주로 믿는 신자가 되었다.

아부 후라이라가 말하기를: 선지자는 말씀했다. "만일 너희 중 누구든지 잠에서 일어나서 세정식을 수행하려면 코에 물을 넣어 씻고 코를 세 번 풀어야 하는데, 이는 사탄이 밤새도록 코의 윗부분에 머물렀기 때문이다."

[번역자의 주석: 비록 우리는 감지하지 못할지라도 사탄이 실제로 사람의 코 윗부분에 머문다고 믿어야 한다. 왜냐하면 이것은 알라께서 그분의 사도를 통해 우리에게 말씀하시는 것 외에는 우리가 아무것도 알 수 없는, 보이지 않는 세계와 관련되기 때문이다.] _4:328; 54.10.516

다시 한 번 믿음은 이성적인 사고를 이긴다. 하디스에 주석을 단 번역자는 사람의 코 안에 사탄이 머문다든지, 세정식으로 그를 쫓아낼 수 있다는 것이 얼마나 터무니없게 들리는지를 깨닫는다. 하지만 독자는 알라의 사도와 그가 계시한 알라의 뜻에 대해 전반적 신뢰를 훈련하도록 훈계받는다. 다른 반응은 어떠한 것이든지 불순종이며, 알라에 대한 복종의 결핍이다.

무함마드와 초자연성

아이샤가 말하기를: 사도는 말씀했다. "오 아이샤여! 이것은 당신에게 가브리엘이 보내는 인사요." 나(아이샤)는 말했다. "알라의 평화와 자비가 그분(가브리엘)께 임하시기를. 당신은 우리가 보지 못하는 것을 봅니다." (그녀는 알라의 사도를 언급하고 있다.) _8:175; 74.16.266

무함마드는 자신이 천사 가브리엘의 중개를 통해 알라의 계시를 받았다고 선언했다. 가브리엘의 신성한 방문은 가지각색의 때와 상황에서 일어났다고 알려졌다. 이 경사스런 순간에 같이 있었던 선지자의 유일한 아내는 아이샤였다.

이 하디스에서 무함마드는 아이샤에게 가브리엘의 인사를 전한다. 아이샤는 다소 당황하면서, 선지자가 그의 제자들은 상상할 수 없는 것을 볼 수 있다고 말한다. 알라가 내밀한 방식으로 무함마드에게 자신의 메시지를 독특하게 전달한다는 추론이다.

또 다른 신성한 조우가 하디스에 기록되어 있다.

> 자비르 압둘라가 말하기를: 선지자는 말씀했다. "내가 걷는 동안 하늘로부터 한 음성을 들었다. 내가 눈을 들어 하늘을 쳐다보니, 보라! 히라 동굴에서 내게 온 그 동일한 천사가 하늘과 땅 사이 의자에 앉아 있는 것을 보았다. 그를 보고 나는 너무 놀라 땅에 엎드렸다." _6:421; 60.325.448

여기 언급된 존재는 가브리엘이 분명하다. 공중에 떠 있는 의자에 앉은 천사의 환상은 무함마드의 마음에 공포를 일으켰다. 선지자는 경외감에 압도되어 겸손히 예배하는 행위로 스스로 바닥에 엎드렸다.

이슬람 신학에 묘사된 천사들은 성경에서 이 초자연적인 존재들을 바라보는 관점과 거의 유사한 것으로 보인다. 양쪽 전통에서 천사들은 인간의 특성을 지니지만 지상의 한계를 넘어설 수 있다.

> 아부 후라이라가 말하기를: 선지자는 말씀했다. 지난 밤 진들이 보낸 큰 마귀가

내게 와서 나의 기도를 훼방하려 했으나 (혹은 어떤 비슷한 것을 말했으나) 알라께서는 내가 그를 제압할 수 있게 해주셨다. 나는 아침에 너희가 모두 볼 수 있도록 그를 모스크의 한 기둥에 붙들어 매고 싶었지만 나의 형제 솔로몬이 한 말을 기억했다. (꾸란에 나타난 대로) "주여, 관용을 베풀어 주소서. 그리고 내 다음에는 오지 아니할 왕국을 주소서"(38:35). 라우도 말하기를, "그(마귀)는 굴복하여 떠나갔다."_1:268; 8.75.450

이 전승에서 마귀는 진에게 속한 것으로 진술된다. 마귀는 계속 진과 동일시되는데 진은 영적 세계의 피조물로서 선하거나 악한 성격을 갖는 존재다.

마귀는 선지자의 기도 효과를 무효화하려 하였다. 이것을 인지한 무함마드는 고투 끝에 마귀를 제압할 수 있었다. 선지자가 "모두 볼 수 있도록" 마귀를 모스크의 기둥에 매고 싶었다는 진술에서 우리는 다시 한 번 악의 의인화를 본다. 신자들의 대적을 직접 눈으로 볼 수 있는 사람이 무함마드만은 아니었던 듯하다.

선지자는 마귀를 묶기도 하고 떠나게도 하는 권세를 가졌다. 이 단계에서 악한 마귀는 굴복하고 떠나라는 명령을 받는다. 서로 맞서는 두 세력이 교전을 벌였고 승리는 무함마드에게 돌아갔다. 이런 성격의 이야기들은 전 세계 무슬림 공동체에서 매우 사랑받고 있다.

아이샤가 말하기를: "이주민 가운데 이슬람의 땅(즉 메디나)에서 태어난 첫 아이는 압둘라 빈 아즈-주바이르Abdullah bin Az-Zubair였다. 그들은 그를 선지자에게 데려왔다. 선지자는 대추야자 열매를 가져와서 그것을 씹은 후에 그(아이)의

입에 그 즙을 넣어 주었다. 아이의 배에 들어간 첫 번째 것은 선지자의 침이었다."_5:169; 58.44.249

여기서 "이슬람의 땅"이라는 언급은 히즈라의 시기를 말한다. 주후 622년, 무슬림 난민들은 메카에서 메디나로 도주해서 그들 종교의 새로운 정주지를 설립했다. 위 사건은 그들이 메디나에 도착한 후 바로 일어난 것으로 최초의 무슬림 아이가 태어나면서 벌어진 일이다.

이 전승에서 선지자에게서 갓난아기에게로 축복이 전달되는 것을 볼 수 있다. 이러한 의식이 우리가 판단하기에는 비위생적이고 이상하게 받아들여진다. 하지만 초기 무슬림들은 그들 자녀의 몸 안에 그들이 추앙하는 고귀한 선지자의 침이 들어가는 것을 기뻐하였다. 이것은 대단한 의미의 축복이었다. 무함마드는 자신의 체액을 통해 자기 몸에서 다른 사람 몸으로 능력을 전달할 수 있는 초자연적 영력을 가졌다고 여긴 것이 확실하다.

아이샤가 말하기를: 선지자는 이러이러한 기간 동안 계속해서 아내와의 성관계를 갖는 것을 (사실은 갖지 않았지만) 상상하였다. 어느 날 그가 내게 말씀했다. "오 아이샤여! 알라께서 내가 그분께 구했던 한 가지에 관하여 내게 지시하셨소. 두 남자가 내게 왔는데 그 중 한 사람이 나의 발 가까이에 앉았고 다른 사람은 내 머리 가까이에 앉았소. 내 발 가까이에 앉은 사람은 (나를 가리키면서) 내 머리 가까이에 앉은 사람에게 묻기를, '이 사람에게 잘못된 것이 무엇인지요?' 후자는 대답하기를, '그는 마술의 영향 아래 있소.' 전자는 묻기를, '그에게 누가 마술을 걸었소?' 다른 사람이 답하기를, '루바이드 빈 아삼Lubaid bin Asam이오.'

전자는 묻기를, '(그가 사용한 것이) 무슨 물건이었소?' 다른 사람이 답하기를, '볏과 털이 있는 수컷 대추야자 나무 꽃가루의 외피가 그것에 달라붙어, 다르완 Dharwan의 우물 안에 있는 돌 아래 보존된 것이오'라고 하였소." 그 후에 선지자는 그 우물에 가서 말씀했다. "이것은 그 꿈에 내가 본 것과 동일한 우물이오. 그 대추야자 나무들의 꼭대기는 마귀들의 머리처럼 보이고 그 물은 헤나Henna, 붉은 색조 주입물처럼 보인다오." 그리고 선지자는 그것들을 치우도록 명령했다.
_8:56-57; 72.56.89

하디스에는 무함마드가 저주를 받았다는 기록이 거의 없다. 이 전승에 기록된 것은 선지자의 생애에 악한 마술이 작용했다는 가장 명확한 사례다.

무함마드는 실제는 아니었지만 아내와의 성관계를 상상한 것에 대해 염려했다. 선지자에게 마술의 부정적인 효능이 미친 것을 재빨리 분별한 두 남자가 그에게 왔다. 그들은 사용된 물건(심지어는 그것이 위치한 곳까지)뿐 아니라 가해자를 규명할 수 있었다. 선지자는 한 우물에서 그 근원을 찾아냄으로써 그들의 주장이 진실임을 증명하였다. 그는 그것을 치우라고 명했고, 그런 후에 선지자는 아내와 육체적인 관계를 갖는 시기에 대해 적절한 분별을 하게 되었으리라고 추정할 수 있다. 우리에게 흥미로운 점은 무함마드가 그와 같은 방식으로 저주받을 수 있었다는 것이다. 항상 가장 위대한 선지자로 묘사되는 그조차도 여전히 사악한 마술의 힘에는 무력했다.

언젠가 아부 후라이라는 선지자의 세정식과 은밀한 부분을 씻기 위해 무함마드를 따라 물 항아리를 나르고 있었다고 말했다. 그가 그 물 항아리를 나르며 무함마드를 따르는 동안 선지자가 말씀했다. "너는 누구냐?" 그는 답하기를, "저는 아부 후라이라입니다." 선지자가 말하기를, "나의 은밀한 부분을 깨끗이 하도록 내게 돌들을 가져오되, 뼈나 동물의 똥은 가져오지 마라." 아부 후라이라가 계속 말했다. 그래서 나는 내 옷 귀퉁이에 약간의 돌을 담아서 가져왔다. 그리고 그의 옆에 그것들을 내려놓고 나왔다. 그가 마쳤을 때 나는 그와 걸으면서 물었다. "뼈와 동물의 똥은 어째서 안 됩니까?" 그는 말하기를, "그것은 진들의 음식이다. 나시빈Nasibin (도시의) 진들의 대표단이 내게 왔는데―그 진들은 매우 훌륭했다―인간이 먹고 남은 음식을 요청했다. 나는 그들이 뼈나 동물의 똥을 그냥 지나치지 않고 거기서 먹을 것을 얻도록 알라께 빌어 주었다."_5:126; 58.31.200

이 전승은 무함마드와 한 도시에 정착한 진들의 대표단 사이에 있었던 기이한 사건을 보여 준다. 선지자는 그들이 "훌륭하다"nice고 선언하고 (뼈와 동물의 똥에서) 음식을 얻게 해 달라는 그들의 요청을 승인했다. 나는 진이 음식을 먹는다는 내용의 다른 구절은 생각나지 않는다. 진은 눈에 보이지 않게 돌아다니는 영물이다. 그런데 여기서는 진들이 무함마드와 이야기하고 음식을 요청하고 있다.

이 장에서 우리는 선지자가 영계를 믿는 사람이었고 그것이 가진 악한 잠재력이나 영향을 달래려 하는 모습을 본다. 여러 세기에 걸쳐 엄청나게 늘어난 그의 추종자들은 꾸준히 그의 본보기를 따라 왔다.

무슬림과 진지한 대화를 나누고자 하는 그리스도인이라면 무슬림 친구의 영적 영역에 관심을 갖는 것은 정당하다. 우리는 그리스도의 흘리신 피로써 보호받는다는 것을 무슬림 친구에게 확실히 말해 줄 수 있다. 평화는 우리의 믿음을 구세주께 둘 때 자연스러운 결과로 나타나는 것이다. 성경에서 귀신을 쫓아내고 치유가 일어나는 관련 구절을 찾아 인용할 수도 있다.

주님은 많은 무슬림을 그리스도를 믿는 믿음으로 데려오기 위해 꿈을 사용해 오셨다. 우리는 무슬림들이 잠자는 동안 그들 마음에 하나님이 개입하시도록 진지하게 기도하는 데 시간을 내야 할 것이다.

영계의 세력은 선한 것과 나쁜 것 둘 다 실재한다. 우리 그리스도인은 이 문제에 대해 무슬림에게 긍정의 대답을 해 줄 수 있다. 그리고 모든 영 중에서 가장 위대한 영이신 성령을 통한 해방에 대해 성경적인 소개를 함으로써 공통의 기반을 계속 구축해 나갈 수 있다.

15 예수

부카리는 예수에 관하여는 거의 말하지 않는다. 그러나 몇 가지 중요한 구절은 살펴볼 가치가 있다. 일반적으로 무슬림은 그리스도에 대하여 양면의 생각을 갖고 있다. 그들은 아브라함이나 모세와 마찬가지로 예수를 존경하고자 하지만 막상 그의 이름을 언급할 때에는 감정적인 구속 상태에 사로잡힌다. 그들은 세계 인구의 3분의 1이 예수를 (적어도 명목상) 선지자 이상의 지위를 지닌 분으로 여기며, 그리스도인 대부분이 그리스도를 하나님으로 고백한다는 것도 잘 알고 있다. 이슬람에서는 이러한 '신성 모독'이 묵인될 수 없다. 다음 전승은 이 쟁점을 직접적으로 다루는 것으로 보인다.

> 아부 후라이라가 말하기를: 선지자는 말씀했다. "알라 외의 무엇이든 알라와 동등한 위치로 예배하다가 죽는 자는 누구든지 지옥 (불)에 들어갈 것이다." 그리고 내가 말했다. "무엇이든 알라의 경쟁자로 (설정하여) 예배하는 일 없이 죽은 사람은 누구든지 낙원에 들어갈 것이다." _6:22; 60.22.24

이슬람이 그리스도를 단지 한 사람의 선지자에 불과하다고 가르침에 따라 무슬림은 그리스도인이 유일신론자가 아니라고 이해한다. 이 논리에 따라 그들은 그처럼 잘못 예배하는 자들을 지옥 불에 배정한다. 하지만 모든 무슬림은 자신이 예수를 믿는다는 것을 강력하게 긍정할 것이다. 그들은 그와 같은 믿음이 없이는 아무도 이슬람 종교의 진정한 추종자일 수 없다고 말한다.

압둘라 빈 우마르가 말하기를: 알라의 사도는 말씀했다. "나는 지난밤 (꿈속에서) 카아바 근처에 있었고, 희붉은 피부의 남자를 보았다. 그는 희붉은 피부를 가진 사람 중에서 그대가 볼 수 있는 최고의 사람이었고 귓불에 닿을 정도로 긴 그의 머리카락은 그런 종류의 머리칼 중에서 최고였다. 그가 머리를 빗자, 그 머리칼에서 물이 떨어지고 있었다. 그는 두 남자에게 기대거나 두 남자의 어깨에 기댄 채 카아바 주위로 타와프(순행)를 수행하고 있었다. 나는 '이 사람이 누구입니까?'라고 물었다. 누군가 대답했다. '(그분은) 메시아, 마리아의 아들이오.'"
_9:106-107; 87.11.128

메카는 무슬림으로서의 그리스도에 관한 꿈을 꾸게 하는 배경이자 카아바 주위의 순행을 수행하는 장소다. 예수는 걸을 때 두 남자의 조력을 필요로 하는 노인으로 묘사된다. 무함마드는 그를 몰랐으며 그가 누구인지 물어야 했다. 메시아에 관련한 구절은 하디스뿐 아니라 꾸란에서도 발견된다. 비록 소수의 무슬림만이 메시아Messiah라는 단어를 이해할지라도 말이다. 확실히 이슬람 학자들은 그 용어에서 신성이 내포된 어떤 의미조차 받아들이지 않는다.

아나스가 말하기를: 선지자는 말씀했다. "알라의 종Slave, 그분의 사도Apostle이자 알라의 말씀Word이고 그분으로부터 나오는 영Spirit인 예수에게 가라"(6:4).
[번역자의 주석: 이것은 성령Spirit이나 알라의 영혼Soul으로 이해될 수도 있는데, 사실상 이것은 알라에 의해 창조된 영혼soul인 예수다. 그것은 그분의 말씀Word이다. '있으라'Be, 그러자 그것은 아담이 창조된 것처럼 창조되었다.]
_6:4; 60.3.3

예수에 관한 수많은 신원 확인이 이 구절에서 설명된다. "알라의 종"은 "사도"와 밀접하게 조화된다. 두 용어는 무함마드에게도 마찬가지로 적용된다. 이 용어들은 알라에게 종속됨을 가리키는 인간적인 용어다. "사도"는 그보다 좀 더 나아가며 하나님과의 특별한 관계와 관련된다. 꾸란과 신약 성경 양쪽에서 이 단어는 하나님의 과업을 수행하도록 특별하게 기름 부음을 받은 소수의 선택된 사람들에게 적용된다.

"알라의 말씀"으로 명명되는 예수는 이슬람에 어려움을 초래한다. 이 용어는 하나님과의 일치unity를 나타내는 것처럼 보이며, 요한복음서 첫 장과의 비교를 빠뜨릴 수 없다. 그러나 무슬림들은 그리스도가 복음서에 기록된 하나님 말씀의 통로conduit였다고 단순히 말한다. 그들은 이 설명에 내포된 것 외에는 그 용어에서 신비한 것을 더 이상 보지 못한다.

예수가 어떻게 알라에게서 나오는 영spirit일 수 있을까? 위의 기록은 "영"이 하나님에 의해 창조된, 예수의 영혼soul을 가리킨다고 말한다. 나는 그 어디에서도 무함마드를 영이라고 말하는 이와 유사한 언급을 생각해 낼 수가 없다. 이 단어들은 모두 그리스도에 관한 고도의 견해를 묘사한다.

다음 전승의 맥락을 이해하는 것이 중요하다. 무함마드는 부활의 날에 일어날 일에 대해 환상을 경험하고 있다. 그때에 사람들은 낙원의 입장 허가를 얻기 위해 도움을 줄 중보자를 찾을 것이다. 그들은 아담, 노아, 아브라함, 모세에게 접근하는데 이들은 모두 한결같이 거부하며, 심지어 각자의 죄를 말한다. 예수만이 자신을 죄인이라고 주장하지 않는다. 이것이 사람들로 하여금 그리스도께 다가가도록 촉구한다.

> 아부 후라이라가 말하기를: 사도는 말씀했다. "그래서 그들은 예수에게 가서 말할 것이다. '오 예수여! 당신은 알라의 사도이시고, (그분이) 마리아에게 보내신 (그분의) 말씀이시며, 그분에 의해 창조된 우월한 인물이시고, 당신은 요람에서 아직 어릴 때에 사람들에게 말씀하셨습니다. 당신의 주님과 함께 우리를 위해 중보해 주십시오. 당신은 우리가 어떤 상태에 있는지 보이지 않으십니까?' 예수는 말할 것이다. '오늘 나의 주님은 이전에도 없었고 내세에서도 결코 없을 분노를 발하셨다.' 예수는 아무런 죄도 언급하지 않을 것이지만, 말하리라. '나 자신Myself! 나 자신! 나 자신! 다른 사람에게 가라. 무함마드에게 가라.'" _6:200-201; 60.178.236

예수는 다시 한 번 "알라의 사도"와 그의 "말씀"으로 언급된다. 이 "우월한 인물"superior soul은 심지어 요람에 있을 때부터 사람들에게 알기 쉽게 말할 수 있었다. 그러나 이 최상급의 찬사 후에, 그리스도는 중보자로서 충분치 못한 자신의 무능함을 겸손히 표현한다. 그는 탄원자들에게 특별히 무함마드를 언급하는데, 무함마드는 다른 데서 이 역할을 맡은 바 있다. 그러므로, 비록 그리스도가 높임을 받을지라도 알라의 가장 위대한 대변인으로서 제시되는 이는 선지자(무함마드)다.

> 아부 후라이라가 말하기를: 선지자는 말씀했다. "누구든지 인간이 태어날 때는 사탄이 그의 두 손가락으로 신체의 양면을 만진다. 단, 마리아의 아들 예수는 예외인데, 그는 사탄이 만지려고 하였으나 실패하였다. 왜냐하면 사탄이 대신에 그의 태반을 만졌기 때문이다."_6:324; 54.10.506

사탄은 출생의 순간에 인류에게 즉각적인 영향을 가하는 것으로 묘사된다. 이것은 원죄에 대한 그리스도인의 견해와 매우 가깝다. 하지만 흥미롭게도 이슬람은 예수가 이러한 사탄의 접촉과 죄를 면했다고 가르친다.

> 아부 알-아샤리Abu al-Ashari가 말하기를: 알라의 사도는 말씀했다. "만일 어떤 사람이 그의 노예 소녀에게 좋은 예절을 적당하게 가르치고, 적당하게 교육하고, 그런 후에 그녀를 자유인이 되게 하고 그녀와 결혼하면 그는 갑절의 보상을 받을 것이다. 그리고 만일 한 사람이 예수를 믿고 그리고 나를 믿으면 그는 갑절의 보상을 받을 것이다."_6:435; 55.43.655

아주 흥미로운 이 전승은 알라로부터 갑절의 보상을 얻는 것에 초점을 둔다. 무함마드 시대에 아라비아에서 노예는 흔했고, 가혹한 학대가 보통이었다. 대조적으로 선지자는 그의 추종자들에게 노예를 잘 대우하라고 자주 훈계했다. 그리고 여기서는, 어린 소녀를 잘 준비시켜 자유를 주고 그런 후에 그녀와 결혼하는 노예 소유자에게 갑절의 보상이 주어진다. 이 동일한 보상이 예수와 무함마드를 믿는 사람이면 누구에게나 제공된다. 놀라운 것은 아브라함, 이스마엘, 모세는 언급되지 않는다는 것이다. 내가 확인한 바, 무슬림 일반 대중 사이에서는 이 세 선지자가 예수보다 더 존경을 받는다.

> 아부 후라이라가 말하기를: 그런 다음 알라의 사도는 말씀했다. "그분의 손 안에 나의 영혼을 두신 분에 의지하여, 마리아의 아들(예수)은 머지않아 너희 사람들(무슬림) 가운데 공정한 통치자로 내려와서 십자가를 부서뜨리고 돼지를 죽이며 지즈야(무슬림 정부의 보호 가운데 있는 비무슬림에게 받는 조세)를 폐지할 것이다. 그러면 돈이 풍부할 것이므로 아무도 자선의 선물을 받지 않을 것이다." _ 3:233-234; 34.104.425

이 전승은 의아한 요소를 많이 담고 있다. 예수가 하늘로부터 "머지않아" 내려올 것이라고 선언하는 이 발언은 그리스도의 부활 이후 600년이 지나 무함마드에 의해 진술된 것이다. 그 기간은 또다시 1,400년이 연장되었다.

예수는 무슬림으로서 그리고 무슬림의 의로운 통치자로서 이스마엘의 후손에게 나타날 것이다. 그는 높은 지위에 있을 것인데, 이것은 아마도 그가 하늘에서 경험한 깨우침에 대해 받는 보상일 것이다. 그는 지금 선지자의 계시를 통하여 알라의 진실한 추종자가 되었다.

그런 다음 그리스도는 십자가를 공개적으로 무너뜨린다. 이 극적인 행동으로, 널리 알려진 기독교 이단 중 하나가 무력해진다. 십자가상에서 그리스도가 흘리신 피로써 구원을 얻는다는 성경의 가르침이 부인된다. 이슬람과 기독교 간 수 세기의 대립이 마침내 끝난다. 무슬림은 십자가의 능력을 무너뜨리는 데 그리스도 자신의 손을 빌린다. 그리스도인에게 그러한 행동은 완전히 터무니없는 것이다. 무슬림에게 그것은 그들이 고대하고 있는, 영광스럽고 위대한 사건이다. 나는 세계 어디서나 무슬림들이 이 가르침을 알고 있음을 발견한다.

다음으로 그리스도가 돼지를 죽이는 현상이 일어난다. 이슬람의 가르침은 이 불결한 동물을 먹는 것에 대해 일관되게 반대한다. 무슬림은 '성경이 분명히 그것을 금지된 고기로 제시하는데' 왜 그리스도인들이 돼지고기를 먹는지를 이해하지 못한다. 그 주제가 이 전승에 나타나는 것은 이 믿음의 중요성을 보여 준다.

풍부한 돈과 재정적 안전 또한 그 큰 날의 일부이다. 하지만, 이것이 실제로 어떻게 성취되는지에 대한 징조는 없다.

그리스도와 관련된 몇 가지 전승을 간략하게 살펴보았다. 여기서 독자는 이슬람이 예수를 역사적 관련이 없는 인물로 떼어 낼 수 없다는 것을 이해했을 것이다. 그는 전 세계의 무슬림 평신도와 이슬람 학자들이 무시할 수 없는 힘을 여전히 지니고 있다. 하지만 우리가 살펴본 구절들은 십자가의 과업과 인류에 대한 그리스도의 구원 사역을 평가 절하한다. 그것은 기독교 신앙의 핵심부에 대한 심각한 공격이다.

아마 우리에게 가장 도움이 되는 것은 "알라의 말씀"이라 불리는 예수의 존재일 것이다. 이 분명한 하디스의 진술은, 일부 무슬림 학자들이 부인하는 것이 꾸란에 발견된다는 사실을 확증한다. 요한복음 1장은 이 의미심장한 용어에 의미를 더하고, 그리스도의 신성에 대한 더 충분한 설명으로 이끌어 줄 것이다.

16
여성

세상 많은 사람이 보기에, 이슬람은 여성 학대의 책임을 면하기 어렵다. 무슬림은 다음과 같이 회자된다.

무슬림은 무슬림 여인들이 집 안에 머물러야 하고 공공 영역에 나갈 때는 베일로 완전히 가려야 한다고 주장한다.

아내를 얻기 위해 비용을 지불하는 결혼지참금dowry 제도를 실행한다.

아주 어린 나이의 소녀를 아내로 맞을 경우, 보통 소녀에게는 배우자 선택에 대해 아무 발언권도 주어지지 않는다.

아내가 이혼 절차를 밟을 수 있는 실제적인 기회는 주어지지 않는다.

말을 듣지 않는 아내는 때려도 좋다는 승인으로서 꾸란을 인용한다.

여자에게는 단 한 명의 남편만 허락되지만 남자는 한 번에 네 명의 아내까지 결혼한다.

법정에서 여자의 발언은 남자 발언의 절반만큼만 가치를 갖는다.

공적인 분야에서 여자의 전문적 직업 능력은 거의 허용되지 않는다.

아시아 무슬림들 사이에서 지내는 동안 나는 각 항목의 실제 사례를 목격했다. 무슬림 여성이 경험하는 학대 현실에 대해서는 논란의 여지가 없다. 하지만 각 항목에 대한 이슬람의 응답도 있다. 나는 공정하고 객관적으로 이슬람 공동체와 기독교 공동체의 남성-여성 관계를 분석하려고 하는데, 어느 쪽이 자랑할 만한 내용을 많이 가지고 있는지 꼭 물어보고 싶다.

어쩌면 무슬림이든 그리스도인이든 겨우 5퍼센트만이 그들이 공언하는 종교의 가르침을 신실하고 열렬하게 따르는지도 모른다. 우리의 평가는 종종 각 집단의 95퍼센트에 해당하는 형식적인 신봉자를 바탕으로 하는데, 이는 불균형한 비평들로 끝난다. 사실, 서양의 기독교 여성들이 삶에서 더 많은 자유를 가지고 있지만, 이 자유의 많은 부분은 금세기에 와서야 얻은 것이다. 미국에서 여성의 투표권은 1920년에 통과된 헌법 수정안을 통해 획득되었다.

그러나 나는 꾸란과 하디스보다 성경이 훨씬 더 여성의 동등한 권리를 위해 발판을 놓아 준다고 확신한다. 독자는 이제부터 소개되는 정보들을 고려하여 스스로 결론을 내릴 수 있을 것이다.

성적 행위의 기준

이븐 압바스가 말하기를: 선지자가 말씀했다. "알라께서는 아담의 자손을 위하여 그가 불가피하게 범하는 간음에 대해 그의 몫을 기록하셨다. 눈의 간음은

(금지된 것에 시선을 고정하여) 보는 것이고 혀의 간음은 말하는 것이다. 마음 깊은 곳의 원함과 욕구 그리고 음부陰部가 이 모든 것을 증언하거나 부인한다."
_8:172; 74.12.260

남자가 불가피하게 간음을 저지르는 것은 알라가 미리 정한 운명인가? 이 전승은 그러한 가르침을 주는 것으로 보인다. "알라께서 기록하셨다"라는 구절은 신이 운명을 예정하는 행동으로 여겨진다.

아부 후라이라가 말하기를: 선지자가 말씀했다. "알라의 그림자 외에 아무 그림자도 없을 그날에 일곱 사람은 알라에 의해 그분의 그늘 아래 가려질 것이다. 그들은:
…… 5. 고귀한 가문의 매력적인 여성이 불법적인 성교를 하자고 청하는 것을 거절하며 '나는 알라가 두렵습니다'라고 말하는 남자" _2:289; 24.15.504

어떤 유형이든 불법적인 성관계로 칭할 수 있는 매매춘 행위는 모든 이슬람 경전에서 한결같이 맹렬한 비난을 받는다. 자기 아내 이외에는 어느 누구와도 성행위를 하는 것이 금지되어 있다(본 장의 후반부에서 논하겠지만 노예와의 성행위는 예외다). 이 전승에서, 성적 유혹을 마주한 무슬림 남자의 대응은 모범적이다. 그는 알라를 두려워하여 자신을 더럽히려는 제안을 거절한다.

알리 박사는 해외여행을 하는 동안 몇몇 여인이 그를 유혹했다고 내게 털어놓았다. 그는 알라와 가족을 저버리는 그러한 행위에 가담하는 것을 단호하게 거절했다고 내게 말했다. 그 여인들은 일반인으로서 신에 대한 그러한 헌신을 이해할 수 없었을 것이다. 알라에 대한 두려움은 알리 박사의 영혼의 격자 안에 현존하는 실재였고 지금도 그렇다.

이븐 압바스가 말하기를: 선지자가 말씀했다. "남자 혼자서 한 여자와 있는 것은 허락되지 않으며, 어떤 여인도 무흐람Muhram, 그 남편이거나 혹은 그녀가 결혼할 수 없는 사람이 동행하지 않고는 여행할 수 없다." _4:154; 52.140.250

이 이야기는 매우 높은 수준의 도덕적 품행을 요구한다. 남자는 여자와 단 둘이 있는 것을 거부함으로써 유혹을 엄격히 피해야 한다. 이것이 현대 세계에서 불가능한 기준으로 보일 수도 있지만 나는 빌리 그레이엄을 떠올렸다. 그는 이 개인적 행동 지침을 정확히 준수하여 그의 오랜 이력 가운데 성적 부정행위의 기미조차 피하는 데 성공했다.

압둘라 빈 압바스가 말하기를: 선지자는 사람들에게 평결을 내리는 것을 멈추셨다. 그 사이에 카탐Khatham 부족의 한 아름다운 여인이 와서 알라의 사도께 평결을 요청했다. 알-파들Al-Fadl은 그녀의 미모에 마음이 끌려 그녀를 바라보기 시작했다. 알-파들이 그녀를 바라보는 동안 선지자는 뒤를 돌아보고 손을 뒤쪽으로 내밀어서 알-파들의 턱을 잡고 얼굴을 (다른 쪽으로) 돌림으로써 그가 그녀를 쳐다보지 못하게 했다. _8:162; 74.2.247

남자들의 색욕은 눈으로 보거나 머릿속의 성적 환상으로 시작된다. 이렇게 시작된 유혹은 육체적 관계로 나아갈 수 있다. 알-파들에 대한 무함마드의 도덕적 지원은 아름다운 여인에게서 친구의 시선을 물리적으로 돌려놓는 것이었다.

다음의 두 하디스는 선지자가 자신의 삶에서 이 높은 도덕적 기준을 유지할 수 있었는지에 대해 의문을 품게 한다.

아나스 빈 말리크가 말했다. "메디나의 여자 노예들은 누구든지 알라의 사도의 손을 붙잡을 수 있었고 그녀가 바라는 어디로든지 그를 데려갈 수 있었다."
_8:62; 72.61.97

이 이야기를 이해하기 위해서는 초기 무슬림 전사들이 여자 노예를 전쟁의 하사품으로 받았던 상황을 알아야 한다. 정복자들은 이 여인들에 대해 성적인 특권을 포함한 전적인 권리를 가졌다. 이 여인들은 군인의 부족 여인들과 다른 범주에 속해 있었다.

다른 상황에서는 금지된 개방성이 무함마드와 이 소녀들 사이에서는 허용되었다. 여자 노예들은 무슬림 남자들 사이에서 꽤 자유롭게 행동할 수 있었다. 다음 전승은 무함마드가 그들의 상냥한 행동을 즐겼음을 보여 준다.

아나스 빈 말리크가 말하기를: 알라의 사도는 움 하람 빈트 밀한Um Haram bint Milhan을 방문하곤 했는데 그녀는 우바다 빈 앗-사미트의 아내였다. 어느 날 선지자는 그녀를 방문하였고 그녀는 그에게 음식을 제공하였으며, 그의 머리에 기생하는 이를 찾기 시작했다. 그러자 알라의 사도는 잠을 잤다……

[번역자의 주석: 선지자는 매일 목욕을 했기에 매우 깨끗했다. 그의 머리에 이가 있다는 것은 논리적이지 않다. 이를 찾고 있었다는 것이 거기에 이가 있었다는 것을 반드시 의미하는 것은 아니다.] _9:108; 87.12.130

선지자의 행동은 이 하디스에서처럼 수많은 질문을 야기한다. 무함마드는 왜 이 기혼 여성을 종종 방문했는가? 부수적으로만 이름이 언급된 그 남편을 보러 갔다는 암시는 전혀 없다. 그들의 관계는 그 여인이 선지자에게 먹을 것을 줄 만큼 가까웠고, 그 친밀함은 여인이 머리에 이가 있는지 살피려고 선지자의 머리칼을 세심히 만지는 정도까지 나아간다. 이러는 동안에 그는 잠에 빠진다. 이 친밀한 사이는 무함마드 자신이 세운 예법의 범위를 넘어서는 것으로 보인다.

이 전승의 결론에 나오는 주석은 선지자의 행동이 적절한지 여부에 초점을 두지 않는다. 오히려 무함마드의 목욕 습관과 그 결과로서 신체의 청결함을 방어하기 위해 곁길로 벗어난다. 이러한 강조점의 전환 역시 나를 깜짝 놀라게 한다. 무슬림들은 종종 의식의 세목들에 너무 마음을 쓴 나머지 삶의 더 거대한 이슈를 일부 놓친다. 다음 부분은 이러한 영역들을 일부 보여 준다.

결혼과 이혼에 대한 규정들

아부 후라이라가 말하기를: 선지자는 말씀했다. "기혼 부인을 시집 보내려면 반드시 그 부인의 의견을 들은 후여야 한다. 그리고 처녀를 시집 보내려면 반드시 그녀의 허락이 있어야 한다." 사람들은 물었다. "오 알라의 사도여! 우리가 어떻게 그녀의 허락을 알 수 있겠습니까?" 그는 대답했다. "그녀의 침묵이다(침묵이 그녀의 허락을 나타낸다)."_7:51-52; 62.42.67

이 하디스는 대부분 이슬람 세계에서 보편적으로 실천되지 않는 이상을 말하고 있다. 많은 무슬림 국가에서 새색시가 될 어린 처녀는 부모나 친구가 마련해 준 것을 그저 잠자코 받아들인다. 그들은 결혼식 전에는 배우자를 잘 만나지 않는다. 이것은 시골과 도시에서, 가난한 자와 부유한 자 사이에서 모두 볼 수 있는 현상이다. 그러나 현대주의와 세속주의에 영향을 받은 이슬람 사회에서는 무슬림 소녀도 선택에 대해 명확한 권리를 일부 갖는 경향이 있다.

아부 후라이라가 말하기를: 선지자는 말씀했다. "만일 남편이 그의 아내더러 잠자리에 들자고(즉 성관계를 가지자고) 하는데 그녀가 거절하여 그가 화난 채로 잠들게 하면 천사들이 그녀를 아침까지 저주할 것이다."_4:302; 54.6.640

꾸란과 하디스에서 일반적으로 그러하듯이, 남자의 안락과 기호에 더 큰 관심이 주어진다. 아내가 남편과의 성관계를 거절할 때 수용될 수 있는 이유의 목록도 없다. 오히려 이 전승은 아내의 의무와 더불어, 남편에게 복종하는 것을 거절할 경우 임하게 될 알라의 저주를 공포할 뿐이다.

알-하산과 까타다Qatada는 이슬람을 받아들인 마기교도Magian 부부에 관해 말하기를: 그들의 결혼은 유효하지만 만일 그들 중 한 사람이 무슬림이 되고 다른 사람은 무슬림이 되기를 거절하면, 그 아내는 이혼한 것으로 간주되고 그 남편은 그녀를 아내로 지킬 권리가 없다. _7:158; 63.20.210

남편은 무슬림이 되었는데 아내는 개종하기를 거부하는 상황을 가정할 수 있다. 그럴 경우 그 아내는 이혼을 당하는 것이다. 무슬림 남성은 그리스도인 여성과 결혼하는 것이 허락되지만 무슬림 여성은 그리스도인 남성과 결혼하면 안 된다. 하지만 이 하디스는 이슬람으로 개종하지 않으려는 이교도 아내의 문제를 말하고 있는 것으로 보인다. 그렇게 그녀의 결혼 생활 권리는 종결된다.

아부 후라이라가 말하기를: 선지자는 말씀했다. "여성이 (결혼식 때) 자신이 모든 것을 가지기 위해 그녀의 자매(즉 남편의 다른 아내)와의 이혼을 요청하는 것은 법에 저촉되는데, 왜냐하면 그녀는 그녀를 위해 기록된 것만 취할 수 있기 때문이다." _7:62; 62.54.82

무슬림 남성의 현재 아내들은 더 젊은 아내의 욕심으로부터 보호받아야 한다. 새로운 아내는 남편으로부터 그녀가 받을 것에 관한 협약의 당사자로서, 그 이상을 요구해서는 안 된다. 그러나 실제로는 더 어리고 예쁜 아내를 맞는 것은 보통 가정에서 큰 불협화음을 만들어 낸다. 대체로 남편은 최근에 들어온 아내를 편애하는데, 이것은 최근에 아내가 된 여성이 다른 아내들의 질투를 일으킴으로써 물질적인 재산을 얻을 수 있는 큰 기회다. 여러 아내를 거느린 무슬림 중에서 자기 가정의 부부간 화합에 대해 내게 증언하는 무슬림은 하나도 없었다. 반대로 그들은 가족 내에서 사랑과 신뢰의 분위기를 만들어 내는 것이 얼마나 어려운지를 들려주었다. 이런 문제에도 불구하고 이슬람에서 일부다처제의 흐름은 지속된다. 세 아내를 둔 한 이슬람 교사가 내게 말하기를, "알라께서는 우리 중에서 10년마다 성적 욕구 때문에 새로운 아내가 필요한 사람을 위해 이런 방식을 마련해 주셨습니다. 이 제도는 육체적 욕구를 채우기 위해 매춘부에게 간 기독교 텔레비전 전도사처럼 되는 것보다는 한층 더 낫지요."

> 아이샤가 말하기를: 남자는 그의 아내를 싫어하고 그녀와의 이혼을 시도할 수도 있다. 그러면 아내는 그에게 말하기를, "나는 내 권리를 포기하니 나와 이혼하지 마세요."_3:378; 43.12.630

많은 무슬림 여인이 이혼을 두려워하며 산다. 정신적인 충격을 주고 삶을 바꾸어 놓는 이 사건은 그저 남편이 "나는 너와 이혼한다"라고 세 번 말하면 발생한다. (일부 무슬림 국가에서는) 결말이 나지 않을지라도 말이다. 치욕과 실패는 즉시 여인의 삶에 빠뜨릴 수 없는 부분이 된다. 보통 사회적 비난은 이혼당한 여성에게 떨어진다. 그 여인이 뭔가 남편을 노하게 한 잘못이나 부족함을 가지고 있었다는 결론이 내려진다. 여인은 친정으로 돌아가거나 아니면 자력으로 목숨을 부지하기 위해 애쓰는 것을 선택한다. 다시 결혼할 수도 있지만 남자들이 보기에 그 여자의 가치는 크게 하락하므로, 종종 처녀 신부를 얻기 어려운 부적절한 남편에게 정착해야 할 것이다. 이슬람 사회는 모든 여성이 결혼하는 것을 권장하므로 친척들은 이혼한 여성을 위해 또 다른 결혼을 중매해 주려고 매우 열심히 노력한다.

그러므로 여자들은 결혼한 상태를 유지하기 위해 심각한 학대도 참을 것이다. 앞의 전승에는, 이혼과 그에 따르는 오명을 피하기 위해 아내가 자신의 합법적인 권리를 자발적으로 포기하는 모습이 그려져 있다. 그녀는 또한 남편이 다른 아내들에 관해 이야기하는 것에 묵묵히 따르려 할 것이고, 그렇게 함으로써 집 밖으로 내쫓기지 않을 것이다. 내가 관찰한 바로는 이런 시나리오가 이혼보다 더 빈번히 일어나고 있다.

서양에서 이혼율이 40퍼센트를 넘는다고 한다. 내가 판단하기에 무슬림 가운데서 이혼하거나 아내를 포기하는 비율은 15퍼센트에 못 미친다. 소녀들은 아주 어릴 때부터 남편에게 복종하는 것이 절대 필요한 것이라는 가르침을 받는다. 여자의 인생은 온통 남편을 기쁘게 하는 것을 중심으로 돌아간다. 이런 상황에서 남자들은 서양 쪽 상대처럼 쉽사리 이혼할 필요를 느끼지 않는다.

아이샤가 말하기를: 한 남자가 그 아내와 이혼했는데, 그녀는 성적으로 무력하다고 판명된 다른 남자와 결혼했다가 이혼했다. 그리고 그녀는 선지자에게 와서 말했다. "오 알라의 사도여! 저의 첫 남편은 저와 이혼하였고, 그 후에 저는 다른 남자와 결혼했는데 그가 신방에 들어왔지만 성적으로 무력한 것이 증명되어 한 번을 제외하고는 제게 접근하지 않았으며, 그 한 번 동안에도 그는 제게 아무런 도움도 입지 못했습니다. 이런 경우에 저는 첫 남편과 재혼할 수 있나요?" 알라의 사도는 말씀했다. "두 번째 남편이 너와의 결혼을 완성하기 전에는 첫 남편과 결혼하는 것이 불법이다." _7:139; 63.7.190

다소 특이한 이 하디스는 이해하기 어렵다. 왜 그 아내는 첫 남편과 재혼하는 것이 금지되는가? 두 번째 남편은 성적 불능으로 그녀와 이혼하였다. 하지만 선지자는 이혼을 하기 전에 그 두 번째 남편이 그 여인과 성공적인 성관계를 가져야 한다고 주장한다. 그는 불가능한 것을 요구하고 있다. 그 비밀을 풀어줄 설명이 동반되지 않는 이런 경우는 복잡한 하디스에서 흔히 나타난다.

우끄바 빈 알-하리스Uqba bin Al-Harith가 말하기를: 나는 한 여인과 결혼하였는데 한 흑인 여성이 우리에게 와서 "내가 너희 둘 다(너와 너의 아내)에게 젖을 먹였지"라고 말했다. 그래서 나는 선지자에게 와서 말하기를, "나는 아무개와 결혼했는데 한 흑인 여성이 우리에게 와서 '내가 너희 둘 다에게 젖을 먹였지'라고 내게 말했습니다. 하지만 나는 그녀가 거짓말쟁이라고 생각합니다." 선지자는 내게서 얼굴을 돌렸고 나는 그의 얼굴을 대면하려고 움직여 가며 말했다. "그녀는 거짓말쟁이입니다." 선지자는 말씀했다. "그 여성이 너희 둘 다에게 젖을 먹였다고 말했다면 어떻게 그녀를 너의 아내로 둘 수 있겠느냐? 그러므로 그녀(너의 아내)를 포기하라(즉, 이혼하라)." _7:28; 62.24.41

만일 어머니가 아이에게 젖을 먹이는 데 문제가 있으면 유모의 도움을 얻는 것이 보통이었다. 한 유모가 여러 부모의 아이들에게 젖을 먹이는 상황도 있었을 것이다. 이 전승에서 남편과 아내는 유모가 그들 둘 다를 양육했다는 말을 듣는다. 크게 낙심한 남편은 선지자에게 가서 그 흑인 여인이 거짓말쟁이라고 단언한다. 무함마드는 그의 말이 진실이든지 아니면 여인의 주장이 맞든지 상관없이, 이 마음 산란한 남자에게 아내와 이혼할 것을 명했다.

고발은 그 자체로 이혼이라는 과격한 행동을 정당화할 만큼 중대한 것이다.

이 가르침의 실행은 오늘날 무슬림들 가운데 흔하다. 같은 사람의 젖을 먹은 남녀는 서로 결혼하지 않는다. 그와 같은 금지의 근원에는 근친상간의 암시가 있는 것으로 보인다. 나의 무슬림 친구들이 자녀의 결혼을 중매하면서 양편이 동일한 여인에게 양육되는 일은 결코 있을 수 없다고 강조하는 것을 들었다. 이 하디스는 이렇게 이어진다.

이븐 우마르가 말했다. "만일 성관계를 맺기에 알맞은 노예 소녀가 어떤 사람에게 선물로 주어지거나, 혹은 팔리거나 석방되면(해방되면), 그녀의 주인은 임신이 없음을 확실히 하기 위해 그녀가 한 번의 월경을 하기 전까지 그녀와 성관계를 가져서는 안 된다. 그리고 처녀에게는 그와 같이 하는 것이 필수적인 것은 아니다."

아타는 말했다. "누군가의 아이를 임신한 노예 소녀를 성관계를 가지지 않고 어루만지는 것은 해악이 없다." _3:239-240; 34.113.436

노예는 재산이다. 그러므로 주인(소유주)은 노예의 수나 성교 횟수에 제한이 없는 성적 권리를 갖는다. 만일 소녀가 임신하면 그때는 성적 지침이 주어진다. 이것은 도덕적으로 문란해 보이는데, 구약 성경에서도 승리한 전사들에게 비슷한 권리가 주어졌다는 것을 기억해야 한다.

움 살라마가 말하기를: 움 술라임Um Sulaim이 알라의 사도에게 왔다! 그리고 말했다. "오 알라의 사도여! 진정으로 알라께서는 진리를 말하는 데 부끄러움을 느끼지 않으십니다. 만일 한 여인이 야간에 성적 유출을 한다면(몽정을 한다면) 그녀는 반드시 목욕을 해야 하는지요?" 그는 대답했다. "그렇다. 만일 그녀가 유출을 인지한다면 말이다." _8:90; 72.79.142

다시 한 번 이슬람 율법주의의 지나치게 세심한 성격이 강조된다. 내가 생각하기에 이 하디스는 개인 위생법에 관한 명령이 아니다. 오히려 영적인 속성을 암시하는 신체적 청결에 관한 것이다. 여인은 목욕을 함으로써 기도를 하거나 꾸란을 만지거나 모스크에 들어가는 것과 같은 다른 종교적 실행을 할 수 있다.

압둘라 빈 자마Abdullah bin Zama가 말하기를: 선지자가 말씀했다. "너희 중에 누구든지 노예를 매질하는 것처럼 아내를 매질하고는 그날 밤에 그녀와 성관계를 가져서는 안 된다." _7:100-101; 62.94.132

만일 아내가 완고하면 그녀를 때리는 것이 허용된다. 꾸란 4장 34절은 "순종치 아니하고 품행이 단정치 못하다고 생각되는 여성에게는 먼저 충고를 하고 그 다음으로는 잠자리를 같이하지 말 것이며 셋째로는 가볍게 때려 줄 것이라"라고 가르친다. 그러므로 이 하디스도 아내에게 채찍질하는 것을 금하지 않는다. 하지만 아내를 때린 날 밤에는 남편이 아내와 성교하는 것을 삼가야 한다.

알까마가 말하기를: 압둘라(빈 마수드)는 말했다. "알라의 창조를 바꿔서 더 아

름답게 보이려고 문신을 하는 여인들과 문신을 받는 자들, 그리고 자신의 얼굴 털을 제거하는 여인들과 이 사이에 인위적으로 간격을 내는 자들을 알라께서는 저주하신다."_6:380; 60.298.408

이 구절을 주해하는 데는 다소 어려움이 있다. 특정한 금지 사항은 무수히 많다. 이들이 모두 실행되는지를 평가하기는 곤란하다. 나는 문신을 한 무슬림 여인에 관해 들어 본 적이 없다. 외부자는 무슬림 여인들이 얼굴의 털을 제거하든지 이 사이에 인위적인 간격을 만들어 내든지 간에 내밀히 관여하지 않는다. 반대로 서양 여인들은 이 사이의 간격을 좁히기 위해 치열 교정기를 착용한다.

이 전승에서 던질 수 있는 질문은, 무슬림 여인들이 더 아름답게 보이기 위해 행하는 것들을 전부 삼가야 하는지다. 그들의 행위는 참으로 알라의 창조적 행동에 대한 위협인가? 여인들은 알라가 금지한 신체적인 변화를 도입하고 있는 것인가? 이러한 변경 행위의 범주는 무엇인가?

내가 관찰한 바, 무슬림 여인들은 재정 여건에 따라 화장품, 향수, 탈취제, 귀걸이, 목걸이, 팔찌와 세련된 옷을 풍부하게 이용한다. 이렇게 몸을 치장하는 배후에는 더 아름답게 보이고 좋은 향기를 풍기려는 근본적인 이유가 있음을 의심할 나위가 없다. 남편들은 진심으로 찬동하는 것으로 보인다. 이것이 알라의 화를 초래하는가?

이븐 압바스가 말하기를: 선지자는 말씀했다. "만일 너희 중에 누구든지 아내와 성관계를 가질 때에 말하기를, (그리고 시작하기 전에도 말하기를) '알라의 이름으로, 오 알라시여! 사탄으로부터 나를 보호하시고 또한 당신께서 우리에게 베푸시는 것(즉 장래에 있을 자손)을 사탄으로부터 지켜 주소서'라고 하면, 그리고 그때에 그들이 자녀를 가질 운명이라면, 사탄이 그 자손을 해할 수 없을 것이다." _1:105; 4.8.143

목적 있는 기도는 이슬람 영성에서 중요하다. 남편은 성관계를 갖기 전에 사탄의 활동에 대해 보호를 비는 탄원을 드려야 한다. 이 기도는 사탄이 이 독실한 아버지에게서 태어난 어떤 아이라도 해치는 것을 막기 위한 것이다. 하지만 지극히 종교적인 소수의 남편들 외에도 이 방식이 지켜지는지는 다소 의심스럽다.

이븐 무하이리즈Ibn Muhairiz가 말하기를: 나는 사원에 들어가서 아부 사이드 알-쿠드리를 보고 그 옆에 앉아서 알-아즐Al-Azl, 성교 중단, 즉 질외 사정에 대해 그에게 물었다. 아부 사이드는 말했다. "우리는 바누 알-무스탈리끄Banu Al-Mustaliq의 가즈와를 위해 알라의 사도와 함께 나가서 아랍인 가운데에서 포로들을 취하고는 여인들에게 욕망을 느꼈다. 우리는 금욕하기가 힘들었고 질외 사정 하는 것을 좋아했다. 그래서 질외 사정을 하려고 했을 때 우리는 '우리 가운데 있는 알라의 사도에게 물어 보기 전에 우리가 어떻게 질외 사정을 할 수 있겠는가'라고 말했다. 우리는 그것에 대해 (사도에게) 물었고 그는 대답했다. '그렇게 하지 않는 것이 너희에게 더 낫다. 왜냐하면 어느 영혼이든 부활의 날까지 존재하기로 운명이 지어져 있다면 그것은 존재할 것이기 때문이다.'" _5:317; 59.31.459

무슬림 전사들이 아랍 포로 여인과 성관계를 갖도록 허락된 것을 다시금 볼 수 있다. 하디스는 이 행동의 도덕성에 대해 아무런 질문도 하지 않는다. 여기서 제기된 문제는 여인이 임신하지 않도록 확실시하기 위해 성교를 중단하는 것에 관해서다. 무함마드는 임신의 문제가 알라의 주권적인 의지에 의해 해결될 것이라고 방치하면서 완전한 성교를 하도록 조언한다.

이 하디스는 산아 제한을 위해 어떠한 수단이든 사용하는 것에 대해 진지한 유보를 주장하는 많은 이슬람 신학자를 지지한다. 그들은 인간의 그 같은 방어책이 홀로 생명을 주는 알라의 영역에 개입하는 행위라고 느낀다. 따라서 대부분 이슬람 국가는 급등하는 인구 성장에 대한 실용주의와, 그 이슈에 관해 알라가 분명히 말했다고 느끼는 신학자들의 날카로운 발언 사이의 갈등에 처해 있다.

다음으로, 가장 논란이 많은 주제를 보자. 이 주제에 관하여 세 개의 서로 다른 전승을 소개한다.

> 자비르 빈 압둘라와 살라마 빈 알-아크와Salama bin Al-Akwa가 말하기를: 우리가 군대에 있는 동안 알라의 사도가 말씀했다. "만일 남녀가 (임시로 결혼하기로) 동의한다면 그들의 결혼은 사흘 밤 동안 지속될 것이고, 만일 그들이 더 계속하기를 원한다면 그렇게 할 수 있으며, 만일 헤어지기를 원하면 그렇게 할 수 있다." _7:37; 62.32.52

> 압둘라가 말하기를: 우리는 선지자가 거행하신 성전聖戰에 참여하곤 했는데 우리에게는 아무 여인(아내)도 없었다. 그래서 우리는 (선지자에게) 물었다. "우리

가 스스로 거세해도 되겠습니까?" 하지만 선지자는 우리가 그렇게 행하는 것을 금하였다. 그때부터 그는 우리가 한 여인에게 의복을 주고 그녀와 (임시로) 결혼하는 것을 허락하였으며, (꾸란의 한 절을) 낭송하였다.

"오 믿는 너희여! 알라께서 너희를 위해 합법적이게 한 좋은 것들을 불법의 것으로 만들지 말라."

[번역자의 주석: 임시 결혼Muta은 이슬람 초기에 허락되었으나 나중에 카이바르 전투Khaibar Battle 때에는 금지되었다.] _6:110; 60.107.139

알리는 말했다. "알라의 사도는 카이바르 전투의 날에 임시 결혼을 금했다." _9:76; 86.4.91

임시 결혼은 무슬림의 10퍼센트를 차지하는 시아파 무슬림에서 강력하게 용인되기에, 여전히 그 공동체의 영적 수장으로 인정되는 고故 아야톨라 호메이니Ayatollah Khomeini를 인용하는 것이 적절할 것이다.

여인은 둘 중 하나의 방식으로 한 남자에게 법적으로 속할 것이다. 즉 결혼 혹은 임시 결혼을 지속함으로써다. 전자의 경우, 결혼의 기간은 상술될 필요가 없다. 후자의 경우, 예를 들어 한 시간, 하루, 한 달, 한 해, 혹은 그 이상의 기간인지가 약정되어야 한다. _Khomeini 1980, 94

대부분의 수니파 무슬림(전 세계 이슬람 공동체의 90퍼센트)은 임시 결혼이 단지 아주 짧은 시기 동안에만 허락되었으며 남자들이 오랜 기간 아내와 떨어져 있어야만 하는 종교적 전투의 때로 제한되었다고 믿는다. 그들은 현대에 그러한 난교를 옹호하는 시아파 무슬림 형제들을 경멸의 눈초리로 바라본다. 호메이니의 말에 따르면 이 관례는 현재도 적합하게 고려되어야 하고, 한 시간 혹은 한 해나 그 이상의 기간만큼 짧은 기간 동안 분명히 허용될 수 있다. 호메이니는 그와 같은 결혼을 전투의 시기만으로 제한하지 않는다.

위에서 살펴본 하디스는 무함마드를 인용하여, 최소한 삼 일 밤을 임시 결혼으로 허락하면서 관계를 영구적으로 맺을 가능성도 열어 놓는다. 여인에게는 겉옷과 같은 작은 선물을 선사해야 한다. 선지자는 더 나아가, 알라가 그 관행을 합법적인 "좋은 것"의 범주로 구분했다고 말하는 구절을 임시 결혼에 적용함으로써 꾸란의 권위를 부여한다. 일단 무함마드가 직접 이렇게 분명한 해석을 만들어 놓으면 이것이 폐기되는 것은 보기 어렵다.

하지만 그 다음의 하디스는 그것을 폐기하는 것처럼 보인다. 이슬람 법학자들은 임시 결혼이 카이바르 전투 기간 동안만 금지되었는지 혹은 영구적으로 불허되었는지에 대해 논쟁한다. 그러나 이러한 딜레마조차도 그 맥락을 보면 성전聖戰에 참여한 전사들에게 임시 결혼의 관행이 있었음을 언제나 확인할 수 있다. 물론 호메이니의 저술에서 나타나듯이, 이것이 일상적인 관행은 아니었다.

슬픈 현실은 임시 결혼이 공인된 매매춘처럼 보인다는 것이다. 만일 호메이니의 분명한 가르침을 따른다면 무슬림 남자와 여자는 한 시간 정도로 짧게 지속되는 임시 결혼의 명목으로 성행위를 해도 괜찮다. 최근에 내가 이야기를 나눈 팔레스타인 무슬림 청년은 '그리스도인' 여성 두 사람과 각각 6개월씩 살았는데, 그는 임시 결혼을 언급하며 자신의 행동을 정당화했다. 그는 어떠한 영적 갈등도 느끼지 않았으며, 그 당시 임시 결혼에 동의해 줄 또 다른 여성을 찾고 있었다. 나는 전 세계 무슬림 대부분에게 그런 행동은 모독적이라고 분명하게 선언하고 싶다.

다방면에 대한 가르침

여성에 대한 관점에 있어서, 이슬람은 끊임없이 방어의 자세를 취한다. 무슬림들이 가까이하고 영향을 받아야 하는 경전과 하디스는 분명히 여성을 격하시키고 심지어는 폄하하는 것으로 보인다.

> 아부 후라이라가 말하기를: 선지자는 말씀했다. "여인은 네 가지 때문에 결혼한다. 즉 그녀의 부, 그녀 가족의 지위, 그녀의 미모, 그녀의 종교이다." _7:18; 62.16.27

네 가지 항목의 가치와 바람직함을 부인하는 것은 아니나, 여기에 인격과 내적 아름다움 같은 특성이 무시된 이유를 묻지 않을 수 없다. 종교를 제외한다면, 이 목록은 주관적 평가에 열려 있으며 타협할 여지가 있다고 생각된다. 나 자신을 포함하여 대부분 남자들에게 부유한 여인과 결혼하는 것은 그리 중요한 문제가 아니다.

만일 이슬람 세계 전역에서 무슬림들이 이 지침을 문자 그대로 따른다면 수백만의 노처녀 독신자가 발생할 것이다. 부의 요구 조건 하나만으로도 엄청난 수의 무슬림 여성이 탈락하게 된다.

아부 후라이라가 말하기를: 선지자는 말씀했다. "이브만 아니었다면 어떤 여인도 남편을 결코 배반하지 않았을 것이다." _4:400; 56.22.611

이슬람 신학은 아담을 통한 죄의 유전 교리를 강력하게 반박한다. 각 사람은 자신의 범죄에 대해 전적으로 책임이 있다. 그런데 이 하디스는 남편을 배반하는 모든 여인에게 이브의 영향이 다소간 전달되었다고 보는가? 아니면, 죄를 지은 여성의 죄책을 감해 주기 위해 이브가 속죄양으로 제시되고 있는가?

압둘라 빈 우마르가 말하기를: 나는 선지자가 말씀하는 것을 들었다. "악한 징조는 세 가지 안에 있다. 곧 말, 여인, 집이다."
[번역자의 주석: 미신은 이슬람에서 싫어하는 것이지만 그래도 나쁜 징조를 나타내는 사물이 있다면, 완고하거나 지하드에 사용되지 않은 말horse, 자식을 못 낳거나 불만을 품거나 건방진 여인, 넓지 않거나 모스크에서 멀리 떨어져 있거나 나쁜 이웃과 가까운 집에서 나쁜 징조를 발견할 것이다.] _4:74; 52.47.110

여자가 나쁜 징조라는 말을 듣는 여성은 어떤 느낌이 들까? 이 하디스에서 여자는 말과 집과 함께 한 범주로 묶인다. 이것이 정경의 기록이 아니라고 해서 전통의 영향력이 줄어들지는 않는다. 이것은 단지 무슬림 남성이 여성에 대해 불쾌하게 느끼는 것을 보여 줄 뿐이다. 불임이 왜 흉조인지를 묻는 것이 합법적이지 않은가? 여성은 어떤 죄가 있어서 악한 상황에서 불임이 되는 것인가?

무슬림 남자들은 선지자가 노년의 나이에 여러 여인과 결혼한 목적에 대해 내게 반복하여 얘기해 주었다. 선지자는 단지 과부들을 돌보거나 새 아내의 가족과 동맹 관계를 구축하기 위해 결혼했다는 것이다. 그들은 항상 무함마드의 성적 욕망을 경시한다.

자비르 빈 압둘라가 말하기를: [선지자는] 내게 묻기를, "너는 결혼했느냐?" 나는 그렇다고 대답했다. 그는 묻기를, "처녀냐 아니면 기혼 여성이냐?" 나는 대답하기를, "나는 기혼 여성과 결혼하였습니다." 선지자는 말씀했다. "왜 너는 처녀와 결혼해서 그녀와 즐기고 그녀도 너와 즐기지 않았느냐?" 자비르는 대답했다. "나는 (나이가 어린) 자매들이 있어서 그들을 모두 모아서 그들의 머리칼을 빗어 주고 그들을 돌보아 줄 수 있는 부인과 결혼하고 싶었기 때문입니다."_3:176; 34.35.310

이 하디스에서 선지자는 나이가 더 든 성숙한 여인(아마도 과부)보다는 처녀와 결혼하는 것을 선호한다. 쾌활한 처녀에 대한 그의 성향은 매우 발랄한 아이샤와 결혼하면서 극대화된 것으로 보인다.

아이샤가 말하기를: 기도를 무효화하는 것들이 내 앞에 언급되었다. 그들은 말했다. "기도는 (기도하는 사람 앞을 지나가는) 개, 당나귀, 여인에 의해 무효가 됩니다." 나는 말했다. "당신은 우리(즉 여인들)를 개가 되게 했습니다."_1:291; 9.13.490

아이샤는 확실히 원기 왕성한 인물이었다. 그녀는 신성한 기도 영역을 깨뜨리는 부정한 동물인 개와 당나귀와 비교되는 것에 크게 이의를 제기했다. 여인은 조금 다른 문제를 일으킨다. 남자들은 눈을 뜬 채 기도하므로 앞에 있는 사물을 인식한다. 만일 그들이 여인에게 정신을 팔리면 정욕의 행위에 들어가도록 유혹을 받으므로 기도의 가치를 무효화시킨다는 것이다.

> 아부 알-쿠드리가 말하기를: 한번은 알라의 사도가 알-피뜨르al-Fitr 기도의 무살라기도처를 향하여 가고 있었다. 그때 그가 여인들을 지나가면서 말하기를, "오 여인들아! 지옥불에 거하는 자들의 대부분이 너희(여인들)인 것을 내가 보았으니 자선을 행하라." 그들이 묻기를, "알라의 사도여! 왜 그렇습니까?" 사도가 답하기를, "너희는 자주 악담하고 남편에게 감사할 줄 모른다. 나는 지성과 헌신에서 너희보다 더 결함이 있는 자를 아무도 보지 못했다. 주의 깊고 분별 있는 남자가 너희 중 일부에게 미혹될 수 있었다." 여인들은 묻기를, "오 알라의 사도여! 우리의 지성과 헌신에 모자라는 것이 무엇입니까?" 그는 대답하기를, "두 여인의 증거가 한 남자의 증거와 동등하지 않겠느냐?" 그들은 동의했다. 그는 말하기를, "이것은 너희 지성의 결함이다. 여인은 월경 동안 기도나 금식을 할 수 없는 것이 사실이 아니냐?" 여인들은 동의했다. 그는 말했다. "이것이 너희 헌신의 결함이다." _1:181-182; 6.8.301

이미 지옥에 대해 다룬 12장에서 이 하디스의 축약형을 간단히 제시했다. 여기에서 선지자는 왜 지옥에 거하는 자들의 대부분이 여자인지를 더 깊게 설명한다. 여자들은 지성의 부족 때문에 지옥에 가는데, 이것은 법정에서 여자의 증거가 남자의 증거의 절반 가치밖에 없다는 사실에 의해 입증된다. 종교적인 헌신에서는 여자들이 매달 월경 기간에 기도나 금식을 지킬 수 없기 때문에 결함이 있다. 또한 여자들은 남편에 대한 악담과 배은망덕 때문에 지옥에 갈 만하다고 선언된다.

무함마드의 주장은 여자가 어리석게 태어난다는 것인가? 아마 그가 알았던 여자들은 남자들만큼 지적이지 않았는지도 모른다. 하지만 교육과 자기 개발의 기회조차 주어지지 않는 사회에서 어떻게 여자들이 지적일 수 있겠는가? 여자의 전 인생은 노예적이었다. 남편과 자녀를 돌보는 것이 그들 삶의 전적인 중심이었다.

이미 언급한 바와 같이 이슬람에서 여자들은 월경 기간에 영적으로 불결하다고 간주된다. 하디스는 이 결함을 기도와 금식에서 제한되는 종교적인 불완전과 연결시킨다. 결과적으로 이러한 제한은 여자들 대부분이 지옥에 간다는 사실의 원인이 된다.

이러한 논의는 전체적으로 다소 터무니없다. 내가 보기에 이것은 매우 극단적인 남성우월주의 사회에서만 의미가 있을 것이다.

> 알-하산 빈 살리흐Al-Hasan bin Salih가 말했다. "내 이웃은 스물한 살에 할머니가 되었다."
> [번역자의 주석: 이 여인은 아홉 살에 사춘기에 이르렀고 열 살이 되었을 때 결혼하여 딸을 낳았으며, 그 딸도 동일한 과정을 밟았다.] _3:514; 48.18.831

이처럼 이른 나이에 결혼하고 출산하는 것을 권장하는 것은 아니다. 이것은 단지 기록일 뿐이다. 그러나 어떠한 하디스에도 이것이 잘못이라는 언급이나 암시는 없다. 과연 열 살 소녀가 정서적으로나 신체적으로 어머니 역할을 할 준비가 되어 있는지 질문해 보아야 할 것이다.

이 장에 실린 전승들에서 내가 실망했음을 인정하지 않을 수 없다. 무슬림 여성에 대한 바람직하지 않은 많은 대우의 근거가 하디스에서 발견된다는 것이 내 확신이다. 나는 이슬람 학자들이 하디스 독자의 절반 이상을 차지하는 여성들을 더 존경하고 배려하는 방식으로 거룩한 책을 해설하는 길을 찾아 주기를 간절히 바란다.

그리스도인으로서 우리는 우리의 관심사에 대해 무슬림과 나눌 수 있지만 어떠한 독선적인 우월감이라도 갖지 않도록 신중해야 한다. 우리 역시 불완전하다는 것은 여성을 비하하는 영화, 책, 잡지 모두에서 너무나 분명하다.

17
무함마드의 아내들

　충성스럽고 헌신된 무슬림들은 자기가 원하는 만큼 많은 아내를 거느릴 수 있었던 선지자의 특권을 극성스럽게 변호한다. 꾸란 자체는 선지자의 아내 수는 제한하지 않는 데 반하여, 그의 추종자들에게는 네 명까지 가질 수 있다고 명기한다. 세속적인 무슬림이 선지자의 성적인 정력에 대해 농담하는 것을 나는 딱 한 번 들었다. 가볍게 내뱉은 말이지만 만일 그 모독적인 말이 종교 지도자의 귀에 들어간다면, 많은 이슬람 국가에서 그에 대한 벌로 사형을 선고할 것이다. 살만 루슈디는 그의 소설 《악마의 시》The Satanic Verses, 문학세계사 펴냄에서 매춘부들에게 무함마드의 아내들의 이름을 배당했다. 내가 예견하기로는, 이 일과 그의 책에 있는 다른 경솔한 행위들로 인해 그에게 내려진 사형 선고가 철회되는 일은 결코 없을 것이다. 그는 죽거나 암살될 때까지 자신이 한 말에 대한 대가를 치러야 할 것이다.

　하디스는 선지자와 아내들의 관계에 대해 밝히고 있다. 이 장에 실린 인용문 중 어떤 것도 무슬림들이 근거 없다고 하거나 의문을 제기하지 않을 것이다.

이 구절들은 무함마드의 결혼 생활에서 일어난 일들의 엄연한 기록이다.

> 사이드 빈 주바이르Said bin Jubair가 말하기를: 이븐 압바스가 내게, "당신은 결혼했소?"라고 물어서 나는 "아니오"라고 대답했다. 그는 "결혼하시오. 다른 모든 무슬림 중에 이 민족(무슬림) 최고의 사람(즉 무함마드)은 가장 많은 아내들을 가졌소"라고 하였다. _7:5; 42.4.7

무슬림은 결혼을 매우 중요하게 여긴다. 35세가 넘게 독신으로 있는 남자나 여자는 심각한 이상이 있는 것으로 간주된다. 일반적인 결혼 적령기는 당연히 그보다 훨씬 아래인데, 각 나라의 사회적 기준에 따라 다르다.

앞의 하디스에서 선지자는 하나의 본보기로서 제시된다. 무슬림 중에서 그는 가장 많은 아내를 거느렸다. 대개 무함마드에게 열두 명의 배우자가 있었다고 알려져 있다. 내가 만난 어떤 무슬림은, 예수는 결혼하지 않았으므로 무함마드가 그랬던 것같이 인생의 모든 주기를 경험하지 못했다는 점에서 실망이라고 말하기도 했다.

> 아나스가 말하기를: 무슬림들이 자기들끼리 말했다. "그녀, 즉 사피야Safiya가 신자들의 어머니들 중 하나(즉 선지자의 아내들 중 하나)일까 아니면 그냥 그의 오른손이 소유한 것(여자 노예)에 속했을까?" 그들 중 일부는 말하기를, "만일 선지자가 그녀에게 베일을 착용하게 하면 그녀는 신자들의 어머니들 중 하나(즉 선지자의 아내들 중 하나)일 것이고, 만일 그녀에게 베일을 착용하도록 하지 않는다면 그녀는 그 부인의 노예일 것이다." 그런데 그가 출발할 때 그 뒤에 (그의

낙타를 타고서) 그녀를 위한 공간을 마련하고 그녀로 베일을 착용하게 하였다. _5:371; 59.37.524

이 하디스는 무함마드가 열두 아내 이외에도 여러 여성 포로를 취했다는 것을 보여 준다. 포로를 소유하는 데에는 성적인 권리가 포함되어 있었기에 선지자는 이 육체적 특권을 받아들인 것으로 추정된다.

무함마드의 성생활에 대한 암시는 다음 전승에서 볼 수 있다.

까타다가 말하기를: 아나스 빈 말리크가 말했다. "선지자는 주야로 돌아가며 그의 모든 아내를 방문했고 그들은 열한 명이었다." 나는 아나스에게 묻기를, "선지자가 그렇게 할 만한 체력을 가졌습니까?" 아나스는 대답했다. "우리는 선지자가 30인(남자)의 체력이 있다고 말하곤 했다." _1:165; 5.13.268

일부일처 문화의 서구 그리스도인은 이 사실을 이해하기 어렵다. 하지만 구약 성경 인물 중 많은 수가 다수의 아내를 두었다는 사실 역시 우리를 당혹케 한다. 솔로몬은 700명의 아내와 300명의 첩을 두었다. 많은 아내와 첩을 두었던 다윗은 여전히 하나님의 마음에 드는 사람이었고 주님께 많은 칭찬을 받았다.

사흘이 말하기를: 한 여인이 선지자에게 와서 말했다. "저는 제 자신을 당신께 바치기 위해(결혼하기 위해) 왔습니다." 선지자가 그녀를 주의 깊게 바라보고 있는 동안 그녀는 오랫동안 계속 서 있었다. _7:504; 72.49.760

이 하디스는 한 여인이 선지자와 결혼하려고 시도하는, 다소 의외의 장면을 보여 준다. 무함마드는 꽤 긴 시간 그녀를 바라보면서 적어도 그녀의 미모를 고려하였을 것으로 보인다. 또 다른 기록에 따르면 선지자는 그 여인의 결혼 제안을 거절했는데, 이는 일생의 동반자를 선택하는 것에 대해 남자가 최종 발언을 한다는 것을 보여 준다.

> 아나스가 말하기를: 알라의 사도가 자이납 빈트 자흐쉬Zainab bint Jahsh와 결혼했을 때 그는 (잔치를 배설함으로써) 사람들이 마음껏 고기와 빵을 먹게 했다. 그리고 혼례식 날 아침이면 늘 그랬듯이 그는 신자들의 어머니들(그의 아내들)이 머무는 처소로 나갔다. 그는 그들에게 인사하고 그들을 위해 기원했으며 그들 또한 그의 인사에 화답하고 그에게 행복을 기원했다. _6:299-300; 60.241.317

이 전승은 무함마드와 아내들 사이에 있었던 일종의 온후한 우정을 보여 준다. 새 신부를 취하는 날에 그는 아내들에게 인사하고 아내들은 화답으로 그에게 신의 가호를 빌어 주었다. 이 하디스만으로는 선지자의 아내들 가운데 어떠한 음모와 시샘이 있었을 것이라고 추측할 수 없다. 그러나 이것은 실제 상황과는 거리가 멀다.

> 우마르가 언젠가 외투를 입고 하프사Hafsa에게 가서 이렇게 말했다고 보고했다. "오 나의 딸아! 네가 알라의 사도와 논쟁하여 그로 하루 종일 화 나 있도록 하느냐?" 하프사가 대답했다. "알라께 맹세코, 우리는 그와 논쟁을 합니다." 우마르가 말했다. "알라의 심판과 알라의 사도의 노여움에 대해 너에게 내가 경고하는

것을 알아라! 오 나의 딸아! 그녀에 대한 알라의 사도의 사랑 때문에, 자기 미모를 자만하는 여자(즉 아이샤)에게 속지 마라."_6:406; 60.316.435

아이샤가 때때로 무함마드와 논쟁을 선동했다. 다른 아내들은 온종일 계속되는 이간에 동조했을 것이다. 우마르의 딸도 선지자의 아내였기 때문에, 우마르는 매우 염려하지 않을 수 없었다. 그는 아이샤에게 책임을 돌렸는데, 그가 보기에 아이샤는 자기의 미모 때문에 우쭐대며 무함마드의 특별한 애정 때문에 자만하는 어린 여인이었다.

아이샤가 말하기를, 선지자는 그녀가 여섯 살 때 그녀와 결혼하였고 그녀가 아홉 살 때 신방에 들어갔으며 그리고 9년간(즉 그가 죽을 때까지) 그녀가 그의 곁에 있었다고 말했다. _7:50; 62.39.64

무함마드가 아이샤와 결혼했을 때 그의 나이는 오십이 넘었다. 3년 후 그는 그녀와 성관계를 시작했다. 무슬림 변증가들은 아이샤가 아홉 살에 첫 월경을 했다고 확인시켜 준다. 만약 그렇지 않다면 아이샤가 그렇게 어릴 때 신방에 들어가는 일은 없었을 것이다. 이 관계는 아이샤가 열여덟 살, 곧 선지자가 죽을 때까지 계속되었다.

아부 무사가 말하기를: 알라의 사도는 말씀했다. "남자들 가운데서는 많은 수가 완전(의 수준)에 도달했으나 여자들 가운데서는 아이샤, 파라오의 아내, 이므란Imran의 딸 마리아를 제외하고는 아무도 이 수준에 미치지 못했다. 그리고 다분히 다른 여자들보다 아이샤가 우위에 있다는 것은 다른 음식들보다도 타리드 Tharid, 즉 고기와 빵 요리가 우위에 있는 것과 같다." _4:411; 55.28.623

무함마드는 아이샤가 다른 아내들보다 우월하다고 분명히 진술하고 있다. 꾸란에 따르면 남자는 자신의 아내들을 모두 동등하게 대해야 한다. 배우자들 중 누구에게도 편애를 보여서는 안 된다. 그러나 여러 하디스는 아이샤가 선지자의 가장 총애하는 아내였음을 분명히 나타낸다.

우르와Urwa가 말하기를: 그리고 [선지자는 움 살라마에게] 말씀했다. "성스러운 영감이 아이샤의 침상 외에 다른 침상 어디에서도 내게 오지 않은 만큼, 아이샤에 관하여는 내 마음을 아프게 하지 마라." 그것에 관해 움 살라마가 말하기를, "나는 당신의 마음을 아프게 한 것에 대해 알라께 회개했습니다." 그리고 움 살라마의 당파는 알라의 사도의 딸인 파티마를 불러서, 그녀를 알라의 사도에게 보내어 "당신의 아내들은 그들과 아부 바크르의 딸을 동등하게 대할 것을 당신에게 요청합니다"라고 말하게 했다. 파티마가 그에게 메시지를 전달하자 선지자는 말씀했다. "오 나의 딸아! 내가 사랑하는 자를 너는 사랑하지 않느냐?" 그녀는 사랑한다고 대답하고 돌아와서 그들에게 그 상황에 대해 말했다. 그들은 그녀에게 다시 가라고 요구했지만 그녀는 거절했다. 그러자 그들은 자이납 빈트 자하Zainab bint Jahsh를 보내어 그에게 가혹한 말로, "당신의 아내들은 당신이 그들과 이븐 아부 꾸하파Ibn Abu Quhafa의 딸을 동등하게 대하기를 요구합니다"라고 말하게 했다. 이에 그녀가 언성을 높여 아이샤의 면전에서 아이샤를 욕했으므로 알라의 사도는 아이샤가 응전할 것인지 보기 위해 그녀를 바라보았다. 아이샤는 자이납에게 답하기 시작하여 결국 자이납을 침묵시켰다. 그러자 선지자가 아이샤를 바라보면서 말씀했다. "참으로 아부 바크르의 딸답다."_3:455-456; 47.8.755

선지자는 아내들이 서로 이해하기를 간청하고 있다. 그들은 선지자가 아이샤를 분명히 더 좋아하는 것에 대해 몹시 투기하며 불화 가운데 있었다. 그들은 무함마드에게 사절을 보내어 그가 애정 표시를 더 공정히 하도록 요청했다. 그의 응답은 이중적이었다. 그는 먼저 알라가 아이샤를 향하여 더 마음이 기울었다고 표현했는데, 왜냐하면 그녀와 잠자리에 들었을 때 성스러운 계시가 그에게 임했기 때문이다. 그가 다른 아내와 잠자리를 했을 때에는 그런 일이 일어나지 않았다. 그리고 그는 자신이 사랑하는 자를 그들이 사랑할 수 없느냐고 물었다. 이것은 아내들에게 자신이 아이샤를 더 좋아하는 것을 이해하고 받아들이라는 간접적인 호소였다. 마지막으로, 자이납은 가혹한 욕설과 훈계의 말을 가지고 무함마드와 아이샤에게 갔으나 이 모든 것이 아무 효력이 없었다. 어쨌든 무함마드가 십대 소녀인 그의 아내를 향한 애정을 기꺼이 줄이려 했다는 표시는 없다.

아이샤가 말하기를: 알라의 사도는 꿀과 사탕을 좋아하였고, (그의 습관은) 아스르Asr 기도를 마친 후에 즉시 그의 아내들을 방문하여 그들 중 하나와 머무는 것이었다. 한번은 우마르의 딸 하프사에게 가서 보통 때보다 더 오래 그녀와 머물렀다. 나는 투기가 나서 그렇게 한 이유에 대해 물었다. 그녀의 친척 중 한 부인이 그녀에게 꿀을 채운 가죽 부대를 선물로 주어서 그녀가 그것으로 시럽을

만들어 선지자에게 마시도록 주었다(그것이 지체하게 된 이유였다)고 들었다.
_7:141; 63.8.193

질투심은 일방통행이 아니었다. 아이샤는 선지자가 다른 아내 중 어느 누구와도 여분의 시간을 보내는 것에 대해 투기심을 느꼈다고 숨김없이 진술한다.

아이샤가 말하기를: 알라의 사도는 여행을 가려고 할 때 그와 동행할 아내를 결정하기 위해 제비를 뽑곤 했다. 그는 이름이 뽑힌 아내를 데려갔다. 그는 아내들에게 각각 한 낮과 한 밤씩을 배정했다. 하지만 사우다 빈트 자므아Sauda bint Zam'a는 알라의 사도를 만족시키고 즐겁게 하려는 생각으로 자신의 (차례인) 낮과 밤을 선지자의 아내 아이샤에게 양보했다. _3:462; 47.14.766

제비를 뽑는 것은 딜레마를 해결하기 위해 흔히 쓰이는 방식이었다. 오직 한 아내만이 선지자의 여행길에 동행할 수 있었다. 아내들 가운데 제비를 뽑아 결정되는 자에게 무함마드와 여행할 수 있는 특권이 주어지는 것이었다. 적어도 한 아내는 선지자에게 큰 도움을 주는 최선의 방법이 자신의 차례를 아이샤에게 넘기는 것이라고 생각했다. 이러한 영예는 다른 아내들 중 어느 누구에게도 주어지지 않았고 오직 편애를 받은 아이샤에게만 주어졌다.

아이샤가 말하기를: "나는 그(무함마드)에게 말하곤 했다. '만일 내가 (당신이 다른 아내들에게 가는 것을) 허락하지 않을 수 있다면, 당신의 총애가 다른 누

구에게도 주어지는 것을 허락하지 않을 것입니다.'"_6:296; 60.23.312

아이샤와 결혼할 당시, 무함마드는 아라비아에서 유명한 사람이었다. 아이샤는 알라의 선지자의 총애를 받는 아내로서 큰 명예가 주어진 것을 느꼈다. 그런데도 그녀는 사랑하는 남편과 성적 관계를 가질 수 있는 특권을 똑같이 지닌 다른 아내들을 향하여 강한 질투심을 제어할 수 없었다. 그리고 무함마드에게 자주 이 사실을 이야기했다.

다음의 두 하디스는 아이샤와 무함마드의 첫 아내 카디자에 관한 것이다.

아이샤가 말하기를: 나는 선지자의 아내들 중에 어느 누구에게도 카디자에게 품었던 만큼의 질투심을 느끼지 않았다. 그녀는 그가 나와 결혼하기 전에 죽었음에도 말이다. 이는 그가 그녀를 언급하는 것을 내가 종종 들었기 때문인데, 알라는 그에게 그녀가 까사브Qasab, 즉 낙원에서 귀중한 보석과 진주가 담긴 통들의 궁전을 소유할 것이라는 좋은 소식을 전하게 했으며, 그가 언제든 양을 잡으면 그녀의 여자 친구들에게 그 몫을 충분히 보냈다고 했다. _5:103; 58.21.164

아이샤가 말하기를: 한번은 카디자의 동생 할라 빈트 쿠와일리드Hala bint Khuwailid가 들어올 수 있도록 선지자의 허락을 요청했다. 그러자 선지자는 카디자가 허락을 구하던 것을 기억했고 그것이 그를 당황케 했다. 그는 말하기를, "오 알라시여! 할라여!" 그래서 나는 질투심이 강하게 일어 말했다. "무엇이 당신으로 하여금 꾸라이쉬의 늙은 여인들 가운데서 한 여자를 생각나게 합니까? (이가 없어) 빨간 잇몸이 있는 늙은 여자요, 오래 전에 죽은 여자를 말입니다. 게다

가 알라께서 그녀보다 더 나은 사람을 당신에게 주신 곳에서 말입니다."_5:105; 58.21.168

카디자는 무함마드의 아주 특별한 아내였다. 선지자가 친구와 적 양쪽에서 의심받을 때조차도 그녀는 그의 말을 믿었다. 그는 그녀가 살아 있는 동안에는 어느 누구와도 결혼하지 않았다. 그들의 관계는 그가 단지 그녀를 회상하는 것만으로도 아이샤가 맹렬하게 투기를 부릴 만큼이나 모범적이었던 것으로 보인다. 아이샤는 무함마드에게 빈정댄다. 어떻게 아주 오래 전에 죽은 이 빠진 늙은 여자를 그렇게 자주 생각할 수 있단 말인가? 선지자가 어떻게 대답했는지에 관해서는 아무런 언급이 없다. 하지만 분명, 특별한 관계였던 카디자와의 기억을 손상시키지 않으면서 아이샤를 달래려고 애썼을 것이다.

아이샤가 말하기를: 알라의 사도에게 자신을 바친 저 부인들을 나는 경멸했고, 나는 "한 부인이 자신을 (한 남자에게) 바칠 수 있을까?"하고 묻곤 했다. 하지만 알라께서 계시하셨다.
(오 무함마드여) 그녀들(그대의 아내들) 가운데 그대가 이혼하고자 한다면 그대의 선택이며 그대가 받아들이고자 할 때도 그러하며 (일시적으로) 멀리했던 그녀를 다시 불러도 되나니 이는 그대에게 죄악이 아니라(꾸란 33:51).
나는 선지자에게 말했다. "나는 당신의 주님이 당신의 바람과 욕망을 채우도록 재촉하신다는 생각이 드네요."_6:295; 60.240.311

기분이 언짢은 아이샤는 다시 한 번 무함마드에게 그녀의 생각을 주장한다. 선지자는 그가 택한 순서로 그가 바라는 아내들 중 어느 누구에게나 가서 잠잘 수 있는 권리가 있다는, 다소 저속한 계시를 받았다. 아이샤는 무함마드가 개인적 취향을 공식 인증하기 위해 너무 쉽게 신적 지시를 받는다고 느꼈다. 그래서 그녀는 선지자가 바라는 것을 즉각 충족시키기 위해 알라가 나타나는지를 관찰한다. 실제로 그녀는 무함마드가 받은 계시들이 그 자신의 생각에서 만들어 낸 것이 아닌지 간접적으로 묻고 있다.

여기에 삽입된 꾸란 구절은 매우 개인적이고 한정적이어서 상당히 흥미롭다. 내가 아는 무슬림 친구들은 꾸란에서 발견되는 알라의 장엄하고 초시간적인 계시들에 관해 늘 내게 들려준다. 그러나 이 구절은 확실히 그 기준을 충족시키는 것 같지 않다.

아이샤의 삶에서 한 가지 중요한 사건은 매우 논쟁의 여지가 있고 불안정한 것이다. 그 이야기는 알-부카리 하디스 전집에 수없이 반복되어 나타난다. 그 사건에 관해 아이샤가 언급한 구절은 다음과 같다.

아이샤가 말하기를: 알라의 사도가 여행을 가려고 생각할 때는 언제든지 그의 아내들 가운데 제비를 뽑았고, 알라의 사도는 제비에 당첨된 아내를 데리고 갔다. 그가 싸운 전투 중의 하나가 진행되는 동안에도 그는 우리 가운데서 제비를 뽑았다. 그 제비가 내게 떨어져서 나는 베일 구절the Verse of Veil의 계시 후에 알라의 사도와 앞으로 나아갔다. 그들은 나를 (낙타의 등에) 올린 상교象轎, 탈 것에 태웠고 (우리가 멈출 때는) 그 안에 있는 상태로 내려주었다. 그래서 우리는 알라의 사도가 전투를 끝내고 돌아갈 때까지 여행을 계속했다. 우리가 메디나에 가까이 갔을 때 그는 우리가 밤에 출발할 것이라고 알렸다. 그들이 출발 소식을

알렸을 때 나는 막 일어나서 군대 막사를 떠나 용변을 본 후 내가 타는 동물에게 되돌아왔다. 나는 가슴에 손을 댔다가 지파르Zifar 구슬(즉 부분적으로는 검고 부분적으로는 흰 예멘의 구슬)로 만든 목걸이가 없어진 것을 알았다. 나는 그 목걸이를 찾기 위해 다녀오느라 시간을 지체했다. (그동안) 낙타로 나를 운반하던 사람들이 와서 나의 상교를 (내가 그 안에 있을 것이라고 간주하고) 내가 타던 낙타 위에 다시 올렸다. 그 당시에 여인들은 먹기는 했지만 소량의 음식을 먹었기 때문에 살찌지 않아서 체중이 가벼웠고 몸에 살이 그리 많지 않았다. 따라서 그 사람들은 상교를 들어서 운반하면서도 그것이 가벼운 것에 대해 문제시하지 않은 것이다. 그 당시 나는 아직 어린 소녀였다. 낙타는 일어섰고 그들은 모두 (낙타와 함께) 떠나 버렸다. 내가 목걸이를 찾았을 때에는 내 군대가 가 버린 후였다. 나는 막사를 친 곳으로 와서 사람이 있는지 외쳤으나 아무도 응답하지 않았다. 그래서 나는 그들이 나를 빠뜨리고 갔으니 내게 돌아올 것이라고 생각하고 내가 머물던 곳으로 갈 작정이었다. 그런데 내가 앉아서 휴식을 취하고 있는 동안에 깊숙한 잠에 빠져들고 말았다. 사프완 빈 알-무으아탈 앗-술라미 아드-다콰니Safwan bin Al-Mu'attal As-Sulami Adh-Dhakwani는 군대 뒤에 처져 있었는데, 그가 아침에 내가 있는 곳에 도달하여 잠든 사람의 모습을 보고, 나를 알아보았다. 그는 (규정에 따라) 의무적으로 베일을 가리기 전에 나를 본 적이 있기 때문이다. 그는 나를 알아보자마자 이스티르자Istirja, 즉 "오 주여 우리는 주 안에 있으며 주께로 돌아가나이다"(꾸란 2:156)란 구절을 외웠고 그제야 나는 깨어났다. 나는 즉시 머리 덮개로 얼굴을 가렸고, 알라께 맹세코 단 한 마디도 나누지 않았으며, 그의 이스티르자 외에는 어떠한 말도 듣지 못했다. 그는 그의 낙타에서 내려 낙타가 무릎을 꿇게 하고, 그의 다리를 낙타의 앞 다리 위에 올렸다. 그 다음에 내가 일어서서 낙타 위에 탔다.

그는 한낮의 뜨거운 열기 속에서 나를 태운 낙타를 인도하여, 잠시 멈추어 휴식을 취하고 있는 군대를 따라잡았다. (그 사건으로 인해) 일부 사람은 스스로 파멸을 초래하였는데 대부분의 이프크Ifk, 비방를 퍼뜨린 사람은 압둘라 빈 우바이 이븐 살룰Abdullah bin Ubai Ibn Salul이었다. _5:139-140; 59.33.462

아이샤가 홀로 젊은 병사와 시간을 보냈다는 말이 삽시간에 퍼졌다. 그녀가 그 남자와 성관계를 가졌다는 소문이 돌았다. 무함마드는 극도로 당황하여 그 비난이 사실인지를 판결할 때까지 아이샤를 그녀의 부모 집에 머물러 있게 했다. 아이샤는 남편이 자신의 도덕적 결백을 의심할 수 있다는 생각에 동요했다. 그녀는 자신이 부당하게 고소당한 사실에 화가 나 있음을 그에게 알렸다.

얼마 후 무함마드는 아이샤의 결백을 확신하게 되었다. 이것은 비방 죄에 대한 형벌을 공포하는 새로운 꾸란 계시의 계기가 되었다. 선지자와 아이샤는 행복하게 재결합하였다.

아이샤가 말하기를: …… 아부 바크르[아이샤의 아버지]가 내게 와서 내 가슴을 심하게 치면서 말했다. "너는 목걸이 때문에 사람들을 기다리게 했다." 비록 아부 바크르가 (손바닥으로) 나를 아프게 때렸을지라도 (내 무릎 위에 있는) 알라의 사도 때문에 나는 죽은 사람처럼 꼼짝도 하지 않았다. _6:105; 60.101.132

같은 사건을 언급하면서 아이샤는 그녀의 어리석은 행동에 대해 아버지가 노여워하고 벌을 주었다고 말한다. 이보다 앞선 하디스에서는 아부 바크르가 아이샤의 옆구리를 치기도 했다고 전한다.

> 아이샤가 말했다. "오 내 머리야!"(두통) 알라의 사도가 말씀했다. "내가 아직 살아 있는 동안에 만일 그것(즉 너의 죽음)이 닥치면 나는 알라께 너를 용서해 달라고 요청할 것이고 너를 위해 알라께 빌 것이다." 아이샤는 말했다. "오 곧 사라질 나의 생명이여! 알라께 맹세코, 나는 당신이 나의 죽음을 바란다고 생각하며, 만일 그 일이 일어난다면 당신은 그 밤에 당신의 아내들 중 한 사람과 즐기느라 바쁠 것입니다." _9:246; 89.51.324

다시 한 번 무함마드의 결혼 생활이 드러난다. 아이샤는 다른 아내들과 함께 남편을 공유하는 것 때문에 계속 초조해 했다. 이 하디스에 나타나듯이 그녀는 비난하기를 주저하지 않았다.

결론적으로, 선지자는 그의 아내들에게 사랑하는 자와 공급하는 자뿐 아니라 중재자의 역할도 해야 했다고 말할 수 있다. 그의 가정생활에는 분명히 조화가 부족했던 것으로 보인다. 하지만 무슬림들은 부정적인 사건들을 거의 거론하지 않는다. 그들은 무함마드를 이상적인 남편이자 아버지로 선포한다.

18 율법주의

이 책 전체에 걸쳐서 분명해지는 것은 이슬람이 신자 공동체의 활동을 빈틈없이 규정하는 명령들에 중대한 우선순위를 두고 있다는 것이다. 광범위하게 관측되는 이 율법주의는 이슬람의 동질성을 증진시킨다. 이슬람 신앙으로 회심한 개종자들은 자신을 헌신하도록 이끈 이슬람의 매력 중 하나로, 종교적 요구 사항의 명확성을 종종 꼽는다. 반대로 백인들 중에서는 신자에게 그렇게 많은 요구 사항을 부과하는 종교에 가입하는 것을 고려라도 하는 사람이 거의 없다.

이 짧은 장에서는 다소 일상적인 하디스를 몇 부분 소개하려고 한다. 이러한 의식과 선언들은 헌신된 무슬림에게 요구된다.

아부 우끄바Abu Uqba가 말하기를: 선지자가 말씀했다. "만일 네가 수치심을 느끼지 않는다면 네가 좋아하는 무엇이든 하라."_4:457; 55.46.690

수치는 이슬람에서 중요한 사회적 제약이다. 무슬림은 가문의 이름에 불명예를 가져올 수 있는 어떤 행동도 실행하기를 주저한다. 그래서 무함마드는 이 하디스에서 원칙의 형태로 올바른 삶을 살도록 호소하고 있다. 수치감을 느끼는 조건은 꾸란과 하디스의 가르침에 따라 결정된다. 따라서 주어진 이 범주의 경계를 벗어나는 어떠한 행동도 수치를 불러올 것이며 반드시 피해야 한다. 수치를 불러오지 않는 다른 행동은 허용된다.

알-무기라 빈 슈바Al-Mughira bin Shuba가 말하기를: 선지자가 말씀했다. "알라께서는 너희에게 다음과 같은 행위를 금지하셨다. (1) 어머니에게 순종치 않는 것 (2) 딸을 산 채로 매장하는 것 (3) 다른 사람들의 복지(예를 들면, 자선 등)를 생각하지 않는 것 (4) 사람들에게 빌리는 것(기부금을 부탁하는 것). 그리고 알라는 너희가 다음과 같이 하는 것을 미워하셨다. (1) 헛되고 쓸데없는 말, 혹은 다른 사람들에 관해 너무 많이 말하는 것 (2) 너무 많은 질문을 하는 것(논쟁적인 종교 문제들에 있어서) (3) 재산을 (사치로) 낭비하는 것." _3:348-349; 41.19.591

이 금지 사항 중 대부분은 논쟁의 여지가 없는 것이고, 선지자가 처음으로 언급한 7세기 무슬림에게와 마찬가지로 오늘날 무슬림에게도 적용된다. 많은 무슬림이 딸보다는 아들을 선호하는 것이 사실이지만, 오늘날 어떠한 경우라도 무슬림이 딸을 산 채로 매장한다는 기록은 거의 없다. 이것은 무함마드가 반대한 이슬람 이전의 관습이었을 것이다.

사드가 말하기를: 선지자가 미드라이Midrai, 일종의 빗로 그의 머리를 긁고 있는 동안에 어떤 남자가 구멍을 통하여 선지자의 집 안을 슬쩍 들여다보았다. 그것에 관해 선지자는 (그에게) 말씀했다. "만일 네가 바라보고 있다는 것을 내가 알아차렸다면 나는 그 도구로 너의 눈을 꿰찔렀을 것인데, 이는 불법으로 훔쳐보지 못하게 하기 위해 반드시 허락을 구해야 한다는 법이 이미 제정되어 있기 때문이다." _7:529; 72.75.807

사생활은 무함마드에게 중요했던 것으로 보인다. 그는 인기가 대단해서 홀로 있는 시간이 거의 없었다. 게다가, 극도의 질투심을 폭발시키는 아내들을 생각하면 그는 분명 각 배우자와 최대한의 사생활을 보장받고 싶었을 것이다. 그가 말한 처벌은 잠재적인 위반자에게 효과적인 억제책이 되었을 것이다.

아이샤가 말하기를: 선지자는 신을 신을 때, 머리를 빗을 때, 몸을 씻거나 정결하게 할 때, 다른 행위를 할 때에도 오른쪽부터 시작하기를 좋아했다. _1:117-118; 4.31.169

왼쪽보다는 오른쪽이 선호된다. 내가 본 무슬림 대부분이 이 예를 따른다.

이슬람에는 영성과 몸을 씻는 것 사이에 거의 불가사의한 관계가 있다. 기도에 앞서 행하는 세정식은 의무적이다. 이것은 헌신된 무슬림이 하루에 다섯 차례, 머리와 팔, 손, 발을 씻는 것을 의미한다. 하지만 정결해지는 것은 이것으로 끝이 아니다. 다른 의식들과 금지 사항도 지켜야 한다.

우끄바 빈 사흐반Uqba bin Sahban이 말하기를: 선지자는 (두 손가락으로) 작은 돌을 던지는 것을 금했다. 압둘라 빈 알-무가팔 알-무자니Abdullah bin Al-Mughaffal Al-Muzani도 말했다. "선지자는 또한 목욕하는 곳에서 소변 보는 것을 금했다." _6:347; 60.275.365

나는 방글라데시의 많은 가옥에서 변기가 목욕 시설과 따로 떨어져 있는 것을 목격했다. 나는 그것을 부적절한 배수 방식으로 인한 단순한 위생상의 조처로 생각했는데, 그렇기도 하지만 이 관행의 더 깊은 유인은 확실히 선지자의 예를 따르는 데 있었다.

알-안사리Al-Ansari가 말하기를: 알라의 사도가 말씀했다. "만일 너희 중에 어느 누구라도 용변을 보기 위해 개방된 공간으로 간다면 그는 끼블라기도의 방향를 향하여 서지도 말고 등을 돌리지도 말아야 한다. 그는 동쪽을 향하거나 서쪽을 향해야 한다." _1:106; 4.11.146

내가 세 들어 살던 한 집에서, 무슬림 집주인이 변기를 공사하고는 그것을 특히 자랑스러워 했다. 그는 자신이 갖추지도 않은 종교적 성향을 드러내며, 그 시설을 사용하는 사람의 둔부가 결코 메카를 향하지 않을 것이라고 장담했다. 그가 말한 것은 틀림없이 그가 찬양하는 선지자의 이 교훈이었다. 하디스는 방향의 적부에 대한 그의 관심을 입증한다.

아부 까타다가 말하기를: 알라의 사도는 말씀했다. "너희가 소변을 볼 때 오른손으로 음경을 만져서는 안 된다. 그리고 배변 후 깨끗이 할 때 오른손을 사용해서는 안 된다." _7:365; 69.25.534

무슬림 중에서는 왼손잡이를 거의 찾아볼 수 없다. 만일 어린아이가 그런 성향이 있으면 즉시 훈련하여 글을 쓰거나 물건을 주고 받을 때 오직 오른손만 사용하게 한다(필요시에는 벌을 준다). 악수는 늘 오른손으로 해야 한다. 이 행동 중에 어느 것 하나라도 왼손을 사용하는 것은 몹시 모욕적인 행동일 것이다.

마찬가지로 소변을 보거나 배변 시에는 왼손만을 사용하도록 지속적으로 주의해야 한다. 오른손은 최대한도로 청결하고 의식에 따라 깨끗하게 유지해야 한다.

아나스 빈 말리크가 말하기를: 알라의 사도가 용변을 보러 갈 때마다 나는 한 소년을 데리고 물이 가득한 컵을 들고 그와 함께 갔다. (히샴은 언급하기를, "그것으로 그가 용변을 본 부분을 씻기 위함이었다.") _1:109; 4.15.152

아부 후라이라가 말하기를: 선지자가 용변을 보러 가는 동안 나는 선지자를 뒤따랐다. 그는 이 방식이나 저 방식을 찾는 데 익숙하지 않았다. 그래서 내가 그에게 가까이 다가갔을 때 그는 내게 말하기를, "은밀한 부분(또는 그와 비슷한 다른 표현)을 깨끗이 하도록 나를 위해 약간의 돌멩이를 가져오고, 뼈나 똥 조각은 가져오지 마라." _1:111; 4.20.157

무함마드는 물로 씻는 것을 선호했다. 그러나 사막에서 이것은 종종 불가능한 일이었다. 그래서 선지자는 별 수 없이 모래나 돌멩이를 사용했다. 그는 뼈나 똥으로 세정하는 것에 대해서는 거절했다. 오늘날 여행하는 무슬림들은 주둥이가 있는 작은 항아리를 지니고 다니는 것을 흔히 볼 수 있는데 이것은 용변 후 세척을 돕기 위한 것이다.

무슬림들은 화장지의 사용을 아주 위생적으로 해야 한다고 생각한다. 화장지는 적절한 하수 시설이 가능하지 않은 곳에서 처리상의 문제를 만들어 낼 뿐만 아니라 몸을 정결하게 하는 데 부적절하다고 평가된다. 세 번째 문제는 화장지의 가격이 높다는 것인데, 가난한 무슬림은 화장지를 살 돈이 없다. 말할 필요도 없이, 옛날 사람들은 휴지를 사용하지 않았다. 나는 터키 에페소스에베소에서 1세기 공동 목욕탕을 방문한 적이 있는데, 그곳에서 일렬로 늘어선 변기들 뒤로 물이 흐르는 배수로가 있는 것을 보았다.

> 아이샤가 말하기를: 나는 선지자의 의복에서 자나바Janaba, 정액의 자국을 씻곤 했는데, 물의 흔적이 여전히 그 위에 있는(물의 얼룩이 여전히 보이는) 동안에도 그는 기도하러 가곤 했다. _1:146; 4.68.229

수년간 나는 무슬림들이 성에 대해 얼마나 부담없이 말하는지 볼 때마다 매번 놀랐었다. 그들에게 성은 삶의 당연하고도 중요한 영역으로, 적절히 통제되기만 한다면 모든 대화에서 다루는 주제로서 아무런 수치감이나 거북함이 없다. 아이샤는 방금 전에 성행위를 했다는 명백한 증거를 지닌 채 집에서 걸어 나가고 있는, 위대한 '알라의 사자'인 남편에 대해 기록함으로써, 이것을 생생하게 보여 준다.

몸뿐 아니라 옷에서도 정액을 씻어 내는 것은 무슬림에게 중요하다. 내가 살았던 마을에서 나는 새벽 3시에 무슬림 남자들이 우리의 침실 창문에 인접한 우물에서 목욕하는 소리를 들었다. 그날 아침에 일어나서 이웃에게 왜 야간 목욕을 했는지 물었다. 그들은 눈을 내리깔고서 분명치 않은 말을 중얼거렸는데, 아마도 매춘부와 함께 보낸 후 몸을 씻은 것 같았다.

의식, 율법주의, 세정 행위 등은 이슬람의 날실과 씨실의 모든 부분이다. 외부인의 눈에는 이것들이 구속적이고 수고스러워 보인다. 그러나 알라를 깊이 사랑하고 선지자를 완전히 따르기를 원하는 내부자에게 그것들은 기쁨과 즐거움이다.

하지만…… '보통의 무슬림'은 이슬람에서 요구되는 수많은 법을 지키려고 시작이라도 하는가? 결단코, 아니다! 따라서 인간과 알라의 관계에 대하여 이것을 대화의 요점으로 사용하는 것은 적절해 보인다. 알라는 그의 피조물이 달성하기 어려운 기준을 지키도록 요구하는가? 알라는 인류가 실패하는 것을 보고 싶어하는가? 그는 인간이 그 자신과 자신의 정욕에서 구원받도록 더 나은 계획을 세워 놓지는 않았는가?

이 지점에서 율법을 능가하는 은혜의 우위를 선포하는 갈라디아서와 로마서의 구절을 인용할 수 있다. 인간의 삶에서 하나님의 자비를 강조하는 개인적 간증을 할 수도 있다. 나는 이러한 접근 방식이 내가 만나는 무슬림의 생각과 마음에 가 닿는 것을 종종 보았다.

19 음식

이슬람이 삶의 총체적 규칙이라는 주장을 완성하기 위해서는 하디스가 사회적 관습의 전 영역에서 가르침을 주어야 한다. 먹는 습관과 같이 기본적인 주제들까지도 선지자의 말과 본보기에 따라 어느 정도는 규정된다. 본 장에서는 이러한 구절들을 소개한다.

우마르 살라마Umar Salama가 말하기를: 알라의 사도가 말씀했다. "알라의 이름을 말하고 너희의 오른손으로 먹으며, 너희에게 더 가까운 음식을 먹으라." _7:221; 65.2.288

알라의 이름을 기원하는 가장 흔한 방식은 "비스밀라 아르라흐만 아르라힘"Bismillah ar-Rahman ar-Rahim, 자비롭고 은혜로운 알라의 이름으로이라고 말하는 것이다. 이것은 많은 무슬림에게 내려진 기준으로, 음식을 먹기 시작할 때에 언급하는 것이다. 오른손으로 먹는 것은 의무적이다(18장을 보라). 무슬림은 음식을 차려 놓은 상을 가로질러 손을 뻗는 것을 무례하다고 여긴다. 음식에 손을 대기 전에 음식 접시가 가까이 놓일 때까지 기다려야 한다. 많은 무슬림 가정에서 주부나 하인은 테이블 옆에 서서 식사하는 사람들에게 그릇을 가까이 놓아 주는 등 식당 종업원처럼 행동하고, 자신은 나중에 먹는다.

이븐 압바스가 말하기를: 선지자가 말씀했다. "너희가 먹을 때, 너희가 손을 핥거나 혹은 누군가 다른 사람이 그것을 핥아 줄 때까지 손을 닦지 마라." _7:265; 65.53.366

무슬림은 식사를 한 후에 손가락을 핥는 것이 보통이다. 그런 다음 물로 손과 입을 씻을 것이다. 무슬림의 손을 다른 사람이 핥아 주었다는 이야기는 들어 보지 못했다. 이것은 선지자 시대에 사회적인 관습이었을 것이다.

마이무나Maimuna가 말하기를: 생쥐가 버터에 떨어져서 죽었다. 선지자가 그것에 대해 질문을 받았다. 그가 말씀했다. "생쥐와 그 주변의 버터를 내다 버리고 나머지 버터는 먹으라." _7:317; 67.34.446

이 전통은 21세기의 서양인에게는 다소 성의 없게 들린다. 하지만 실제로, 죽은 생쥐가 매우 짧은 시간 동안만 버터에 있었다면 그것이 닿지 않은 부분은 오염되지 않았을 것이라고 추측할 수 있다.

아부 후라이라가 말하기를: 한 남자가 많이 먹곤 했으나 이슬람을 받아들이면서부터는 덜 먹기 시작했다. 그 일이 선지자에게 전해졌을 때 그는 말씀했다. "신자는 창자 하나만큼 먹고(적은 음식에도 만족하고) 카피르(불신자)는 창자 일곱 개만큼 먹는다(많이 먹는다)." _7:233; 65.13.309

이 하디스의 요점은 그 사람의 삶에서 음식이 차지하던 중요성이 이슬람으로 개종한 후에 덜해졌다는 것으로 보인다. 하지만 나는 경제적으로 충분한 자원을 가진 무슬림 중에서 이슬람 신앙 바깥에 있는 사람보다 적게 먹는 사람을 본 적이 없다.

아부 후라이라가 말하기를: 선지자는 (그가 초대되었을 때) 어떤 음식에도 불평하지 않았으나, 그가 좋아하는 음식은 다 먹었고 싫어하는 음식은 남기곤 했다. _7:241; 65.22.320

선지자는 대접받은 음식에 대해 말로 평가하지는 않았지만, 싫어하는 음식을 먹지 않는 것에 대해 부담을 갖지 않았다. 그러나 내가 본 무슬림들은 무함마드와 달리 음식에 대한 의견을 거리낌 없이 말했다. 언젠가 한 여인은 저녁 식사가 남편의 기대에 부응하지 못하면 뺨을 맞는다는 것을 알고 있었다.

아바야 빈 라이파아Abaya bin Raifaa가 말하기를: 알라의 사도가 말씀했다. "만일 죽일 목적으로 사용된 연장이 그 동물의 피를 많이 흘리게 하고 그것을 죽이면서 알라의 이름이 언급되었다면 그때는 그 고기를 먹어도 좋다(즉 그것은 합법적이다)". _4:198; 52.191.309

할랄halal이란 단어는 동물이 적절하고도 합법적으로 도살되어, 깨끗해졌다고 선언된 것을 가리킨다. 동물의 숨통을 베는 순간에 알라의 이름으로 기원하고, 동물의 피를 완전히 빼낸다. 만일 이 두 조건이 충족되지 않으면 그 고기는 먹기에 하람haram, 곧 불법이다.

정통 무슬림은 이 이슬람 규정을 지키는 데 엄격하다. 그(녀)는 결코 돼지고기를 먹어서는 안 된다. 이 금령은 돼지기름이나 돼지비계로 만든 비누 같은 부산물에까지 확대된다. 돼지가 요리되는 부엌은 하람이라고 선언된다. 어떤 무슬림은 그리스도인이 돼지고기를 먹기 때문에 불결하다고 여긴다. 그러나 이것은 극단적인 반응이고, 일반 무슬림 가운데는 흔하지 않다.

> 아이샤가 말하기를: 일부 사람들이 말하기를, "오 알라의 사도여! 어떤 사람들이 고기를 가져왔는데 우리는 (동물을 도살하는 때에) 알라의 이름이 그 위에 언급되었는지 안 되었는지 확실히 알 수 없습니다." 알라의 사도가 (그들에게) 말씀했다. "알라의 이름을 언급하고 그것을 먹으라." _3:156; 34.6.273

내 친구 알리 박사는 하버드 대학교에 객원 연구원으로 가면서 할랄이 아닌 음식을 먹게 될까 봐 염려가 컸다. 그는 이맘을 찾아갔고, 이맘은 위의 하디스를 근거로 고기 위에 알라의 이름으로 기원하고 먹으라고 알려 주었다. 물론 이것은 돼지고기에는 적용되지 않는다.

> 아즈-주흐리Az-Zuhri는 말하기를: 아랍 그리스도인이 도살한 동물의 고기를 먹는 것은 해가 없다. 만일 동물을 도살하는 자들이 알라의 이름 외에 다른 이름

을 언급하면 그것을 먹지 말 것이지만, 만일 그것을 듣지 않았다면 그들이 도살한 동물의 고기를 먹는 것을 알라가 허용할 것이다. 비록 그분이 그들의 불신을 아실지라도 그렇다. _7:302; 67.22.415

이 하디스를 이해하기 위해서는 모든 아랍 그리스도인이 하나님을 '알라'라고 부른다는 사실을 아는 것이 중요하다. 이것은 이슬람 시대뿐 아니라 이슬람 이전에도 해당한다. 그래서 아랍 그리스도인이 알라의 이름으로 도살하든지 혹은 아무 이름 없이 하든지 그 음식은 무슬림에게 할랄이다. 다만 만일 그가 다른 신의 이름을 사용한다면 그 음식은 하람으로 여겨진다.

이 전통은 기독교 신앙과 무슬림 신앙을 구분하게 한다. 그리스도를 따르는 자는 '불신'의 사람으로 지목된다. 이것은 이슬람의 기본적인 강령을 그가 받아들이지 않는다는 의미이다. 하지만 그는 그 책(즉 이슬람 이전의 구약과 신약 성경)의 사람이므로 완전히 거절되어서는 안 된다.

아부 타알라바 알-쿠샤니Abu Tha'laba Al-Khushani가 말하기를: 나는 말하기를, "오 알라의 선지자여! 우리는 성경의 백성이 통치하는 땅에 살고 있습니다. 그들의 식기에 담긴 음식을 먹을 수 있겠습니까? 그 땅에는 풍부한 사냥감이 있고 나는 그 사냥감을 활과 사냥개로 사냥합니다. 그러면 내가 먹는 것이 합법인지요?" 그는 말씀했다. "성경의 백성에 대해 네가 언급한 것에 관하여 만일 네가 그들의 것과 다른 식기를 구할 수만 있다면 그 도구들로 먹지 마라. 하지만 네가 그들과 다른 도구를 구할 수 없다면 그 도구들을 씻고 그것으로 먹으라." _7:282; 67.4.387

현대의 일부 무슬림은 자신과 같은 믿음에 속하지 않은 사람들의 식기로 먹는 것을 주저한다. 그들은 비무슬림의 집에 초대받는 것을 좋아하지 않는다. 비할랄 음식점에서 먹는 것도 가능한 한 피한다. 그들의 이론적 근거는 이 전승에 포함되어 있다. 하지만 그와 같은 극단적인 행동은 극소수 율법주의자에게 국한되어 있다.

아부 후라이라가 말하기를: 알라의 사도는 말씀했다. "만일 개 한 마리가 너희 중 누군가의 식기에 있는 것을 마신다면 그 식기를 일곱 번 씻는 것이 반드시 필요하다."_1:120; 4.34.173

한 마리의 개가 예배 처소를 더럽힐 수 있듯이 식기를 불결하게 만들 수도 있다. 그릇을 일곱 번 씻으면 그 식기를 할랄 영역으로 되돌릴 수 있다. 이 하디스는 무슬림이 집에서 개를 키우지 않는 이유를 한 가지 더 보여 준다.

이븐 우마르가 말하기를: 알라의 사도는 말씀했다. "누구든지 세상에서 알코올 음료를 마시고 (죽기 전에) 회개하지 않는 자에게는 내세에서 그것이 주어지지 않을 것이다."_7:338; 69.1.481

하늘의 포도주는 세상의 것과는 다를 것이다. 그것은 얼마든지 마실 수 있으며, 취하지 않는 물질로 만들어진다. 그 즐거움은 신자들이 이 세상에서 미리 획득하는 것은 금지되었지만 하늘에서 누리게 될 즐거움 중 하나일 것이다.

기독교 공동체와 비교하면 훨씬 적은 비율의 무슬림이 알코올음료를 마신다. 사교적인 음주에 대해서조차 사회적, 신학적으로 강력한 편견이 있다.

이븐 우마르가 말하기를: 선지자가 말씀했다. "(미덕에 있어서) 무슬림과 비슷한, 나무들 가운데 한 나무가 있는데, 그것은 대추야자 나무이다." _7:261; 65.47.359

무함마드의 시대에 대추야자는 아랍인의 식생활에 중요한 역할을 했다. 대추야자 나무는 아라비아 사막 도처에서 흔하게 발견되었다. 무함마드가 대추야자를 좋아했다는 이유에서 대추야자는 무슬림에게 거의 종교적인 의의를 지니게 되었다. 특별히 라마단 성월聖月 동안 이 열매는 이슬람 세계 전역의 시장에서 풍부하게 발견되며 금식을 깨뜨리는 해질녘 식사에 선호되는 음식이다.

아나스 빈 말리크가 말하기를: 알라의 사도에게 어떤 사람이 와서 말했다. "당나귀들이 (무슬림에게) 잡아먹혔습니다." 선지자는 침묵을 지켰다. 그러자 그 남자는 다시 와서 말하기를, "당나귀들이 잡아먹혔다고요." 선지자는 침묵을 지켰다. 그 남자는 세 번째로 와서 말하기를, "당나귀들을 다 먹어 버렸습니다." 선지자는 한 고지자에게 명하여 사람들에게 알리게 했다. "알라와 그분의 사도는 너희가 당나귀 고기를 먹는 것을 금한다." 그러자 고기가 아직도 요리용 항아리 안에서 끓고 있었는데, 그 항아리들이 뒤엎어졌다. _5:361; 59.37.511

구약 성경에서 돼지고기는 하나님이 직접 명하여 먹지 말라고 금하신 음식이다. 하디스는 한 발 더 나아가 당나귀 역시 하람으로 선언한다.

> 자비르 빈 압둘라가 말하기를: 선지자는 말씀했다. "누구든지 마늘이나 양파를 먹은 자는 우리에게 가까이하지 못하며, 그렇지 않으면 우리 사원에 가까이하지 못하고 자기 집에 머물러 있어야 한다." _9:337; 92.24.458

무슬림이 다수인 여러 나라들에서 마늘과 양파는 음식 조리에 첨가하는 양념으로 매우 진가가 높다. 두 가지 양념 모두 냄새가 좋지 않아서 많은 양을 섭취한다면 숨 쉴 때 유쾌하지 못한 냄새를 풍길 수 있다. 이 전승에 나타난 금령은 유독 엄격하다. 냄새 나는 숨결이 어떻게 예배 처소를 더럽히는지는 의문이다. 이것은 형식적인 부분에 큰 비중을 두어 강조하는 이슬람의 사고방식으로만 이해할 수 있다. 그러나 실제로 이 하디스를 언급하여 적용했다는 이야기는 전혀 들어 보지 못했다.

> 아나스가 말하기를: "내가 아는 한, 선지자는 큰 쟁반에 음식을 담은 적이 전혀 없고, 잘 구운 얇은 빵을 결코 먹은 적이 없으며, 식탁에서 먹은 적도 없다." _7:227; 65.8.298

무슬림은 삶의 모든 영역에서 선지자의 습관을 따르고자 한다. 그러나 이 구절에 관해서는 그렇지 않다. 전 세계 무슬림은 얇게 구운 빵을 좋아한다. 파키스탄과 같은 이슬람 국가에서는 오히려 주식이다. 파키스탄 사람들이 짜파티chapati나 난nan 없이 커리를 먹는 모습은 상상하기 어렵다.

많은 무슬림은 중동의 관습대로 바닥에 앉는 대신 식탁에서 먹는다. 이 하디스는 규범을 나타낸다기보다는 단순히 기술적인 묘사라고 보아야 한다. 하지만 그럼에도 선지자의 모범에 무게를 싣고 있다.

모든 문화권에서 그렇듯이, 무슬림에게도 음식은 삶의 중요한 초점이다. 그러나 다양한 이슬람 공동체에서 그들 각각의 민족적, 문화적 특질들은 여기서 살펴본 전승들을 해석하는 데에도 작용한다. 음식물과 식습관에 대한 몇 가지 규범은 지켜지지만, 대부분은 천 년간의 문화적 영향력에 따라 선호되는 것들이다. 전반적으로, 이맘들은 이러한 관례와 규정을 강요하는 데 소극적이다.

20 약품

하디스를 옹호하는 사람들은 알-부카리의 진술을 현대 의학과 어떻게 조화시켜야 할지 다소 난감해 한다. 그들이 원하는 바는 아니지만, 너무나 구식인데다 비과학적인 하디스의 치료법들이 타당성이 있는지 의심하지 않을 수 없다. 무슬림 변증가에게는 선지자가 의학적 견해에서 실수를 했을 수 있다는 점을 인정하기가 무척 고통스러운 일이다. 무함마드의 지식이 시간과 문화에 매여 있으며 7세기의 과학적 오류에서 벗어날 수 없다는 것을 인정하기란 극도로 어렵다. 이스마엘의 자손은 삶의 모든 영역에서 선지자를 따라야 할 의무가 있다. 그들은 사실과 부합하지 않는 잘못된 조언을 어떻게 받아들일 수 있을까?

본 장에서는, 무함마드의 가르침을 읽는 현대의 지적인 독자들이 부딪히는 몇 가지 수수께끼를 조명해 볼 것이다. 이 하디스 중 일부는 무슬림이 어느 정도 방어할 수 있다. 어떤 무슬림 학자들은 무조건 믿는 것을 경계한다. 그들은 당혹스러운 전승에 대해서 무시해 버리는 편이다. 내가 한 이맘에게,

건강을 위해 낙타의 오줌을 마시라는 무함마드의 조언에 대해 물었을 때 그는 완전히 황당하다는 표정을 지었다. "당신은 그 하디스를 어떻게 알았습니까? 무슬림 중에도 그런 전승이 있다는 것을 아는 사람은 거의 없습니다!" 사람들을 무지 속에 방치하는 것이 신학적 난제를 피하기 위한 효과적인 방법인 것처럼 보인다. 사족을 달자면, 이것은 기독교 신학자와 목회자들에게도 전혀 생소한 수법은 아니다.

아부 후라이라가 말하기를: 선지자가 말씀했다. "알라께서는 어떤 질병도 창조하지 않았지만 그분은 그 처방을 창조하셨다."_7:395; 71.1.582

무슬림 신앙에 따르면 알라는 언제나 제1원인으로 여겨진다. 따라서 질병의 시초를 알라에게서 찾는 것은 놀랄 일이 아니다. 하지만 하디스는 더 나아가, 인간에게 알려진 모든 질병에 대한 처방을 알라가 제공했다고 기술한다. 그 치료법들, 특히 에이즈와 몇몇 암에 대한 치료법이 현대의 의학 연구자들에게 제공된다면, 그들은 진심으로 감사를 표할 것이 분명하다.

아이샤가 말하기를: 선지자가 말씀했다. "열병은 (지옥) 불길이 커지기 때문에 생기며 그 열기가 나오는 것이다. 그러니 그것을 물로 식혀라."_4:314; 54.9.485

나는 여러 무슬림이 고열을 앓는 사람의 머리 위에 물을 붓는 것을 목격했다. 이 치료법의 근거 중 하나가 위의 하디스일 것이다. 열이 나는 것이 지옥의 열기가 증가하기 때문이라는 부분은 더욱 흥미롭다. 이 문구를 어떻게 해석해야 할지는 독자의 몫이다.

움 미흐산Um Mihsan이 말하기를: 나는 선지자가 말하는 것을 들었다. "인도산 향으로 치료하라. 이는 일곱 가지의 질병을 낫게 하기 때문이다. 목구멍에 고통이 있는 사람은 코로 들이마시고 늑막염을 앓는 사람은 입의 한쪽에 넣어야 한다."
_7:402; 71.10.596

상당수의 하디스가 향의 효능에 대해 설명한다. 나는 20년간 인도 아대륙*에서 무슬림과 지내면서, 그들이 냄새를 음미하는 것 외에 다른 목적으로 향을 사용하는 것을 본 적이 없다. 향이 일곱 가지 질병을 치료한다는 말도 전혀 듣지 못했다. 누구든 늑막염을 치료하기 위해 향을 입 속으로 넣는다는 것은 언뜻 상상하기에도 불가능해 보인다.

아나스가 말하기를: 선지자가 말씀했다. "너희가 스스로 치료할 수 있는 최고의 의약은 흡각법[피를 빨아내는 것]과 바다 향이다." 그는 덧붙이기를, "너희 자녀의 편도선염을 치료하느라 편도선을 눌러서 괴롭히지 말고 향을 사용하라."
_7:403-404; 71.13.599

여러 세기 동안 피를 빨아내는 것은 표준적인 의료 행위였다. 병든 피를 뽑아내어 몸의 순환계에 깨끗한 피가 다시 돌게 한다는 단순한 개념이었다.

* 남아시아의 인도, 파키스탄, 방글라데시, 미얀마, 스리랑카를 포함하는 지역. 인도 반도라고도 한다. _편집자 주

여러 하디스가 이러한 시술을 긍정적으로 언급한다.

> 이븐 압바스가 말하기를: 한번은 선지자가 (의료 행위로) 그의 피를 빼내고 그것을 해 준 사람에게 비용을 지불했다. 만일 그것이 불법이라면 선지자는 그에게 지불하지 않았을 것이다. _3:179-180; 34.40.316

과학으로서 의술은 무함마드 당시에 아직 발달하지 않은 초기 상태였다. 그는 당시로서는 최고의 의술을 활용한 것이다. 하지만 오늘날 피를 뽑아내는 것은 검사 과정에서만 사용된다는 것을 누구나 알고 있다. 환자의 피를 제거하여 치료하고 대체하는 경우가 드물게 있기는 하다. 그러나 이것은 무함마드의 시대에 실행된 것과는 전혀 다르고 훨씬 더 복잡한 과정이다.

무함마드가 그 시대의 지혜를 반영하는 것은 결코 특이한 일이 아니다. 유일한 문제는 그를 추종하는 일부 사람들이 역사 속의 이러한 사건을 모든 시대, 모든 장소에서 타당한 종교적, 법적 명령으로 격상시키고자 할 때 발생한다. 그런 사람들은 무슬림과 비무슬림 양쪽에서 조롱거리가 될 뿐이다.

> 아부 사이드 알-쿠드리가 말하기를: 그들(선지자의 동행) 중 한 사람이 꾸란 1장 Surat-al-Fatiha을 낭송하면서 그의 침을 모아 그것을 (뱀에게 물린 곳에) 뱉었다. 그 환자가 곧 나았다. …… _7:424; 71.33.632

능력 입은 자의 침은 이동 가능한 체액으로, 약효가 있다고 알려졌다. 예수와 무함마드가 그랬듯이, 선지자와 함께한 사람들도 침을 사용했다.

아이샤가 말하기를: 선지자는 종종 환자들에게 이렇게 말했다. "알라의 이름으로 말한다. 우리 땅의 흙과 우리 중 한 사람의 침이 우리 환자들을 치료할 것이다."
[번역자의 주석: 루끼야(질병에 대한 처방으로서 신성한 구절을 낭송하는 것)를 하는 동안 선지자는 자신의 침을 집게손가락 위에 조금 뱉어 그것으로 흙을 만졌고, 그렇게 만든 혼합물을 환부에 발랐다.] _7:429; 71.38.641

무슬림에게 침은 치료보다는 다른 목적으로 쓰인다. 한번은 수피 무슬림 모임에 참석하여, 한 연로한 피르pir, 수피 성자가 백 명의 추종자 그룹을 그의 수도회로 입회시키는 장면을 지켜보는 특권을 누렸다. 그의 앞에는 레몬수가 든 물주전자가 탁자 위에 놓여 있었다. 피르는 주전자 속으로 숨을 불어넣었다. 그는 유리컵에 든 레몬수에 손가락을 넣었다 뺀 후 그 손가락을 그의 입에 넣었다. 그런 다음 그 손가락을 다시 유리컵에 담갔다. 이 과정을 세 차례 반복했다.

이렇게 '능력이 부여된' 레몬수를 더 큰 주전자에 부은 후, 조수들이 조금씩 따라서 새로운 입회자들에게 한 잔씩 마시도록 건넸다. 피르에게서 제자들에게로 능력이 전달되는 데 인간의 침이 매개로 사용되었다고 추정할 수 있다. 그 무슬림들은 피르의 능력뿐만 아니라, 자신이 건강을 유지하고 고령의 피르처럼 120세까지 살 수 있으리라는 희망도 얻었을 것이다.

하디스에 기록된 다른 형식의 치료법들은 정령 신앙의 성격을 띠고 있는 것으로 보인다.

이스라일Israil이 말하기를: 우트만 빈 압둘라 빈 마우합Uthman bin Abdullah bin

Mauhab이 말했다. "나의 백성이 물 한 사발과 함께 나를 움 살라마에게 보냈다." 이스라일은 세 손가락을 (선지자의 머리카락이 담겨 있는 작은 크기의 그릇을 가리키면서) 가져다 대었다. 우트만은 "만일 어느 누구든지 흉안evil eye이나 다른 질병으로 고통을 겪고 있다면 그는 (물을 담은) 한 그릇을 움 살라마에게 보낼 것이다. 나는 (선지자의 머리카락을 담은) 그 용기를 들여다보고 그 안에 붉은 머리카락 몇 가닥이 있는 것을 보았다"고 덧붙였다.
[번역자의 주석: 움 살라마는 환자의 치료를 위해, 그 머리카락을 물 그릇에 담근 후 환자에게 가져와서 그 축복의 물을 마시게 하거나 그것으로 씻게 할 것이다.] _7:518; 72.66.784

이 처방전은 무함마드의 머리카락이 닿은 축복의 물을 마시거나 몸에 바르는 것으로 치료와 보호를 얻을 수 있다는 미신적인 신앙에 기반을 두고 있다. 여기에, 신학자를 갈등에 빠뜨리는 요소가 한 가지 더 있다. 인간의 머리카락이 어떻게 그런 효력을 갖는가? 게다가 고작해야 일시적인 공급일 뿐이다. 선지자의 머리카락은 얼마나 오랫동안 유효할까? 그리고 아라비아에서 얼마나 멀리까지 그것이 발견될까?

칼리드 빈 사아드Khalid bin Sa'd가 말하기를: 우리는 출발했고 갈립 빈 아브자르 Ghalib bin Abjar가 우리와 동행했다. 그는 도중에 병에 걸려서 우리가 메디나에 도착했을 때도 여전히 병들어 있었다. 이븐 아비 아티끄Ibn Abi Atiq가 그를 문병하러 와서 우리에게 말하기를, "검은 커민cumin으로 그를 치료하시오. 그 씨앗 다섯 개나 일곱 개를 취해 으깨어서(분말을 기름에 섞어서) 그 혼합물을 두 콧구

명에 떨어뜨리시오. 이는 아이샤가 선지자의 하는 말("이 검은 커민이 앗-삼As-Sam을 제외한 모든 질병을 치료한다")을 듣고 내게 전해 준 것이오." 아이샤가 물었다. "앗-삼이 무엇인지요?" 그는 "죽음"이라고 대답했다. _7:400; 71.7.591

이 하디스는 제약 회사들에게 별로 반갑지 않을 것이다. 이 하디스에 따르면 치명적이지 않은 모든 질병을 검은 커민 씨앗과 기름의 혼합물로 치료할 수 있다. 많은 무슬림은 동종 요법 치료를 상당히 신뢰한다. 인간에게 알려진 모든 질환에 대해 허브, 식물, 씨앗, 기름 등을 복용하는 것이 일반적이다. 하지만 무슬림 신학자 및 의사들이 커민의 완전한 효능에 대한 이 주장을 어떻게 받아들이는지는 알 수 없다. 일반 대중의 현실이나 의학적 사실과 일치하지 않는다는 것은 분명하다.

사흘이 말하기를: 선지자의 투구가 그의 머리 위에서 박살나서 피가 그의 얼굴을 덮었고 그의 앞니 하나가 부러졌다. 그러자 알리는 방패에 물을 담아 가져왔고 (선지자의 딸) 파티마가 그를 씻겼다. 하지만 물 때문에 출혈이 더 심해지는 것을 보고 그녀는 멍석을 가져와서 불에 태워 그 재를 선지자의 상처에 놓았다. 그러자 흘러나오던 피가 멈췄다. _4:98-99; 52.80.152

출혈에 대한 이 '처치'는 시골 지역의 무슬림에게서 볼 수 있다. 오늘날 신뢰할 만한 의사라면 그러한 치료법이 실행되는 것을 허락할 사람이 거의 없을 것이다.

하디스에서 발견되는 잘못된 의술의 더 극단적인 예를 다음 하디스에서 볼 수 있다.

아부 후라이라가 말하기를: 알라의 사도가 말씀했다. "만일 파리가 그대의 그릇에 떨어지면 파리의 온몸이 (그 그릇에) 담기도록 놔두었다가 후에 그것을 내다 버리라. 이는 파리의 한쪽 날개에는 질병이 있고 다른 날개에는 치유(그것에 대한 해독제)가, 즉 그 질병에 대한 치료책이 있기 때문이다."
[번역자의 주석: 최근의 실험에 따르면, 파리가 질병(병원균)과 함께 그 유기체에 대한 해독제를 옮기는 것으로 밝혀졌다. 보통 파리가 액체 음식물에 닿으면 그 액체에 병원균을 전염시키기 때문에, 병원균을 상쇄시키기 위해 병원균의 해독제도 액체에 풀어지도록 파리를 담그는 것이 필요하다. 또한 나는 한 친구를 통하여 카이로의 알-아즈하르Al-Azhar 대학교의 하디스 학부 학과장 무함마드 엘-사마히Muhammad M. El-Samahy 박사에게 이 주제에 관하여 편지를 썼다. 이 하디스에 관해 소논문을 쓴 바 있는 그는 의학적인 측면에서, 파리의 복부에 기생하는 종형 효모 세포들이 파리의 호흡 세관을 통해 빠져 나옴으로써 생명 주기를 반복한다는 사실을 미생물학자들이 입증했다고 알려 주었다. 만일 파리가 액체에 빠지면, 이 세포들이 유동체 안에서 터지는데 그 내용물이 파리가 옮긴 병원균의 해독제다.] _7:452-453; 71.58.673

이 주석은 치료법을 과학적으로 입증하는 자료를 제시한다. 엘-사마히 박사는 이슬람 대학교의 신학자으로, 의료인이 아니다. 그가 말한 미생물학자들에 대한 언급은 출처가 불충분하다. 이 생물학자들은 누구인가? 그들은 어디에서 가르치는가? 그들의 과학적인 자격증은 무엇인가? 정확한 인증 문서를 제시하지 않고 하디스에 이런 주석을 덧붙이는 것은 적절하지 않다.

나는 한 이맘이 이 번역자의 주석을 근거로, 이 하디스가 의학계에서 정확성을 입증받은 것이라고 의기양양하게 선언하는 것을 들었다. 그는 대단히 활기 있고 독단적인 태도로 그 진술을 했다. 그에게 그 쟁점은 이미 해결된 것이다. 그러나 이러한 맹신은 애석하고 불안정한 것이다. 그것은 마치 '우주비행사 닐 암스트롱Neil Armstrong이 무슬림으로서 온 지구를 여행하며 이슬람을 전파하고 있다'는 무슬림의 주장과 흡사하다. 다른 사람들뿐 아니라 암스트롱 자신이 아무리 반박을 해도 무슬림 세계 전역에 퍼져 있는 이 근거 없는 소문에 조금의 흠도 낼 수 없었다. 심지어 암스트롱이 직접 무슬림과 만나는 자리가 마련된다 해도 그 주장이 가짜라는 것을 납득시킬 수는 없을 것이다. 그들의 생각은 고정되어 있다.

> 아나스가 말하기를: 메디나의 기후는 어떤 사람에게는 맞지 않았다. 그래서 선지자는 그들에게 그의 목자, 즉 그의 낙타 무리를 따르며 그 젖과 오줌을 마시라고 명령했다. 그래서 그들은 그 목자를 따랐고 몸이 건강해질 때까지 그 젖과 오줌을 마셨다. _7:399; 71.6.590

여기서 선지자는 직접 처방을 내린다. 그 결과 낙타의 젖와 오줌을 마신 사람들이 건강해졌다. 이 하디스는 알-부카리 모음집에서 여러 차례 반복되며, 논란의 여지가 있는 전승에 속하지도 않는다. 그러나 나는 현대의 무슬림이 낙타의 오줌을 마신다는 얘기를 한 번도 들어 보지 못했다. 아라비아에서 낙타 오줌의 효용을 생각하면 사우디 사람들이 이 하디스를 어떻게 해석하는지 아는 것이 흥미로울 것이다. 한 무슬림 친구는 수줍은 듯 미소를 지으며 그런 상품은 그의 나라에서 찾을 수 없다고 내게 말했다. 나는 그에게 사우디아라비아에서 그것을 병에 담아 수출할 수 있을 것이라고 장담했다.

우르와가 말하기를: 아이샤는 아트-탈비나At-Talbina, 우유, 꿀, 흰 분말로 만든 일종의 죽를 병든 자에게, 그리고 죽은 사람에 대해 슬퍼하는 자에게 권했다. 그녀는 종종 이렇게 말했다. "나는 알라의 사도가 말하는 것을 들었다. '아트-탈비나는 환자의 마음에 휴식을 안겨 주고 활력을 주어 그의 슬픔과 비통을 일부 경감한다.'" _7:406; 71.8.592-593

선지자는 비통에 대한 해독제로 죽을 처방했다. 정서적으로 괴로워하는 사람에게 소화시키기 쉽고 영양분이 있는 곡류cereal를 먹이는 것은 어느 정도 효험이 있을 수 있다. 하지만 죽이 사람의 정신적인 건강 상태를 낫게 한다는 증거는 없다.

카압 빈 우즈라Ka'b bin Ujrah가 말하기를: 선지자가 알-후다이비야Al-Hudaibiya, 휴전의 기간에 내게 왔는데, 그때 나는 요리하는 항아리 밑으로 불을 붙이고 있었고 내 머리에서는 이가 떨어지고 있었다. 그가 말씀하셨다. "머릿니가 너에게 상처를 내느냐?" 나는 "예"라고 대답했다. 그는 말하기를, "너의 머리를 밀고, 삼 일간 금식하거나 여섯 명의 가난한 사람에게 먹을 것을 주거나 희생제로서 양 한 마리를 도살하라." _7:406; 71.16.604

2/3세계 국가에서 머릿니는 일상적인 문제다. 어린이의 경우 간단한 치료책은 머리를 미는 것이다. 성인들은 보통 머리에 약물을 발라 해결한다. 우즈라는 분명히 머리를 밀라는 분부를 받았다. 그리고 삼 일간 금식하거나 여섯 명의 가난한 사람에게 먹을 것을 공궤하거나 희생제로서 양을 잡으라는 추가적인 지시가 있었다. 여기서 문제는 머릿니와 금식, 여섯 명을 먹이는 것, 양을 잡는 것과의 관계를 이해하려고 할 때 생긴다. 나는 이 문제를 구약 성경에 나타나는 정결케 하는 절차와 결부시켜 생각해 보도록 제안한다. 머릿니는 사람을 부정하게 하고, 선지자가 지시한 의식들은 신체와 영을 정화하는 방법일 것이다.

이븐 압바스가 말하기를: 선지자의 동행 중 일부가 물이 있는 곳에 머무는 사람들을 지나갔는데, 그 중 한 사람이 전갈에 쏘였다. 물 근처에 머무는 사람들 중 한 남자가 와서 선지자와 함께한 사람들에게 말했다. "전갈에 쏘인 사람이 물가에 있는데, 당신들 가운데 루끼야[병에 대한 치료책으로서 성스러운 구절들을 낭송]를 할 수 있는 사람이 누구라도 있습니까?" 그래서 선지자의 동행 한 사람이 가서 양 한 마리를 대가로 수라트 알-파티하Surat-al-Fatiha, 꾸란 1장를 낭송했다. 환자는 치유되었고, 그 남자는 양을 싫어했던 동행자들에게 양을 가져가서 말했다. "당신들은 알라의 책을 낭송한 것에 대해 보답을 받았소." 그들은 메디나에 도착해서 이렇게 말했다. "오 알라의 사도여! (이 사람은) 알라의 책을 낭송한 것에 대해 보답을 받았습니다." 그러자 알라의 사도가 말씀했다. "그대는 알라의 책으로 루끼야를 한 것에 대해 보답을 받을 최고의 자격이 있소."
_7:425; 71.34.633

나는 방글라데시에서 죽은 자를 위해 기도를 낭송해 주고 생활비를 버는 무슬림 남자들의 전문 협회를 보았다. 한번은 시체가 놓인 방에서 죽은 자의 영혼을 위해 40일간 기도하는 것에 대한 비용 문제로 유족과 논쟁을 벌이고 있는 그들을 목격하였다. 기도해 주고 임금을 받는 이 직업인들에 대한 진지한 존경심은 전혀 없었지만, 그 친척들은 의무적인 종교 의식을 이행해야만 한다고 느꼈던 것이다. 이 하디스에 따르면 무함마드는 병든 자를 위한 기도 의식을 승인하는데, 이 관습이 죽은 자에게까지 확대되었다.

사실, 임금을 받기 위해 종교적인 직무를 수행하는 전임 사역자와 이 사람들을 다르게 간주해야 하는가? 나는 토저A. W. Tozer의 전기를 읽다가, 그가 일하는 날의 상당 부분을 기도로 보냈다는 것에 감명을 받았다. 그의 임금은 다른 활동들뿐 아니라 이 일에 대한 것이었다. 어떤 경우에나, 기도는 무슬림에게 치유의 효능이 있는 것으로 간주된다. 이것은 전 세계 대부분 종교의 가르침과도 어울린다.

> 아부 후라이라가 말하기를: 알라의 사도가 말씀했다. "사람이 사자로부터 달아나듯이 나병 환자로부터 달아나야 한다." _7:409; 71.19.608

어떤 질병이 전염성이 있는지 없는지에 관해서 하디스에는 중대한 모순이 있다. 이에 관해서는 이슬람으로 개종한 프랑스인 모리스 비카이으 박사의 언급이 적절하다.

질병들은 전염성이 없다(는 진술이 하디스에 있다). 알-부카리의 모음집은 몇몇 군데(의학에 관한 책 VII권 76부의 19, 25, 30, 31, 53, 54장)에서 특별한 경우, 예를 들어 나병(408쪽), 역병(418-422쪽), 낙타의 옴(447쪽) 등을 언급하고, 또한 일반적인 진술도 제공한다. 그러나 후자는 명백하게 모순된 언급들과 나란히 놓여 있다. 예를 들어, 역병이 있는 지역에 가지 말고, 나환자에게서 떨어져 있으라고 권한다. _Bucaille 1979, 246-247

선지자가 말년에 병에 걸렸을 때, 특정한 치료 방식을 활용하는 것을 볼 수 있다.

아이샤가 말하기를: 언제든 알라의 사도가 병에 걸리면 그는 알-무으아위드하탄Al-Mu'awidhatan, 즉 꾸란의 마지막 두 장을 낭송한 다음, 그의 손에 숨을 불어서 그것을 자신의 몸 위로 지나가게 했다. 그가 마지막으로 아팠을 때 나는 그가 하던 대로 알-무으아위드하탄을 낭송하면서 내 숨을 그 위로 불기 시작했고, 그런 다음 선지자의 손을 그의 몸 위로 문질렀다. _5:510; 59.81.714

다정한 장면이다. 사랑받던 18세 아내 아이샤는 죽음이 임박한 62세의 남편을 치료할 방도를 찾고 있다. 그녀는 치료를 발하던 그의 방법을 기억했다. 그녀는 애정을 기울여 꾸란을 낭송하고 그녀의 숨을 그의 몸 위로 불었으며, 그의 손을 들어서 생명이 다해 가는 몸에 문질렀다. 하지만 모두 소용이 없었다. 선지자는 곧 세상을 떠났다.

이 하디스 모음집이 과학적 신빙성을 결여하고 있다는 것을 지적하기 위해 무슬림 의사인 비카이으 박사의 말을 다시 인용한다.

그러나 우리는, 동시에 과학적인 약물을 사용하는 것이 현실적 제한으로 가능하지 않을 때, 사람들이 단순한 행위들(지혈, 지짐술, 이를 없애기 위해 머리를 미는 것, 낙타의 젖, 인도의 쿠스트Qust 풀이나 검은 커민 씨앗을 사용하는 것 같은 자연적인 치료법)에 의존하도록 권유받았다는 사실에 놀라지 말아야 한다. 출혈을 멈추기 위해 야자나무 잎으로 만든 멍석을 태워 그 재를 환부에 놓는 것도 권해졌다. 비상 상황에서는, (진짜로 유용할지도 모르는) 가능한 모든 수단이 동원되어야 했다. 그러나 사람들에게 낙타의 오줌을 마시라는 제안은 (선험적인) 매우 좋은 생각으로 보이지 않는다.

_Bucaille 1979, 245-246

우리 그리스도인은 이 장에서 살펴본 주제들을 무슬림 친구들에게 알려야 할까? 나는 이 질문에 답하는 데 다소 양가적이다.

그렇다. 무슬림은 이 수많은 인용문에서 과학적인 약점을 가지고 있다. 선지자는 그가 살았던 시대의 지혜를 반복하는 데 그쳤다. 그가 권한 방법 중 많은 것이 지금은 가치가 없는 것으로 알려져 있다. 이 영역을 강조함으로써 하디스의 권위를 꺾는 것이 가능하다. 하지만 이것이 도덕적인 접근인가? 우리의 구약 성경 율법에는 비슷한 문제가 없는가? 기껏해야 공격점으로 그 구절들을 사용하기보다는 차라리 적절한 설명을 요구하는 것이 아마도 최선일 것이다.

21 가르침

이슬람이 삶의 총체적 규준으로 여겨지기 때문에, 하디스가 무수한 주제를 다루고 있다는 것은 놀랄 일이 아니다. 이 마지막 장에서는 분류하기 어려운 가르침들을 소개했다.

압둘라 빈 우마르가 말하기를: 알라의 사도가 말씀했다. "유대인들이 그대들에게 인사할 때 그들은 보통 말한다. '앗-사무 알라이쿰'As-Samu alaikum(당신에게 죽음이 임하기를). 그러면 그대들은 (그들에게 화답하여) 말해야 한다. '와 알라이쿰(그리고 당신에게도).'" _8:181; 74.22.274

이것은 발음이 비슷한 단어를 사용한 말장난인데, 하나는 축복이나 평화salamu, 살라무를 의미하고, 다른 하나는 죽음samu, 사무을 의미한다. 인생의 말년에 무함마드는 점점 더 유대인들과 대립했다. 그는 유대인들이 알라의 대변자인 자신을 거부한다고 느꼈다. 이 전승에 따르면 그런 느낌은 상호적이었던 것으로 보인다.

> 아부 후라이라가 말하기를: 선지자가 말씀했다. "청년이 노인에게 인사해야 하고, 지나가는 사람이 앉아 있는 사람에게 인사해야 하며, 작은 그룹의 사람이 큰 그룹의 사람에게 인사해야 한다." _8:165; 74.4.250

서로 인사를 나누는 적절한 순서처럼 사소한 행동조차 하디스의 관심을 벗어나지 않는다.

> 아이샤가 말하기를: 두 소녀가 부으아스Bu'ath(이슬람 이전 안사르Ansar의 두 부족, 곧 카즈라즈Khazraj와 아우스Aus 간의 전쟁에 관한 이야기)의 노래들을 부르는 동안 알라의 사도가 내 집에 왔다. 선지자는 누워서 얼굴을 다른 편으로 돌렸다. 그때 아부 바크르가 와서 내게 사납게 말했다. "사탄의 악기들이 선지자 가까이에 있다니?" 알라의 사도는 그를 향하여 얼굴을 돌리며 말했다. "그들을 내버려 둬라." _2:37; 15.2.70

"악기들"이 소녀들의 노래를 말하는 것인지 실제 악기들을 말하는 것인지는 분명하지 않다. 이슬람은 음악에 관해 양가적 태도를 취해 왔다. 일반적으로, 비종교적인 노래들은 사랑받으며 폭넓게 불렸다. 모스크에서는 어떤 종류의 노래도 없고 단지 영창chant이 있을 뿐이다. 하지만 신앙의 노래들은 특별한 종교적 모임이나 라디오와 텔레비전에서 아주 흔하다. 그러나 이슬람 음악을 만들거나 사용하는 것을 반대하는 무슬림도 있다. 이 하디스에서 무함마드는 이슬람 이전의 노래들을 집에서 부르는 것을 허락하고 있다.

아나스가 말하기를: 선지자가 메디나에 도착했다는 소식이 압둘라 빈 살람 Abdullah bin Salam에게 들리자 그는 선지자에게 가서 물었다. "나는 선지자만이 대답할 수 있는 세 가지에 관해 당신에게 물으려 합니다. 마지막 때의 첫 징조는 무엇입니까? 낙원에 있는 사람들이 먹게 될 첫 번째 음식은 무엇입니까? 왜 아이는 그의 아버지를 닮거나 어머니를 닮거나 하는지요?" 선지자는 대답하기를, "가브리엘이 지금 막 그것에 대해 내게 알려 주셨다." 이븐 살람은 말하기를, "그(가브리엘)는 천사들 가운데 유대인의 적입니다." 선지자가 말씀했다. "그 때의 첫 번째 징조에 관하여, 그것은 동에서 서까지 사람들을 모을 불이다. 낙원의 사람들이 먹을 첫 번째 음식은 물고기 간의 (또 다른) 미상엽 caudate lobe일 것이다. 아이에 관하여, 만일 남자의 배출이 여자의 것보다 앞서면 그 아이는 남자를 닮고, 여자의 배출이 남자의 것보다 앞서면 여자를 닮는다." _5:189; 58.49a.275

여기서 무함마드는 정보의 원천으로 가브리엘을 동원하는데, 이 계시가 왜 꾸란이 아닌 하디스에 실렸는지에 관해서는 질문이 제기될 수 있다. 가브리엘은 꾸란의 내용에 대한 알라의 대변자로 알려져 있다. 아마도 여기서 가브리엘이 언급된 것은 무함마드에게 던져진 질문이 그의 선지자직에 대한 시험의 성격을 띠기 때문일 것이다. 그는 신뢰할 수 있는 답변을 내놓아야 했다. 첫 두 대답은 미래의 사건을 가리키므로 과학적 분석의 비준이 필요 없다. 그러나 세 번째 질문에 대한 가브리엘의 '계시'는 의학적인 신빙성이 없다.

출판된 것 중에서 가장 재미있는 하디스는 아마도 다음의 것이리라.

아부 후라이라가 말하기를: 선지자가 말씀했다. "바니 이스라엘Bani Israel (사람들)은 (모두 함께) 벌거벗은 채로 서로 보면서 목욕했다. 선지자 모세는 혼자 목욕하곤 했다. 그들은 말하기를, '알라께 맹세코, 그에게 음낭탈장이 있는 것 외에는 모세가 우리와 함께 목욕하는 것을 아무도 막지 못한다.' 한번은 모세가 목욕하러 나가서 그의 옷을 돌 위에 두었는데, 그 돌이 그의 옷을 가지고 달아났다. 모세는 줄곧 '아, 돌아! 내 옷이다. 아, 돌아! 내 옷이란 말이다' 하고 말하며 그 돌을 쫓아갔다. 바니 이스라엘 사람들이 그를 보고 '알라께 맹세코, 모세는 그의 몸에 아무 흠도 없다'라고 말했다. 모세는 그의 옷을 취하고는 그 돌을 때리기 시작했다."

아부 후라이라는 첨언했다. "알라께 맹세코, 그 심한 매질로 그 돌에는 지금도 여섯 혹은 일곱 개의 흔적이 있다." _1:169-170; 5.21.277

모세는 유대교, 기독교, 이슬람교의 종교적 가르침에서 존경받는 선지자이다. 그는 결코 조롱당하거나 품위를 잃는 법이 없다. 하지만 이 전승에서는 모세가 그의 옷을 훔쳐 달아나는 돌을 뒤쫓는 모습이 나온다. 버릇 없는 돌을 붙잡은 모세는 그 위에 예닐곱 개의 흔적을 남겨 주었다.

세 종교 모두 기적을 믿는다. 하지만 그 초자연적인 현상에서 파생되는 교훈이나 유익이 더 중요하다. 버릇 없이 움직이는 돌의 이 이야기는 모세가 탈장이 아니라는 것을 유대인에게 보여준 것 외에 아무런 적용점이 없는 듯하다.

아부 무사가 말하기를: 선지자가 말씀했다. "한 신자는 또 다른 신자에게 서로 다른 부분들이 서로를 강화해 주는 건물과 같다." 선지자는 (이렇게 말하면서) 두 손을 움켜쥐어 손가락들이 서로 얽히게 했다. _3:374; 43.6.626

이슬람 공동체 움마ummah는 무슬림에게 매우 중요하다. 이 하디스는 무함마드가 이슬람 신자들에게 서로를 붙들어 주는 역할을 부여했다는 것을 강조한다. 기독교의 가르침도 거의 같다. 두 종교 모두, 문제점은 이렇게 고상한 기본 원리가 실제로 얼마나 작동하고 있느냐에 있다. 종교 공동체 내부의 분쟁과 폭력은 슬픈 현실이다.

이븐 우마르가 말하기를: 선지자가 말씀했다. "통치자의 명령 중 (알라께) 불복종하는 것이 들어 있지 않은 한 (그 명령에) 귀를 기울이고 복종하는 것이 의무이다. 하지만 만일 (알라께) 불복종하는 행동이 요구되면 그 명령에 귀를 기울이거나 복종하지 말아야 한다." _4:128; 52.108.203

이 하디스는 국가의 권위에 복종하는 기독교의 입장과 대체로 상응한다. 만일 종교적인 신념과 갈등을 빚는다면 그때는 하나님께 복종하는 것이 우선한다.

압둘라 빈 우마르가 말하기를: 알라의 사도는 개들을 죽여야 한다는 명령을 내렸다.
[번역자의 주석: 선지자를 가까이 따르던 사람들은 이 명령이 광견병에 걸린 개들에 대한 것이라고 생각했다. 해가 없는 개들을 죽여야 하는지에 관해서는 학

자들마다 의견이 다르다.] _4:339; 54.16.540

개들로 돌아가 보자. 무슬림은 개를 좋아하지 않는다. 이 하디스는 그들의 편견을 강화한다. 다음 전승은 개를 키우고자 할 때의 실용적인 협상안을 제시하고 있다.

수피얀 아쉬-샤니Sufyan Ash-Shani가 말하기를: 알라의 사도가 말씀했다. "만일 어떤 사람이 농장 일을 위해서도 사용되지 않고 가축을 지키는 데에도 사용되지 않는 개를 키운다면, 그는 매일 그의 선한 행위들의 한 뀌라트Quirat, 상금를 잃을 것이다."_4:340; 54.16.542

무함마드가 생각하기에 개는 본질적으로 부정한 동물인 것 같다. 그렇지 않다면 무슬림이 생산성도 없는 개를 키우느라 매일 종교적 상금을 잃어버릴 이유가 무엇이겠는가?

아부 후라이라가 말하기를: 알라의 사도가 말씀했다. "유대인과 그리스도인은 (그들의 흰머리를) 염색하지 않는다. 그러므로 그대들은 그들이 하는 것과 반대로 해야 한다(즉 그대들의 흰머리와 턱수염을 염색해야 한다)."_4:442; 55.45.668

무함마드는 그의 추종자들이 유대인 및 그리스도인과 거리를 두기 원했다. 이 하디스는 그러한 태도의 완성을 보여 주는 명확한 방법을 제시한다.

나이 든 남자들은 머리카락과 턱수염을 염색해야 한다. 색에 대해서는 명시되어 있지 않다. 내가 관찰한 바로는, 일부 무슬림이 검은 염색을 하고 소수는 붉게 염색하기도 하지만, 대부분은 머리카락을 염색하지 않는다. 현대의 무슬림에게 염색을 강제하는 종교 의식은 없는 듯하다.

> "실로 하나님은 가장 낮은 하늘을 등불로서 장식하였고"(꾸란 67:5).
> 아부 까타다는 알라의 말씀을 언급하여 말했다. "별들의 창조는 세 가지 목적이 있다. 즉 하늘의 장식으로서, 마귀들에게 타격을 주기 위한 날아가는 무기로서, 그리고 여행자를 안내하기 위한 표시로서다. 그러므로 만일 어느 누구든 다른 해석을 찾으려고 한다면 그는 그릇되며, 그저 그의 노력을 허비하는 것이고, 그의 제한된 지식 이외의 것으로 스스로 곤란을 겪는 것이다(예를 들어 별이나 달에 사람을 보내는 것은 그저 돈이나 정력을 허비하는 것이다)." _4:282; 54.3.420

천문학에 대한 7세기의 관점은 종교적 초현실주의다. 하나님은 장식의 목적으로 천체를 창조하였는가? 어떻게 별들이 마귀를 공격하는 미사일로 사용되는가? 다른 한편으로, 그들은 별을 보고 길을 찾는 방법에 대해 기초적인 이해를 갖고 있었다. 그리고 달이나 화성에 사람을 보내는 것이 엄청난 돈을 허비하는 것이라는 데 동의한 사람들도 확실히 있었을 것이다.

아부 후라이라가 말하기를: 알라의 사도는 말씀했다. "한번은 다윗의 아들 솔로몬이 말했다. '(알라께 맹세코) 오늘 밤 나는 백 명의 여인과 성교를 할 것인데,

그들 각각이 알라의 이름을 위해 싸울 기사를 낳을 것이다.' 그러자 그와 함께 있던 사람이 말하기를, '알라께서 원하시면이라고 말하라.' 하지만 그는 '알라께서 원하시면'이라고 말하지 않았다. 그러므로 여인들 중에 오로지 한 여인이 임신하여 반쪽 인간half-man을 낳았다. 무함마드의 삶을 그분의 손아귀 안에 두신 알라께 맹세코, 만일 그가 '알라께서 원하시면'이라고 말했다면 (그가 아들들을 낳았을 것이고) 그 아들들이 모두 알라의 이름을 위해 투쟁하는 기사들이 되었을 것이다." _4:56; 52.23.74a

구약 성경은 솔로몬이 700명의 아내와 300명의 첩을 거느렸다고 전한다. 많은 영역에서 그가 누린 사치와 낭비는 잘 기록되어 있다. 하지만 이 사건은 성경이나 꾸란에 기록되어 있지 않다. 여기 나온 100명의 여인이 그의 아내였는지에 대해서도 아무 표시가 없다. 아마도 아내였을 가능성이 높긴 하다.

독자들은 이런 이야기를 실제로 받아들이기가 어렵다는 것을 인정할 것이다. 솔로몬이 하룻밤에 100명의 여인과 성행위를 했다고 묘사된다. 그것도 추측이나 우화가 아닌 역사적 사실로 제시되고 있다. 그리고 "알라께서 원하시면"Allah willing이라는 말을 하지 않았기 때문에 한 여인만이 임신하여 반만 인간인 아이를 낳았다고 한다. 그 아이의 다른 반쪽은 무엇인지에 대해서도 언급하지 않는다.

이 이야기의 요점은 우리 삶의 모든 세부 사항까지 알라의 승인이 필요하다는 것인 듯하다. 솔로몬은 그렇게 하는 것에 소홀했고 그런 행동으로 인해 실망스러운 결과를 보았다.

무슬림은 이 이야기를 묵묵히 받아들이면서 읽을 것이다. 육체적 만족은 종교적으로 제한되지만, 성에 대해 이야기하는 것은 제약을 받지 않는다. 아마도 간음과 간통에 대한 이슬람의 사회적 통제로 인해 무슬림 남자들이 성적 환상에 더 이끌리는 것 같다.

> 나피Nafi가 말하기를: 이븐 우마르는 그리스도인이나 유대인 여자와 결혼하는 것에 대해 질문을 받고서 말했다. "알라께서는 신자가 알라 외에 경배받을 자들이 있다고 여기는 여인과 결혼하는 것을 불법으로 만드셨으며, 알라 외에 경배받을 다른 자들이 있다는 주장에 대해, 나는 한 여인이 단지 알라의 종들 중 하나일 뿐인 예수를 그녀의 주님이라고 부르는 것보다 더 큰 불법을 알지 못한다."
> _7:155-156; 63.18.209

무슬림은 모든 그리스도인이 예수를 하나님으로 고백함으로써 알라 외에 다른 신을 섬긴다고 굳게 믿는다. 이것은 불가피하게 그리스도인을 다신숭배자로 만든다. 이슬람은 이것을 아마도 모든 죄 중에서 가장 큰 죄로 여길 것이다. 그것은 유일신 알라에 대한 공격이다. 예수는 주님이 아니라 알라의 종에 불과하다는 것이다.

그렇다면, 무슬림 남자가 어떻게 알라에 대해 그처럼 이교적이고 불경한 관점을 가진 그리스도인 여자와 결혼할 수 있겠는가? 이 하디스는 알라가 그러한 결혼을 불법으로 선언했다고 전한다. 그러나 실제로는 이런 결혼이 전혀 드물지 않다. 반대로 무슬림 여자가 그리스도인 남자와 결혼하는 일은 거의 없다.

전하는 자 없음: 만일 부득이하게 어떤 사람이 아내에 대해 "그녀는 나의 자매입니다"라고 말한다면 그에게 나무랄 것이 없다. 선지자는 말씀했다. "선지자 아브라함은 그의 아내 사라에 대해 '그녀는 나의 자매입니다'라고 말했다. 그는 알라의 종교 안에서 그의 자매인 것을 의미했다."_7:143-144; 63.10.193

여러 해 동안 무슬림을 관찰한 후에 나는 무슬림이 거짓말하는 것을 심각한 죄로 여기지 않는다는 결론에 이르렀다. 나의 무슬림 친구들은 만일 결과가 나쁘면 그 거짓말이 죄가 된다고 말했다. 만일 거짓말하는 것이 해롭지 않다면 그런 경우에는 잘못이 아니다. 이 하디스에서 무슬림이 지적하려는 것은 아브라함이 거짓말을 함으로써 생명을 건진 극한 상황일 것이다. 그 거짓말은 어쩔 수 없는 상황에서 나왔다. 이 하디스에 추가된 부분은 합리화와는 다소 거리가 멀다. 아브라함은 한 구절을 마음속으로 덧붙여서, 사라를 이슬람 종교 안에서 그의 자매라고 선언한다. 하디스를 기록한 사람이 아브라함의 마음속에 있는 것을 어떻게 추정했는지는 알 수 없다.

이븐 압바스가 말하기를: 알라의 사도는 여자와 비슷한(여자처럼 보이는) 남자들과, 남자와 비슷한(남자처럼 보이는) 여자들을 저주했다. _7:513; 72.61.773

무슬림 신학자들은 한결같이 동성애를 큰 죄로 비난한다. 동성애 행위를 하는 사람들 또는 다른 성의 특징을 취하는 사람들에게 저주가 있다고 한다. 나는 몇 년간 여러 나라에서 이 주제에 관해 연구했고, 책을 통해서도 무슬림의 동성애에 대한 자료를 종종 발견했다. 그 주제에 관해 내가 정리한 일반론은 다음과 같은 것들이다.

레즈비언(여성 동성애자)은 무슬림 중에 거의 존재하지 않는다. 결혼은 모든 소녀에게 주어진 규범으로, 보통 십대의 나이에 이루어진다. 이것은 여성 동성연애의 가능성을 잘라 버린다. 어린 나이의 소녀들 또한 그러한 행위가 용인될 수 없다고 받아들일 것이다.

무슬림 남자들은 흔히 20대 중후반의 나이에 결혼한다. 결혼 전의 젊은 남자들에게 이성애적 성 경험은 금지되어 있고, 무슬림 소녀들은 엄격히 보호된다. 따라서 매매춘은 가능한 선택지 중 하나가 된다. 은밀하게 행해지지만 매매춘은 대부분의 무슬림 국가에 존재한다. 그러나 남자들, 특히 미혼 남자들에게 또 다른 선택지는 동성애다. 남자들 간의 성적인 관계에 대한 상세한 기록은 많이 있다. 하지만 공개된 것들은 대부분 무슬림이 아니라 서양의 자료에서 나온다. 이해할 수 있는 일이다.

무슬림 남성 동성애자들은 사회적이고 종교적인 오명 때문에 어떤 종류의 여성적 특성도 띠지 않으려고 주의한다. 여성의 의상이나 귀걸이를 몸에 지니지도 않고 여성적인 몸짓도 하지 않으며 머리카락 길이도 여성을 모방하지 않는다. 한 마디로 그들은 최대한 '내밀한 동성애자'이다. 하지만 말은 돌고 돈다. 보수적인 무슬림들은 그와 같은 성적 행동을 조롱하고 멸시하며 맹비난한다. 모든 의미에서, 동성애는 정도를 벗어난 행위이다. 동성애자 중에 실천적인 무슬림은 비록 있다손 치더라도 극히 드물다. 이것은 강조할 만한 중요한 사항이다. 소위 그리스도인들 가운데 많은 동성애자가 있지만 이들 중에 거듭나고 실천적인 신자는 거의 없다.

내가 쓴 내용과 다른 예외도 있을 것이다. 전 세계 무슬림의 문화적 영향과 관습은 매우 다양하기 때문이다. 구체적인 민족학적 연구가 이뤄진다면 미시적 차원에서 자세한 내용이 드러날 것이다.

> 아부 바크라가 말하기를: 페르시아 사람들이 호스로Khosrau의 딸을 그들의 여왕(통치자)으로 삼았다는 소식을 듣고 선지자가 말씀했다. "여자를 통치자로 삼는 그러한 국가는 결코 잘되지 못할 것이다." _9:171; 88.18.219

다년간 내가 깨달은 것은, 여성을 공직에 선출하기를 꺼리게 만든 것이 무슬림 남성의 마초 정신이었다는 사실이다. 뜻밖에 발견한 이 하디스는 여성 리더십에 반대하는 무슬림 남성의 편견을 이해하는 데 도움이 되었다. 선지자는 여성이 통치하는 국가가 성공하지 못할 것이라고 선언한다. 이 발언은 무슬림 투표권자가 고려하지 않을 수 없는 중대한 예언이다.

그렇지만 인구 대부분이 무슬림인 파키스탄과 방글라데시는 여성 통치자를 대통령이나 수상으로 선출했다. 그들은 의례상의 통치자가 아니라 국가 직무상의 수장이었다. 두 경우 모두 울라마이슬람 학자들는 소리 높여 저항했지만, 실용적인 정치가 승리를 거두었다. 이들 나라의 최고 관료인 두 여성은 모두 이전의 통치자들과 밀접한 관계였다. 즉 파키스탄의 부토Bhutto는 이전 통치자의 딸이고 방글라데시의 지아Zia는 이전 통치자의 아내다.

몇몇 전승은 검소한 삶의 방식에 관한 선지자의 가르침을 조명한다.

> 지명된 전달자 없음: 선지자가 말씀했다. "사치하지 않고 자만 없이 먹고 마시고 옷을 입고 자선을 행하라." _7:454; 72.1.673

무슬림은 무함마드의 지도를 따르는가? 물론 일부는 필요에 의해서 따른다. 세상에서 가장 가난한 사람 중 다수가 이슬람 국가에 살고 있는 무슬림들이다. 그러면 부유한 사람들은 어떠한가? 유감스럽게도 나는 무슬림도 세상의 나머지 대부분과 다르지 않다고 결론짓고 싶다. 부유한 사람들은 그들의 부에 어울리는 생활을 한다. 가난하고 억압받는 사람들과 나누기 위해 개인적 소비를 자발적으로 제한하는 경우는 거의 없다.

아부 후라이라가 말하기를: 선지자는 말씀했다. "한 남자가 두 조각으로 된 겉옷을 입고 머리에 빗질을 잘하고 스스로 뽐내며 걷고 있을 때, 알라께서 갑자기 그를 땅 속으로 빠뜨려 그는 부활의 날까지 계속 그 속으로 가라앉을 것이다." _7:457; 72.5.680

교만한 남자를 심판하는 알라의 모습이 그려져 있다. 꾸란과 하디스에서 하나님은 시종일관 겸손한 자의 친구요 교만한 자의 적으로 묘사된다.

우끄바 빈 아미르Uqba bin Amir가 말하기를: 비단으로 된 파루즈Farruj가 알라의 사도에게 바쳐졌다. 그는 그것을 입고서 기도를 드렸다. 기도를 마친 그는 마치 그것을 싫어한 것처럼 거칠게 벗으며 말했다. "이것(외투)은 알라를 두려워하는 자에게 어울리지 않는다!" _7:466; 72.12.693

실크는 부유하고 유력한 사람들의 옷이었다. 잠시나마 무함마드는 이 옷을 입었다. 그러나 기도하는 동안 그것이 사치의 죄임을 깨달은 듯하다. 그의 거친 행동과 옷에 대한 평가는 그가 알라의 메시지를 받았다고 느꼈음을 보여 준다. 그는 하나님의 종이 화려하게 입어서는 안 된다고 느낀 것이다.

이븐 우마르가 말하기를: 알라의 사도가 금반지나 은반지를 끼고 반지의 돌을 손바닥 쪽으로 돌린 다음 그 위에 "알라의 사도 무함마드"란 이름을 새겼다. 사람들도 그렇게 금반지를 끼기 시작했다. 그것을 본 선지자가 자신의 반지를 던져 버리고는 "나는 그것을 결코 끼지 않겠다"라고 말한 다음 은반지를 꼈다. 그 후로 사람들도 은반지를 끼기 시작했다. _7:502; 72.46.756

그를 따르는 사람들에게 선지자의 본보기는 지극히 중요했다. 이 전승에서, 그가 반지를 끼자 사람들도 반지를 끼기 시작했고 그가 반지를 빼자 사람들도 뺐다. 그는 아마도 금은 사치스럽지만 은은 받아들일 만하다고 느낀 듯하다.

아부 후라이라가 말하기를: 죽음의 천사가 모세에게 보냄받아 갔을 때 모세는 그를 가혹하게 때려서 한쪽 눈을 손상시켰다. 천사는 그의 주님에게 되돌아가서 말하기를, "당신께서는 죽고 싶어하지 않는 종에게 저를 보내셨습니다." 알라는 그의 눈을 회복시키고 말씀하기를, "돌아가서 그(모세)에게 그의 손을 수소의 등에 올려놓으라고 말하라. 그의 손 아래 닿는 털의 수와 동일한 햇수 동안 그가 살 것이다." _2:236-237; 23.67.423

모세는 다시 한 번 묘한 상황에 처한다. 알라는 모세에게 죽음의 천사를 보냈다. 하지만 이 천사는 매우 심각한 방식으로 모세에게 퇴짜를 맞았다. 그러자 알라는 천사에게 돌아가서 모세에게 그의 생명을 연장할 수 있는 계획을 알려 주라고 명령한다. 하디스는 모세의 반응을 보여 주지 않고 무뚝뚝하게 끝난다. 왜 하디스에 이런 이야기가 있을까? 이 이야기를 글자 그대로 받아들여야 할까? 우리가 이런 사건을 시시하게 여길 수는 있지만, 그렇다고 해도 이 이야기가 사탄과 하나님을 만난 욥의 이야기보다 훨씬 더 받아들이기 어려운가?

> 아이샤가 말하기를: 한 남자가 선지자에게 말했다. "저의 어머니가 갑자기 죽었는데, 만일 그녀가 살아 있다면 그녀는 자선을 베풀 것이라고 생각합니다. 그래서 만일 제가 지금 어머니 대신에 자선을 베풀면 그녀가 보상을 받을까요?" 선지자는 동의했다. _2:266; 23.93.470

이슬람은 무슬림에게 죽은 자를 위해 기도하라고 분명히 가르친다. 그들은 무함마드를 포함하여 모든 선지자를 위해 중보한다. 이 전승에서는 죽은 자를 위해 자선금을 내는 것이 장려된다. 이 중보의 노력을 통하여 죽은 무슬림이 받는 보상이란 아마도 그의 죄에 대한 고통의 시간을 줄이는 것을 의미할 것이다.

> 알둘라가 말하기를: 선지자는 말씀했다. "뺨을 때리고, 옷을 찢고, 무지의 시대 Days of Ignorance의 전통을 따르는 자는 우리에게서 나온 자가 아니다." _2:216; 23.37.384

이슬람 이전의 아라비아에서 상(喪)을 당하면 자기를 때리고 옷을 찢으면서 감정을 분출했다. 무함마드는 그러한 과도한 행위를 알라의 백성의 새 공동체에 어울리지 않는 것으로 정죄했다. 상을 당한 사람들은 감정을 억누르고 모든 것을 잘되게 하시는 알라에 대한 믿음을 가져야 했다.

실제로 무슬림은 그리스도인들보다도 상중(喪中)에 훨씬 더 시끄럽고 극단적으로 슬픔을 표현한다. 여태껏 내가 여러 장례식에서 보아 온 격앙된 감정 분출은 대부분 무슬림의 것이었다. 그들은 선지자의 훈계를 따르지 않는 것처럼 보인다.

이븐 우마르가 말하기를: 선지자가 말씀했다. "죽은 자는 그를 위해 통곡하는 울부짖음 때문에 무덤에서 심한 고통을 당한다."_2:213; 23.33.379

왜 죽은 자가 통곡하는 사람들의 죄 때문에 고통을 당해야 하는지 그 이유는 잘 모르겠다. 아마도 이 가르침은 사랑하는 자의 장례식에 참여한 친척과 친구들의 지나친 감정 분출을 선지자가 제지하려는 방안이었을 것이다.

아이샤가 말하기를: 한번은 알라의 사도가 유대인 여자(의 무덤)를 지나가는데 그녀의 친척들이 그녀를 위해 울고 있었다. 그는 말했다. "그들은 그녀를 위해 울고 있고, 그녀는 무덤에서 고통을 당하고 있다."_2:212; 23.32.376

무함마드는 유대인 여인이 무덤에서 고통을 당하고 있다는 것을 어떻게 알았을까? 그는 일반적인 지성의 한계를 넘어서는 통찰력을 가졌다고 주장했다.

움 아티야Um Atiyya가 말하기를: 우리는 죽은 자를 위해 사흘 이상 애곡하는 것이 금지되었다. 남편의 경우는 예외인데, 죽은 남편의 아내는 넉 달 열흘간 슬퍼해야 한다. (애도하는 기간에는) 눈에 화장 먹을 칠하거나 몸에 향수를 뿌리거나 물들인 옷을 입는 것이 허락되지 않았다. 단, 아스브asb, 예멘에서 만든 특별한 천로 만든 외투는 제외된다. _7:193; 63.48.254

흥미로운 것은 남편을 여읜 아내에게 규정된 애도의 기간이 지나치게 길다는 점이다. 거의 넉 달 반이나 된다. 반면 아내를 여읜 남편이 애도해야 하는 기간은 얼마인가? 아마 사흘도 안 될 것이다. 이것이 이슬람에 만연한 남성의 태도다.

아므라Amra가 말하기를: 나는 아이샤가 하는 말을 들었다. "이븐 하리타Ibn Haritha의 순교 소식이 알라의 사도에게 이르렀을 때 그는 얼굴에 슬픈 기색을 숨김 없이 띠고 앉아 있었다." 아이샤는 덧붙여 말했다. "나는 문 틈으로 슬쩍 들여다보고 있었다. 한 남자가 그에게 와서 말하기를, '오 알라의 사도여! 자파르Jafar의 여인들이 통곡하고 있습니다.' 그 즉시 선지자는 그들이 그렇게 하는 것을 금지하라고 그에게 말했다. 그 남자가 떠났다가 돌아와서 말하기를, '나는 그들에게 금했으나 그들은 내 말을 듣지 않았습니다.' 선지자는 그에게 가(서 그들에게 금하)라고 다시 명령을 내렸다. 그는 다시 돌아와서 말하기를, '알라의 이름으로 맹세하는데 그들이 나를 제압했습니다(즉, 나의 말을 듣지 않았습니다).'" 아이샤는 알라의 사도가 (그에게) 한 말을 전했다. "가서 그들의 입 속에 먼지를 던져 넣으라." 아이샤는 덧붙였다. "나는 이렇게 말했습니다. '알라께서 너희 코를 먼지 가운데 두시기를! 알라의 이름으로 맹세하노니, 너희는 명령받은 것을 하나도 행하지 않았고 알라의 사도의 근심을 풀어 드리지도 않았다.'"_5:393-394; 59.43.562

슬픈 감정을 표시하는 것에 대한 선지자의 혐오는 이 하디스에서 더 자세히 설명된다. 그는 심지어 자파르의 괴로워하는 여인들의 입 속에 먼지를 던져 넣으라고까지 한다. 우리 시대의 관점에서는 오히려 잔인해 보이는 행동이다.

아이샤가 말하기를: 생애 마지막 순간이 왔을 때 알라의 사도는 얼굴에 그의 카미사khamisa, 담요를 덮기 시작했고, 그가 열이 나고 숨이 가빠진다고 느꼈을 때 그의 얼굴에서 그것을 치우고 말씀했다. "저희 선지자들의 무덤에 예배 처소를 짓는 유대인과 그리스도인에게 알라의 저주가 임하기를." 선지자는 그들이 행한 것에 대해 (무슬림에게) 경고하고 있었다. _1:255; 8.55.427

무함마드는 마지막 순간에 유대인과 그리스도인을 저주한다. 원한이 얼마나 컸으면 마지막 순간에 그들을 이토록 대적했을까. 그는 유대인과 그리스도인이 선지자들의 무덤에서 예배하는 것에 대해 반대했다는 것을 기억하자. 하지만 사우디아라비아 메디나에 있는 무함마드의 무덤은 메카의 카아바 다음으로 전 세계 무슬림이 숭배하는 장소일 것이다.

사막의 의기양양했던 선지자는 그렇게 죽었다. 그러나 그의 말과 행동은 세계 전역에서 이슬람을 신봉하는 수많은 사람의 가슴에 살아 있다. 그들에게 믿음의 가장 위대한 선언은 언제나 이렇게 기록되거나 전해진다. "알라 외에는 다른 신이 없으며 무함마드는 그분의 선지자다."

기도하기는, 여러 세기를 거슬러 올라간 이 짧은 여행을 통해 무슬림에게 우리의 주님이시요 구세주이신 예수 그리스도를 소개할 뿐 아니라, 그들을 진지하게 이해하기를 바라는 모든 그리스도인이 도움을 얻기를 바란다. 무슬림에게 어떻게 복음을 전해야 할지에 대해 더 깊은 정보를 원하는 독자가 있다면 나의 초기 저작들, 특히《무슬림 전도의 새로운 방향》New Paths in Muslim Evangelism과《Bridges to Islam》을 읽어 보도록 권한다.

용어 해설

가브리엘 Gabriel   '하나님이 보낸 사자' divine messenger로, 알라가 무함마드에게 꾸란을 계시할 때 이를 전달했다는 천사

가즈와 Ghazwa   사도나 이맘에 의해 인솔된 병력

금식 The Fast   라마단의 단식

까드르 Qadr   꾸란이 처음으로 계시된 밤

까이스 Qais   선지자의 지도급 동반자들 중의 한 사람으로, 선지자의 경호원을 지휘했다.

꾸라이쉬 Quraish   무함마드가 속한 부족. 한동안 이 부족 사람들은 선지자를 거절하여 그의 적으로 간주되었다.

끼블라 Qibla   모든 무슬림이 기도할 때 향해야 하는 메카의 방향을 가리키는 모스크 내벽의 벽감 niche

낙원 Paradise   충직한 무슬림에게 주어질 영원한 보상의 처소

디크르 Dhikr   종교적 용어들을 거듭 낭송하는 것

라마단 Ramadan   금식의 달. 무슬림 달력의 아홉 번째 달로, '라마잔' Ramazan이

	라고도 쓰인다.
라즘 Rajm	돌로 쳐서 죽이는 것
랍바이크 Labbaik	"나는 [똑바로] 나와 서서 당신의 부름에 응답합니다"라는 뜻
루끼야 Ruqya	"마법을 거는 것"으로, 하디스에서 귀신 축출과 주문을 일컫는 말이다. 질병에 대한 치료법으로서 신성한 구절을 낭송하고 주문을 외운다.
마그리브 Maghrib	해질 때의 기도, 하루 중 네 번째 기도
마이무나 Maimuna	선지자의 아내 중 마지막 사람. 무함마드가 그녀와 결혼했을 때 그녀는 51세의 과부였다. 그녀는 선지자보다 오래 살아서 81세의 나이로 죽었다.
마튼 Matn	하디스의 본문
메디나 Medina	무슬림에게 두 번째로 거룩한 도시. 이곳에 무함마드의 무덤이 있다.
메카 Mecca	무슬림에게 가장 거룩한 도시
모스크 Mosque	무슬림 예배의 장소. 회교 사원
무살라 Musalla	기도하는 장소
무아진 Muazzin	기도에의 초청(아단)을 하는 사람
무자히둔 Mujahidun	이슬람을 위해 싸우는 남자들(무자헤딘이라고도 한다.)
무타 Muta	임시 결혼
무흐람 Muhram	여성이 여행할 수 있도록 동행하는 사람(즉, 남편이거나 그녀가 결혼할 수 없는 사람)
무흐림 Muhrim	성지 순례를 수행하려고 하는 무슬림 개인

바니 이스라엘 Bani Israel	유대인	
바라카 Barakah	축복	
부활의 날 Day of resurrection	알라에 의해 죽은 자들의 몸이 부활하여 심판받을 마지막 날	
빌랄 Bilal	무함마드가 임명한 첫 번째 무아진(아단을 하는 기도 초청자)	
사우다 Sauda	선지자의 아내 중 한 사람	
사파와 마르와 Safa & Marwa	메카 부근의 두 산으로, 핫지 중인 순례자들이 그 사이를 달린다.	
사히흐 Sahih	수니 공동체가 받아들인 여섯 개의 주요한 하디스 표준 모음집에 붙인 이름	
살라트 Salat	(하루에 다섯 차례) 기도의 의식적 형식. 페르시아어와 우르두어로 '나마즈'namaz	
샤리아 Shariah	이슬람 법	
세정 Ablution	규정된 매일의 기도를 하기 전에 씻는 의식	
수라 Surah	꾸란의 장	
순나 Sunnah	선지자의 실행들과 삶의 방식	
숩한 알라 Subhan Allah	알라께 (해당하는) 거룩	
아나스(빈 말리크) Anas bin Malik	무함마드의 동반자들 중에서 마지막 사람으로, 주후 715년에 103세의 나이로 죽었다.	
아단 Adhan	기도에의 초청(아잔이라고도 한다.)	
아부 바크르 Abu Bakr	무함마드의 가장 가까운 추종자 중 한 사람으로, 무함마드가 가장 총애한 아내 아이샤의 아버지였다. 그는 무함마드의 계	

	승자로 2년간 그 자리에 있었고 주후 634년에 죽었다.
아부 후라이라 Abu Hurairah	무함마드의 가장 성실한 수행원으로, 다른 누구보다도 많은 전승에 관여하였다. 주후 679년(혹은 680년)에 죽었다.
아스르 Asr	오후의 기도, 하루 중 세 번째 기도
안사리 Ansari	무함마드의 조력자들. 이 용어는 원래 메디나에서 온 무함마드의 추종자들 모두에 대해 사용되었다.
알 후다이비야 Al Hudaibiya	메카 근처의 우물로, 무함마드와 꾸라이쉬 부족 간 휴전의 현장으로 공표되었다.
알라의 사도 Allah's Apostle	무함마드에 대한 경칭
우마르(이븐 우마르) Umar Ibn Umar	주후 634년 아부 바크르를 계승한 두 번째 칼리프로, 644년에 암살되었다. 그가 꾸란을 첫 번째로 모았다.
우므라 Umra	소小 순례
우후드 Uhud	메디나에서 5킬로미터 가량 떨어진 언덕. 히즈라 이후 3년에 무슬림이 꾸라이쉬에게 패배한 전투 현장
울라마 Ulama	이맘 imam의 복수형. 무슬림 공동체의 영적 지도자들
움 살라마 Um Salamah	선지자의 아내 중 한 사람. 우후드 전투에서 전사한 아부 살마 Abu Salmah의 과부
움 Um	어머니. 다른 단어와 조합하여 사용하는데 '(아무개의) 어머니' mother of를 의미한다.
이까마 Iqama	회중 가운데서 하는, 기도를 개시할 때 하는 낭송
이맘 Imam	의식적인 기도를 이끄는 사람이며 무슬림 공동체의 영적 지도자
이븐 사드 Ibn Sad	무함마드의 비서 중 한 사람. 무함마드가 꾸란을 받을 때 그

	것을 기록했다.
이븐 압바스 Ibn Abbas	무함마드의 사촌. '꾸란의 해석자'라고 불리는데, 그 이유는 그가 10살의 나이에 가브리엘 천사가 나타나서 꾸란의 의미를 그에게 알려 주었기 때문이다. 주후 687년에 72세의 나이로 죽었다.
이샤Isha	밤의 기도, 하루 중 다섯 번째 기도
이스나드Isnad	하디스 서술자들
이즈마Ijma	공동체와 울라마(이슬람 법학자)의 합의consensus
자이납Zainab	선지자의 아내 중 한 사람. 그녀는 무함마드의 양자 자이드Zaid가 이혼한 아내였다(꾸란 33:37을 보라).
자카트Zakat	자선. 이슬람의 다섯 기둥 중 하나로, 2.5퍼센트 헌납
주흐르Zuhr	정오의 기도, 하루 중 두 번째 기도
지옥 (불) Hell fire	고통의 처소. 일곱 개의 구획 또는 대문을 가지고 있다고 한다. "실로 지옥은 그들 모두(사탄 및 그의 추종자 모두)를 위한 약속된 곳으로 그곳에는 일곱 개의 문이 있으며 그것은 그들 죄인들에 배당된 각각의 문이라"(꾸란 15:43-44). 대부분 꾸란과 전승에서 빈번히 안-나르an-Nar, 'the fire'라고 언급된다. 자한남Jahannam이란 말이 약 서른 번 나온다. 1. 자한남Jahannam – 무슬림을 위한 연옥 2. 라자Laza – 그리스도인을 위한 타오르는 불길 3. 알-하타마Al-Hatamah – 유대인을 위한 극심한 불길 4. 사이르Sair – 사비교도Sabians를 위한 격렬한 불길

5. 사까르Saqar – 마기교도Magi를 위한 맹렬한 불길

6. 알-자힘Al-Jahim – 우상숭배자를 위한 크고 뜨거운 불길

7. 하위야Hawiyah – 위선자를 위한 무저갱 _Hughes 1885, 171

지즈야Jizya	무슬림 정부의 보호 하에 있는 비무슬림에게 취한 조세
지하드Jihad	성전聖戰, holy war. '대 지하드'Greater jihad는 죄와 및 알라에 반대되는 모든 것에 대항하는 영적 전쟁을 일컫는다. '소 지하드'Lesser jihad는 이슬람의 대적에게 대항하는 전쟁으로, 성전에 대한 전통적인 해석을 가리킨다.
진Jinn	영적인 존재로, 선할 수도 있고 악할 수도 있다.
카디자Khadija	선지자의 첫 번째 아내로, 부유했고 낙타 대상을 소유했다.
카미사Khamisa	기호가 표시된 검은 색 사각형의 양털 담요
카아바Kaaba	메카의 모스크 중앙에 위치한 입방체 모양의 건축물. 그 안에 검은 돌Black Stone이 있다.
카이바르Khaibar	무함마드가 그의 적들을 무찌른 전략적 전투가 일어난 지역
카피르Kafir	불신자
칸즈Kanz	자카트(자선금)가 지불되지 않은 보석이나 재산
쿠니야Kuniya	한 남자를 '아무개의 아버지'라고 부르거나, 혹은 한 여자를 '아무개의 어머니'라고 부르는 것으로, 아랍인의 관습이다.
쿠트바Khutba	금요일 정오 기도 시간에 모스크에서 전하는 설교
타얌뭄Tayammum	두 손을 땅 위에 두거나 가볍게 치고, 그 다음에는 각 손바닥으로 다른 손등을 지나며 먼지를 불어 내고, 그런 다음 두 손바닥으로 얼굴을 지나는 것을 일컫는다. 물이 없을 때 세정 대

	신 행했다.	
타와프Tawaf	카아바 둘레를 걸어서 도는 순행巡行	
파즈르Fajr	새벽의 기도, 하루 중 첫 번째 기도	
파티마Fatima	선지자의 딸들 중에서 가장 잘 알려진 딸	
하디스Hadith	선지자가 말하고 행한 것, 혹은 그가 다른 사람들에게 어떻게 반응했는지에 관한 전승들의 기록된 모음. 전승들은 처음에는 구전되었다.	
하람Haram	이슬람에 의거하여 불법으로 금지된 것	
하프사Hafsa	선지자의 아내 중 한 사람으로, 일찍이 이슬람으로 개종한 쿠나이스Khunais의 과부였다. 우마르Umar의 딸로서, 그녀는 무함마드의 심의회들에 상당한 영향을 미쳤다. 그의 격언들 중 몇 개를 기록했다.	
하피즈Hafiz	꾸란 전체를 암송하는 사람	
할랄Halal	이슬람에 의거하여 합법적으로 허락된 것	
핫지Hajj	메카로의 순례	
핫지이Hajji, 핫자Hajja	메카로의 순례를 마친 남자와 여자	
흡각법Cupping	의료적 목적으로 사람의 몸에서 피를 뽑아내는 것	
히라 동굴Hira cave	무함마드가 꾸란의 첫 계시를 받은 동굴	

참고 문헌

Bucaille, Maurice. *The Bible, the Qur'an and Science.* Translated from the French by Alastair D. Pannell and the author. Indianapolis: North American Trust Publication, 1979.

Hughes, Thomas. *A Dictionary of Islam.* London, W.H. Allen and Company, 1885.

Kateregga, Badru D., and David W. Shenk. *Islam and Christianity.* Nairobi, Kenya: Uzima Press Limited, 1980.

Khan, Muhammad Muhsin. *The Translation of the Meanings of Sahih Al-Bukhari.* Arabic-English, Vols. 1-9. Beirut: Dar Al Arabia (P.O. Box 6089), n.d.

Khomeini, Ayatollah Ruhollah. *Sayings of the Ayatollah Khomeini.* New York: Bantam, 1980.

Nasr, Seyyed Hossein, "Sunnah and Hadith." In *Islamic Spirituality: foundations.* edited by Seyyed Hossein Nasr, 97-110. New York: Crossroad, 1987.

Parshall, Phil. *Bridges to Islam*. Grand Rapids: Baker, 1983.

―――. *The Cross and the Crescent*. Wheaton: Tyndale House, 1989.《십자가와 초승달》(이숙희 옮김, 죠이선교회 펴냄).

―――. *New Paths in Muslim Evangelism*. Grand Rapids: Baker, 1980.《무슬림 전도의 새로운 방향》(채슬기 옮김, 예루살렘 펴냄).

Pickthall, Mohammed Marmaduke. *The Meaning of the Glorious Koran*. New York: New American Library, n.d.

Swarup, Ram. *Understanding Islam Through Hadis*. Delhi: Voice of India, 1983.

Wensinck, A. J. *A Handbook of Early Muhammadan Tradition*. Leiden: Brill, 1960.

무슬림의 생활 지침서 하디스를 읽다

초판발행 2014년 7월 10일
지 은 이 필 파샬
옮 긴 이 김대옥 · 전병희
발 행 인 이윤복
발 행 처 죠이선교회(등록 1980. 3. 8. 제5-75호)
주   소 130-861 서울시 동대문구 왕산로19바길 33
전   화 (출판사역부) 925-0451
         (죠이선교회 본부, 학원사역부, 해외사역부) 929-3652
         (전문사역부) 921-0691
팩   스 (02) 923-3016
인 쇄 소 영진문원
판권소유 ⓒ 죠이선교회
ISBN 978-89-421-0352-2 03230

책값은 뒤표지에 있습니다.
잘못된 도서는 교환하여 드립니다.
이 책의 내용을 허락 없이 옮겨 사용할 수 없습니다.